SUZANE
ASSASSINA E MANIPULADORA

Edição revista
e ampliada

Ullisses Campbell

SUZANE
ASSASSINA E MANIPULADORA

© 2024 - Ullisses Campbell
Direitos em língua portuguesa para o Brasil:
Matrix Editora
www.matrixeditora.com.br
🅕/MatrixEditora | 🅞 @matrixeditora | 🅞 /matrixeditora

Diretor editorial
Paulo Tadeu

Capa, projeto gráfico e diagramação
Patricia Delgado da Costa

Fotos
Página 312: Emiliano Capozoli - Reprodução do processo
Página 313: Álbum de família - Reprodução do processo
Página 314 (1ª foto): Emiliano Capozoli - Reprodução do processo
Página 314 (2ª foto): Álbum de família - Reprodução do processo
Páginas 315 a 317: Emiliano Capozoli - Reprodução do processo
Página 318: Flávio Grieger/Folhapress
Página 319: Luciana Cavalcanti/Folhapress
Página 321: André Vieira/Agência O Globo
Página 323: Reprodução do YouTube
Página 324: Arquivo do autor
Página 326 (1ª foto): Arquivo do autor
Página 328 (1ª foto): Arquivo do autor
Página 335: Arquivo do autor
Demais fotos: Redes sociais
Foto do autor: Jonne Roriz

CIP-BRASIL - CATALOGAÇÃO NA PUBLICAÇÃO
SINDICATO NACIONAL DOS EDITORES DE LIVROS, RJ

Campbell, Ullisses
Suzane: assassina e manipuladora / Ullisses Campbell. - 1. ed., rev. e ampl.
São Paulo: Matrix, 2024.
344 p.; 23 cm.

ISBN 978-65-5616-472-4

1. Richthofen, Suzane von - 1983-. 2. Criminosas - Brasil - Biografia.
3. Prisioneiras - Brasil - Biografia. I. Título.

24-92259   CDD: 364.1523092
             CDU: 929:343.611

Meri Gleice Rodrigues de Souza - Bibliotecária CRB-7/6439

SUMÁRIO

INTRODUÇÃO 12

CAPÍTULO 1
A SANGUE FRIO 16

CAPÍTULO 2
ENCONTRO DE ALMAS 32

CAPÍTULO 3
REAÇÃO EM CADEIA 62

CAPÍTULO 4
NATUREZA DA OCORRÊNCIA: LATROCÍNIO 82

CAPÍTULO 5
OLHAR GLACIAL 102

CAPÍTULO 6
OS MORTOS DE SUZANE 122

CAPÍTULO 7
A VIDA NA ESCURIDÃO 154

CAPÍTULO 8
UM BONDE PARA TREMEMBÉ 184

CAPÍTULO 9
QUALQUER MANEIRA DE AMOR VALE A PENA 208

CAPÍTULO 10
O TESTE DO BORRÃO 258

Para a minha mãe, Doraci Campbell,
meu pai, Evandro Campbell (in memoriam),
meus irmãos, Marcello, Wellington e Michelle, e sobrinhos.

Gratulação eterna aos meus guardiões jurídicos
Alexandre Fidalgo
Juliana Akel Diniz

Agradecimentos especiais

Alvino Augusto de Sá - in memoriam (psicólogo)
Augusto de Arruda Botelho (advogado)
Beto Ribeiro (jornalista)
Cíntia Tucunduva (delegada de polícia)
Clarissa Oliveira (jornalista)
Eduardo Caamaño (escritor)
Fábio Martinho (jornalista)
Guido Palomba (psiquiatra forense)
Ivan Miziara (médico legista)
Jonne Roriz (fotógrafo)
José Giocondo (psiquiatra forense)
Luiz Marcelo Negrini Mattos (promotor)
Mário Sérgio Oliveira (advogado)
Paulo José de Palma (promotor)
Pierpaolo Cruz Bottini (advogado)
Romeu Tuma Jr. (advogado)
Silvio Navarro (jornalista)

REDES SOCIAIS

◎ Instagram
@ullissescampbell
@mulheresassassinas

● Spotify
Ouça a playlist com as músicas citadas na obra:
Ullisses Campbell
@mulheresassassinas

𝕏 @ullicampbell

@ Threads
@ullissescampbell

♪ Tiktok
@ullissescampbell

Acesse conteúdo exclusivo

@CRIMESDOBRASIL

Se o conhecimento que pode ser extraído dos crimes permite fazer o bem, não há por que deixar de usá-lo. É até um modo de honrar as vítimas.

Hélio Schwartsman

INTRODUÇÃO

Suzane está queimada

O meu primeiro contato com Suzane Louise von Richthofen foi no alvorecer do dia 11 de agosto de 2016, uma quinta-feira. Na época, eu fazia uma reportagem para a revista *Veja*. Ali, naquela manhã ensolarada, tive a ideia de estender a pesquisa para escrever um livro sobre a presa lendária. O portão da Penitenciária Feminina de Tremembé foi aberto cedinho e ela ganhou a rua, radiante. Estava acompanhada de suas melhores amigas, Amanda e Vanessa, outras criminosas do regime semiaberto. Alegando experiências negativas no passado com jornalistas, ela não concede entrevistas.

Inspirado na icônica reportagem *Frank Sinatra está resfriado,* do repórter Gay Talese, publicada na revista norte-americana *Esquire,* em 1966, decidi sair em busca das pessoas próximas da mulher que planejou matar os pais a pauladas. Talese tentava marcar uma entrevista com Sinatra. Os assessores do cantor agendaram o encontro diversas vezes e desmarcaram em cima da hora, dando sempre a mesma desculpa: Frank Sinatra está gripado. Sem qualquer contato com o artista, o repórter fez um perfil dele em 55 páginas apenas entrevistando os seus amigos e inimigos. Hoje, a reportagem de Talese é considerada pioneira do jornalismo literário.

Para reconstituir a vida de Suzane dentro e fora do cárcere, entrevistei 56 presas que cumpriram pena junto com a parricida ao longo de dez anos, tanto no regime fechado quanto no semiaberto. Conversei com 16 agentes de segurança penitenciária lotados nas casas penais por onde a assassina famosa passou ao longo de 16 anos de reclusão. Essas entrevistas foram fundamentais para reconstituir a sua vida desde a primeira incursão na cadeia, em 2002.

Os irmãos Cravinhos também tiveram a vida esquadrinhada para compor as suas histórias na narrativa. Cristian colaborou com oito entrevistas. Nesses longos encontros, o criminoso contou com riqueza de detalhes como entrou no plano sórdido de Suzane e Daniel e revelou até o que sentiu na hora de dar pauladas em Marísia von Richthofen. Para escrever sobre os irmãos Cravinhos, visitei a Penitenciária Masculina de Tremembé doze vezes e falei com quinze detentos amigos dos dois assassinos confessos.

As vidas de Suzane e dos irmãos Cravinhos antes do crime foram reconstituídas a partir de entrevistas com amigos da adolescência e com parentes. Duas pessoas tiveram os nomes trocados a pedidos. A maioria dos agentes carcerários de Tremembé e oito presidiárias colaboraram na condição de anonimato.

O processo penal que condenou os três assassinos tem quase 6 mil páginas. O material serviu como ponto de partida para a pesquisa. Uma peça jurídica dessa envergadura tem um mundo de informações. Desde cartas trocadas entre Suzane e seu ex-namorado até grampos telefônicos, além de dezenas de depoimentos.

Uma fonte rica de informações sobre Suzane é o seu processo de execução penal, cujo acesso era liberado para consulta pública até maio de 2016. Nesses autos, a parricida conta dos seus amores, suas angústias, o medo de sair na rua e relata principalmente como lida com o crime que cometeu, confessando motivações financeiras. Fala até dos planos para a vida em liberdade. Mas isso tudo não foi suficiente para entender a cabeça da presa mais famosa do Brasil. Em busca de respostas na seara psicológica, entrevistei doze profissionais especializados em Psicologia Forense, além de psiquiatras estudiosos de mentes criminosas. Esses especialistas foram fundamentais para me fazer compreender o que leva uma menina bonita, inteligente e com toda a vida pela frente a dar cabo dos próprios pais.

É difícil um leigo entender o universo complexo da Psicologia, a ciência do comportamento e das funções mentais. Não entrava na minha cabeça, por exemplo, como terapeutas escreviam com toda a verdade do mundo que Suzane é "manipuladora", "dissimulada", "narcisista" e "egocêntrica" após ela olhar por duas horas para dez pranchas com desenhos de tintas borradas. Depois de ler três livros técnicos sobre a teoria de Rorschach, entrevistar oito psicólogos especializados no exame e ser submetido ao teste, pude compreender que o método é tão eficaz quanto envolvente. Imagens semelhantes aos desenhos de Hermann Rorschach, que ilustram a abertura dos 10 capítulos do livro, são até assustadoras.

Quem comete um crime de qualquer natureza precisa de advogados desde a fase da investigação, passando pelo julgamento até a execução da pena. Uma dezena deles me ensinou como funciona um Tribunal do Júri e principalmente os meandros da execução penal, um ramo do Direito Criminal multifacetado. Quatro promotores de Justiça e dois peritos forenses também enriqueceram o trabalho.

A atualização deste livro passa pelas novidades nas vidas de Suzane e dos irmãos Cravinhos fora da cadeia. Ao todo, me encontrei com Suzane três vezes. Ela deixou claro não ter o menor interesse em fornecer informações para o livro. Na última vez que a procurei, em abril de 2019, a criminosa estava na casa do noivo, Rogério Olberg, em Angatuba, interior de São Paulo. Bati em sua porta e quem atendeu foi a cunhada, Josiely Olberg, uma moça educadíssima. Josi, como gosta de ser chamada, foi lá dentro e voltou minutos depois dizendo que Suzane não podia falar. A justificativa: ela havia ficado o dia anterior na piscina com as crianças e se esqueceu de passar filtro solar. Estava toda queimada de sol. No dia seguinte, encontrei Suzane, pálida, tomando sorvete na praça central de Angatuba.

CAPÍTULO 1

A SANGUE FRIO

Um esqueleto, mandíbulas, um cálice e uma flor

Tremembé (SP), sexta-feira, 6 de dezembro de 2013. O portão cinza-medieval e azul de ardósia todo talhado em chumbo maciço da Penitenciária Feminina Santa Maria Eufrásia Pelletier foi aberto às 9 horas para o psicólogo Thiago Luís da Silva entrar. A pedido da juíza Sueli Zeraik Oliveira Armani, o terapeuta tinha a missão de aplicar na criminosa mais famosa do país um teste projetivo conhecido como Rorschach, cujo método induz o indivíduo a revelar seu mundo privado ao ponto de expressar seus sentimentos ocultos e os instintos mais primitivos da natureza humana. Thiago carregava na mão direita uma pasta de couro preto e caminhava apressado pelo pátio com vista deslumbrante para o bosque às margens do rio Paraíba do Sul, todo arborizado por eucaliptos, palmeiras, samambaias e bromélias. Por cima dessa paisagem era possível contemplar o infinito do firmamento graças aos acidentes geográficos comuns naquela região serrana. Nas laterais e ao fundo da prisão feminina não havia muralhas. O único obstáculo era um cercado de cinco metros de altura feito de arame liso trançado em forma de losango, na parte de baixo, e espiral de aço inox todo farpado com lâminas afiadas, no alto. Apesar de remeter a um campo de concentração, o lugar em nada lembrava uma casa penal com 260 almas femininas presas nos regimes fechado e semiaberto.

A paisagem era bucólica. O silêncio, volta e meia, era quebrado ora pelo canto de pássaros, ora pelo som horrendo do ferrolho do portão de acesso à rua. De tanto aplicar exames criminológicos em bandidos, Thiago tornou-se *habitué* no complexo de quatro penitenciárias de Tremembé, na região do Vale do Paraíba, a leste do estado de São Paulo. Naquele dia, ele levava dentro da tal pasta 10 pranchas com as imagens abstratas usadas no exame de Rorschach. Em Tremembé, o teste é indicado somente para assassinos que matam de forma violenta pessoas da própria família, autores de crimes sexuais, pedófilos e quem comete homicídios em série. Se bem aplicada, a avaliação revela como é a organização básica da personalidade do criminoso, incluindo características da afetividade, sexualidade, vida interior, recursos mentais, energia psíquica, traços gerais e particulares do estado intelectual, além dos elementos sobre o caráter que o indivíduo não deseja trazer à luz. Com esse exame, a juíza queria saber o que se passava pela cabeça de Suzane Louise von Richthofen, 30 anos de idade na época, doze depois de ela abrir a porta de casa na calada da noite para guiar os assassinos dos seus pais.

O teste psicológico era necessário porque Suzane queria migrar para um regime mais brando de prisão. Só um laudo de Rorschach poderia revelar se ela estaria, de fato, arrependida da monstruosidade cometida no passado e, principalmente, se havia o risco de voltar a matar quando pusesse o pé fora da cadeia. Ou seja, a avaliação psicológica era fundamental para verificar a sua aptidão para viver em sociedade.

Ansiosa à espera de Thiago, Suzane mantinha autocontrole das suas emoções. Não precisou fazer nenhum esforço para disfarçar a angústia e o nervosismo comuns àquele tipo de situação. Magra, solteira e muito bonita, apresentou-se toda perfumada e com as unhas feitas ao psicólogo. Os cabelos loiros-champanhe estavam soltos, brilhosos e esvoaçantes. Vestia uniforme de presidiária: camiseta branca e calça cáqui. Mas o figurino pobre não escondia a beleza do seu corpo longilíneo. O comportamento exemplar diante daquele profissional seria fundamental para ganhar a rua em datas especiais. Suzane sabia disso. Na época, a parricida estava privada de liberdade fazia uma década.

Thiago era um homem atraente. Moreno, 28 anos no dia daquele encontro. Altura mediana, nem gordo, nem magro. Usava camisa social clara e calça jeans justa e bem cortada. Cabelos escuros, repicados e penteados para o lado direito. Ao entrar na sala, foi recebido por Suzane. Ela estava sentada, mas se levantou da cadeira com sorriso aberto e olhar vívido para dar as boas-vindas ao psicólogo. Estendeu a mão para cumprimentá-lo, fixando o seu olhar no dele. Thiago correspondeu à saudação formalmente. O especialista acredita que a presidiária havia ensaiado aquelas cenas, pois mantinha a postura ereta feito um robô e era econômica nos gestos. Voz mansa e aveludada. Português corretíssimo na fala e na escrita.

A sala onde o teste foi aplicado era ampla. Tinha uma mesa de tamanho médio e duas cadeiras. A porta ficou aberta e lá de fora uma agente de segurança vigiava discretamente o ambiente a uma distância suficiente para garantir privacidade à paciente. Suzane estava em casa, literalmente. Ofereceu café e água ao psicólogo. Ele agradeceu a gentileza, mas preferiu recusar a oferta. Acomodou-se em uma das extremidades da mesa. Suzane puxou a cadeira e sentou-se no lado oposto, cruzando as pernas, bem à vontade. Usou as duas mãos para enrolar o cabelo por trás da cabeça e, habilidosa, deu um nó para deixá-lo preso em um coque meio bagunçado. O gesto apurado chamou atenção pela sensualidade. Em seguida, Suzane lançou mão da arma mais poderosa disponível em seu arsenal: a sedução. Encarou Thiago firmemente, investiu na sua graça de mulher e disparou um elogio sutil para quebrar o gelo:

— Como você é jovem! – disse com voz macia.

— Obrigado! – devolveu ele, seco.

Thiago conhecia a ficha corrida da moça em questão. Àquela altura, Suzane já era uma figura lendária dentro das penitenciárias e fora delas. Na comunidade carcerária de São Paulo, ela é célebre pelo potencial de seduzir com alta voltagem quem lhe interessa, descartar sumariamente as pessoas quando a utilidade termina e ignorar friamente quem não lhe traz proveito algum. O elogio feito ao psicólogo, por exemplo, teve o único objetivo de conquistar simpatia, na esperança de que o terapeuta fosse benevolente na aplicação do teste e principalmente na hora de escrever o laudo e enviá-lo à juíza. Experiente em ficar frente a frente com criminosos psicopatas, o profissional não caiu na armadilha da moça de aparência frágil. Abriu a pasta, pôs sobre a mesa a primeira das dez pranchas de Rorschach e explicou a dinâmica do teste. Suzane observou atentamente o desenho, idêntico ao que abre este capítulo do livro. O psicólogo pediu, então, que a paciente dissesse o que enxergava naquela figura enigmática. Sem titubear, a assassina teria respondido:

— Um esqueleto, mandíbulas, um cálice e uma flor.

São Paulo, quarta-feira, 30 de outubro de 2002

As mãos ao volante do Gol dourado tremiam mais do que vara verde na noite do dia 30 de outubro de 2002. Completamente desatinado, Daniel Cravinhos de Paula e Silva, de 21 anos, já não possuía reflexo suficiente para parar o carro quando o sinal fechava nas ruas de São Paulo. Dava freadas bruscas e acelerava subitamente, elevando a tensão à sequência macabra por vir, protagonizada por ele, sua namorada, Suzane Louise von Richthofen, de 18 anos, e seu irmão mais velho, Cristian Cravinhos de Paula e Silva, de 26. Quando o carro chegou ao bairro de Campo Belo, zona sul de São Paulo, faltavam 10 minutos para as 23 horas. Daniel estava fora de si, a ponto de quase provocar um acidente de trânsito e pôr o plano a perder por causa do seu descontrole emocional. Suzane, no banco carona, concentrada, percebeu a fraqueza de espírito do namorado e interveio de forma ríspida.

— Pare o carro agora! – ordenou.

Daniel obedeceu ao comando imediatamente com outra freada repentina. Desceu trêmulo. Quase não conseguia ficar de pé. Suava frio. Ao dar a volta pela frente do veículo, agachou-se diante do capô e teve uma crise de tosse seca. Os raios luminosos dos faróis evidenciavam a expressão de medo estampada na cara de Daniel. Queria falar, mas a voz não saía. Respirou fundo, acendeu um cigarro de maconha para se acalmar, soprou a fumaça e voltou ao carro, sentando-se agora no banco do carona. Com tranquilidade, Suzane assumiu o volante e dirigiu rumo à sua casa. No trajeto, deu uns tragos no baseado e aproveitou para repassar as instruções aos irmãos Cravinhos. Cristian, no banco de trás, também fumava maconha e ficou calado a maior parte do tempo. Quando explica algo, Suzane tem o cacoete de repetir a última palavra da frase três vezes, como se quisesse reforçar uma ideia.

— Vocês têm de entrar em casa sem fazer barulho! Tem de ser tudo muito rápido, rápido e rápido! Não podemos ficar na casa por mais de meia hora. Entenderam?

Tenso, Daniel ouviu as ordens da namorada sem dizer uma palavra. Cristian tentou dissuadir o casal daquela ideia funesta:

— Por que vocês vão fazer isso? Ainda dá tempo de pensar no que estão fazendo. Vocês vão acabar com a vida de vocês, com a minha e com a vida de nossas famílias!

Suzane e Daniel ignoraram a quase evidente profecia de Cristian e seguiram para o palco do crime. Ainda assim, ele continuava a ladainha que parecia não ter fim. Cristian falava frases soltas, sem nexo, típico de quem está chapado:

— A morte é a morte. É a desaparição do ser vivo. Na minha opinião, nada justifica o decesso. Não há nada que justifique, sabe? A morte é a morte. Matar os seus pais não é justo.

— Cala a boca, Cristian! – irritou-se Suzane.

Em seguida, ela contra-argumentou:

— Não sei se é justo ou não. Só sei que enquanto não matá-los, não serei uma pessoa feliz!

Por volta das 23 horas, o trio chegou à Rua Zacarias de Góis, 232, endereço de Suzane. A via estava vazia e escura. Pairava o receio de serem vistos por algum vizinho ou mesmo pelo vigia da cercania, Francisco Genivaldo Modesto Diniz. Apesar de estar entretido assistindo à televisão na guarita a 300 metros dali, viu a garota ao volante entrando na rua. Suzane embicou rapidamente o carro na entrada da garagem e usou o controle remoto para abrir o portão basculante de ferro, do tipo em que uma única chapa metálica sobe inclinando metade por sobre a garagem e metade por cima da calçada da rua. Como o motor elétrico funciona com mecanismo de contrapesos e cabos de aço, o movimento de abertura foi rápido – levou oito segundos –, mas pareceu durar uma eternidade, deixando o trio ainda mais tenso.

— Rápido! – gritou Daniel, alterado.

— Calma, está abrindo. E fala baixo! – ordenou Suzane, friamente.

Com o portão totalmente suspenso, o carro adentrou na garagem da mansão dos Richthofen com os faróis apagados. A casa estava completamente escura. Ainda dentro do veículo, feito líder, Suzane repassou os comandos parte a parte com uma riqueza de detalhes impressionante. Em seguida, desceu do carro sorrateiramente.

— Vou subir para ver se eles estão dormindo! Esperem aqui no carro até eu voltar. Não façam barulho!

Suzane vestia calça de algodão cinza, blusa de moletom vermelha com estampa de urso e sapato de camurça marrom. Contornou a piscina pela calçada lateral e passou pelo jardim com plantas de porte médio diversificadas – entre elas, espadas-de-são-jorge, dasilírios de folhas serrilhadas, finas e compridas, agave, pacová e alguns cactos. No meio desse caminho havia uma placa baixa em forma de caracol onde se lia em letras com motivos infantis: "Aqui mora gente feliz". Ao atravessar esse caminho verde, entrou calmamente pela porta da sala. Subiu as escadas. No piso superior, seguiu pelo corredor escuro até alcançar o quarto dos pais. Abriu a porta lentamente, sem fazer ruído. Manfred Albert von Richthofen, de 49 anos, alemão radicado no Brasil, engenheiro, dormia à esquerda da cama de casal. Marísia von Richthofen, de 50 anos, médica psiquiatra, brasileira de José Bonifácio, interior de São Paulo, dormia no lado direito. Ambos estavam sob um cobertor xadrez nas cores vermelha e branca. Após se certificar de que o casal dormia um sono profundo, Suzane voltou à garagem rapidamente, abriu a porta do carro e deu a ordem aos irmãos Cravinhos:

— Estão dormindo. Venham!

Trépido, Daniel desceu do carro. Cristian, do banco de trás, levantou o tampão de acesso ao porta-malas e pegou sob o carpete dois porretes de ferro cilíndrico com as pontas dobradas feito pé de cabra, com formato idêntico a um acessório de lareiras conhecido como atiçador, usado para espalhar brasas. A arma foi construída por Daniel. O jovem foi tão meticuloso ao ponto de se dar ao trabalho de fazer numa das extremidades do instrumento um cabo com pequenas ondulações para dar mais aderência às mãos. Habilidoso em trabalhos artesanais, preencheu a parte oca do instrumento com fragmentos de bálsamo, uma madeira usada na construção de aviões de aeromodelismo, e um tipo de massa epóxi, o que conferiu densidade à arma, ou seja, um poder mais letal. Suzane abriu a bolsa e tirou três pares de luvas cirúrgicas e duas meias-calças de microfibra anatômica e entregou aos irmãos Cravinhos. Deu o comando em tom de ordem:

— Vistam isso! Não podemos deixar nenhum vestígio dentro da casa!

Mais tarde, em depoimento à polícia, Suzane e Daniel confessaram que, na tentativa de não deixar pistas pela casa, o casal se inspirou na famosa série de televisão CSI *(Crime Scene Investigation)*. A ideia de usar a meia-calça para evitar a queda de pelos e fios de cabelos dos irmãos pelo chão da casa e as luvas cirúrgicas que impediriam o registro de digitais em maçanetas e corrimões, por exemplo, saiu da maratona que o casal fez para assistir, em duas semanas, aos 43 episódios da primeira e segunda temporadas do seriado. O CSI mostra como cientistas forenses desvendam crimes obscuros envolvendo mortes em circunstâncias misteriosas e pouco comuns na cidade de Las Vegas (EUA). Saiu desse seriado, também, a sugestão de figurino que os assassinos usaram na noite do crime. Daniel vestia calça bege folgada, tênis branco e vermelho e camisa cinza. Carregava uma mochila nas costas. Cristian optou por um figurino camuflado de exército. Os dois usaram os acessórios repassados por Suzane. As meias-calças foram postas por cima da roupa e na cabeça. Vestido para matar, Cristian, ainda na garagem, decidiu desistir da empreitada e se justificou em voz alta:

— Não vou! Não consigo! Não sou assassino!

— É tarde demais para desistir! E fala baixo, seu filho da puta! – retrucou Suzane.

— Cris, se você não for, eu vou sozinho! – avisou Daniel.

Sabendo que o irmão não daria conta de matar duas pessoas sem a sua ajuda, Cristian resolveu acompanhá-lo. No entanto, na expectativa de melar o plano diabólico, o irmão mais velho bateu a porta do carro com força para tentar despertar o casal Richthofen. A atitude irritou Suzane. Seguiram em frente. Cada um dos Cravinhos tinha um porrete na mão. Dentro da mansão, Cristian fez uma segunda investida para fazer tudo dar errado. Na sala, começou a pisar forte no chão de madeira. Suzane perdeu a paciência novamente. "Que porra é essa que você tá fazendo?!", questionou ela. "Desculpa. Estou nervoso!", justificou ele. A sequência de barulhos poderia ter acordado os pais. Suzane pediu para o namorado conter o irmão enquanto ela subia para conferir mais uma vez se Manfred e Marísia não haviam despertado.

O plano do momento era assim: se o casal continuasse dormindo, Suzane piscaria três vezes lá de cima a lâmpada da escada como sinal de ação. Ela entrou no quarto escuro pisando na ponta dos pés. Lado a lado, Manfred e Marísia dormiam o sono dos anjos. A jovem voltou para o hall da escada e acionou o interruptor de luz três vezes, conforme o combinado. Ao abrir e fechar os circuitos elétricos, Suzane dava ali, naquele momento, o comando definitivo para os irmãos Cravinhos assassinarem os seus pais. Daniel foi o primeiro a obedecer. Furioso e apreensivo, subiu a escada de 16 degraus distribuídos em dois lances saltando de três em três. Cristian seguiu logo atrás. Assim que os irmãos entraram na suíte, Suzane desceu as escadas e sentou-se no sofá vermelho da biblioteca.

No quarto, Daniel se posicionou ao lado esquerdo da cama para matar Manfred. Cristian ficou no lado oposto, perto de Marísia. O local estava escuro, mas era possível ver o casal deitado, graças à iluminação indireta projetada do corredor. Raios de luz vindos da rua pelos vidros transparentes da janela também ajudavam a quebrar o breu. Por alguns segundos, os irmãos ficaram imóveis, em silêncio, observando as vítimas respirando, entregues ao sono profundo. Naquele instante, passou pela cabeça de Cristian a possibilidade de Daniel desistir por falta de coragem. Ficou estático, olhando para o caçula. Decidiu desferir o primeiro golpe só depois de Daniel.

Para desespero de ambos, Manfred, que estava deitado de lado, mexeu-se lentamente na cama, virando de peito para cima. Repentinamente, o engenheiro abriu os olhos e ficou cara a cara com o seu assassino. Numa fração de segundo, Daniel trincou os dentes, mordeu o lábio inferior com força e ergueu os braços para dar a primeira porretada na cabeça do pai da namorada. Suzane ouviu o som da primeira pancada lá de baixo. Cristian foi tomado por um susto e agiu imediatamente sobre Marísia. O casal não teve a menor chance de defesa.

O primeiro golpe em Manfred provocou afundamento na região parietal direita do crânio, causando-lhe sofrimento agudo. O segundo atingiu a têmpora anterior direita. Como os irmãos Cravinhos nunca haviam matado, tudo aquilo era uma novidade horripilante para eles. A cada desdobramento da execução, uma surpresa inesperada acontecia.

Em crimes envolvendo força bruta, por exemplo, é impossível se livrar do sangue. Já nas primeiras cacetadas, o sangue da cabeça do casal esguichou em Daniel e Cristian, respingando inclusive no rosto dos assassinos. Isso ocorre porque o couro cabeludo é uma área muito vascularizada e há artérias importantes sob essa camada espessa de pele.

Após as primeiras cacetadas, Manfred tentou escapar da morte sentando-se na cama. Imediatamente, recebeu uma sequência de pancadas na cabeça e na região do tórax o bastante para matá-lo em poucos minutos. Pelas contas de Daniel, o engenheiro só morreu "mais ou menos" após a décima paulada.

Ao contrário do marido, Marísia agonizou muito mais antes de morrer. Cristian começou os trabalhos acertando a médica levemente. O primeiro ataque atingiu-lhe a cabeça de raspão, fazendo a mulher acordar desesperada a ponto de ver o marido sendo assassinado. Marísia deu um grito abafado, mas alto o suficiente para Suzane ouvir do piso inferior.

Para se livrar da trilha sonora que embalava a morte dos pais, Suzane resolveu simplesmente tapar os ouvidos com as mãos. Cristian continuava a bater devagar em Marísia. Em determinados momentos, o assassino fechava os olhos para não ver as cenas de horror que protagonizava. Sem a visão, errava o alvo e acertava a cabeceira da cama, arrancando lascas da madeira e produzindo ainda mais barulho. Marísia tentou proteger o rosto com a mão direita. Os golpes então passaram a quebrar os seus dedos.

Cristian estava com dificuldade para matar. Daniel pediu mais força ao irmão. O incentivo extra deixou Cristian cego, potente e obtuso. A partir da quarta porretada desferida na cabeça da vítima, a violência foi tão grande que a ponta do ferro, dobrada em forma de L, ficou enganchada em sua calota craniana. Apesar da atrocidade, para espanto dos Cravinhos, Marísia continuava viva e se mexendo na tentativa de se livrar do seu algoz. Para desenganchar a arma, Cristian afundou rapidamente o bastão no crânio da mãe de Suzane e puxou fazendo um movimento brusco, espalhando massa encefálica pelo colchão da cama. Tal qual um filme de terror, Marísia continuava viva.

Frenético, Cristian ergueu a arma e desferiu uma sequência de golpes ainda mais violentos, desfigurando completamente a face da médica. O movimento do porrete ensopado de sangue para cima e para baixo tingia o teto de gesso branco de vermelho. A adrenalina daquela ação fazia Cristian gemer enquanto esfacelava os ossos de Marísia.

Depois de cerca de 20 pancadas, a vítima ficou estática. Só então Cristian parou, aliviado, e caiu deitado no chão, soltando o porrete no tapete. Daniel se ajoelhou e, fatigado, deitou parte do corpo sobre o colchão da cama. Os dois irmãos se entreolharam e trocaram poucas palavras:

— Acabou! – sussurrou Daniel.

Não havia acabado. Para surpresa dos Cravinhos, mesmo imóveis na cama e banhados de sangue, os pais de Suzane não estavam mortos.

Repentinamente, o casal começou a emitir um som alto e medonho, semelhante a um gargarejo. Segundo os médicos legistas autores do laudo cadavérico, o ruído ocorreu porque o casal teve morte agônica. Como houve lesão na base do crânio, o sangue escorreu para a nasofaringe, a parte mais alta das vias aéreas, situada logo atrás do nariz e acima do palato mole. A nasofaringe serve justamente para a passagem do ar das narinas à garganta, levando oxigênio até a traqueia, brônquios e pulmões. Com essa região entupida por sangue, Marísia e Manfred passaram a gargarejar por alguns minutos antes de morrer.

Os irmãos Cravinhos ficaram apavorados com aquela sinfonia fúnebre. Cristian entrou em desespero e acendeu a luz, levando um susto com a imagem iluminada à sua frente:

— Minha Nossa Senhora! – espantou-se.

— Olha só o estrago! – comentou Daniel.

— Que porra de barulho é esse? – perguntou Cristian.

— Não sei. Temos de fazer parar! – avisou o irmão.

No andar de baixo, Suzane percebeu que algo dava errado e correu até a porta da suíte. Sem entrar no cômodo, perguntou se os assassinos precisavam de ajuda. Para conter o grunhido das vítimas, Daniel pediu uma jarra à namorada. Obediente, ela desceu até a cozinha e voltou com o recipiente, mas não entrou no quarto. Deixou no chão da porta e voltou para o sofá da sala principal.

Daniel então pegou a jarra de cor alaranjada, usou a torneira da pia do banheiro para enchê-la de água e despejou o líquido nos rostos irreconhecíveis de Marísia e Manfred. O ruído não cessou. Pelo contrário, com o excesso de líquido na garganta, o som aumentava.

— Faz essa merda parar! – gritou Cristian.

Depois de alguns minutos, Manfred finalmente se calou. No entanto, Marísia continuava roncando. Cristian teve a ideia de pegar uma toalha branca no banheiro e enfiar na boca da vítima até ela parar de emitir aquele som inquietante. Depois de ter a traqueia obstruída, Marísia finalmente veio a óbito. Minutos depois, Daniel teve um rompante de culpa. Pegou outra toalha, molhou na pia da suíte e limpou calmamente o rosto de Manfred.

Quando a face da vítima estava sem sangue, aos prantos, Daniel fez carinho nele. De joelhos, pediu perdão a Deus pela crueldade de seus atos e insistiu em se desculpar em voz alta enquanto acariciava o rosto do cadáver:

— O que eu fiz, meu Deus?! O que eu fiz?! Perdão, Senhor! Perdão!

Marísia ficou tão deformada que era impossível limpá-la apenas com toalha. Para amenizar aquela imagem repugnante, Cristian tomou providências. Desceu até a metade da escada e pediu a Suzane que pegasse sacos de lixo. A garota foi até a despensa e pegou uma unidade de cor preta e a entregou ao assassino, sem entrar no quarto.

Em seguida, Cristian ensacou a cabeça da médica, dando um nó bem apertado no pescoço para conter a água e o sangue que vertiam do corpo pelos buracos do crânio.

Daniel foi mais delicado: cobriu a face de Manfred com uma toalha limpa. Ao ver o cadáver do engenheiro coberto com tecido, Cristian resolveu imitar o irmão e também estendeu uma toalha por cima do plástico envolto na cabeça da mãe de Suzane.

Os Cravinhos revelaram depois, em depoimento, ter ocultado o rosto das vítimas para que o irmão de Suzane, Andreas von Richthofen, de 15 anos na época, não se deparasse com os pais completamente desfigurados.

De acordo com o laudo assinado pelos legistas André Ribeiro Morrone e Antônio Carlos Ferro, do Instituto Médico Legal de São Paulo,

Manfred e Marísia morreram por meio cruel, vítimas de traumatismo cranioencefálico causado por vários golpes aplicados por instrumento contundente. O exame necroscópico feito na mãe de Suzane relata sofrimento antes da morte e emprego de violência além do necessário para executá-la, provocando sofrimento extra.

Para os médicos, é um mistério Marísia ter resistido bem mais do que o marido. Os legistas afirmaram ter havido sofrimento extra por causa das congestões encontradas no fígado e nos pulmões das vítimas. Segundo a necropsia, esse detalhe indica ter havido intervalo de tempo longo entre o início da ação e a morte do casal.

Matar duas pessoas a pauladas não é tarefa fácil. É um trabalho desgastante fisicamente e mentalmente. Na hora das porretadas, os irmãos Cravinhos puseram para fora muita adrenalina. Depois de assassinar o casal von Richthofen, a dupla estava esgotada e emocionada. Mas havia uma segunda parte do plano para pôr em ação imediatamente.

Mesmo sujos de sangue, sob o comando de Suzane, que naquele momento não despejou uma única lágrima pela morte dos pais, Daniel e Cristian começaram a montar uma farsa na mansão: encenar um latrocínio (morte seguida de roubo) cometido por ladrões profissionais.

Usando luvas, Daniel correu ao closet da suíte, abriu uma das portas e retirou a tampa do fundo falso do armário. Dentro havia uma arma Rossi calibre 38 com cano oxidado preto e cabo de madeira com capacidade para seis balas, mas carregada com cinco. Ele pôs o revólver sobre a cama. Cristian achou melhor colocá-la no chão, sobre o tapete, próximo à mão direita de Manfred, estendida para fora da cama. Sempre citando cenas do seriado CSI, Daniel explicava que tentava passar a ideia de uma reação do pai de Suzane ao suposto assalto.

E a bagunça na mansão dos Richthofen continuava. Cristian abriu duas gavetas de uma cômoda dentro da suíte e jogou todo o conteúdo dela no chão. Ao vasculharem a suíte, os irmãos Cravinhos acharam um porta-joias com mais de 100 peças. Daniel pegou as doze maiores, acreditando serem as mais valiosas – entre elas, um colar de pérolas, um pingente, braceletes e um par de brincos de ouro puro com a letra M de Marísia – e as repassou imediatamente ao irmão. Na sequência, espalhou as peças menores pelo chão para incrementar a cena do falso assalto na mansão.

Depois de encerrar os trabalhos no andar de cima, os Cravinhos desceram para, juntamente com Suzane, revirarem a biblioteca. Jogaram livros e revistas pelo chão. Do armário baixo, Suzane pegou uma pasta estilo 007 de couro marrom-escuro fechada com segredo numérico. Como sabia a combinação de três números (953), ela abriu a pasta com facilidade e pegou envelopes contendo 8.000 reais, 5.000 dólares e 1.000 euros. Tudo em dinheiro vivo.

Daniel raciocinou rapidamente: se estavam simulando um assalto, não faria sentido abrir a pasta acionando o segredo. Fechou imediatamente e, com uma faca de cozinha, cortou a lateral para fazer crer que o dinheiro tinha sido roubado pelo rasgo. Posteriormente, jogaram a pasta no chão com o lado cortado virado para baixo.

Segundo o Ministério Público, pelo acerto feito entre Suzane e os irmãos Cravinhos, todos os objetos de valor encontrados na casa, incluindo dinheiro, ficariam com Cristian como recompensa pelo assassinato da mãe de Suzane. Sendo assim, ele começou a esconder pelos bolsos da calça todas as cédulas retiradas da pasta. Nessa hora, Suzane encontrou 300 reais na gaveta do escritório do pai, que foram guardados imediatamente no cós da calça sem que Cristian percebesse.

Para finalizar, o trio abriu todas as portas e gavetas dos armários de quase todos os cômodos da casa. Só não entraram no quarto de Suzane e no de Andreas. Quando acabaram, Daniel e Cristian trocaram de roupa. Colocaram as sujas de sangue em uma sacola plástica. Apagaram todas as luzes da casa, exceto as da sala principal. Eles já estavam na garagem indo embora quando se lembraram dos bastões deixados na suíte. Daniel correu para pegar e os lavou na piscina, guardando-os na sacola. Suzane começou a apressá-los para deixar a mansão antes de chamar a atenção dos vizinhos. Para reforçar a tese de assalto, Daniel teve uma ideia. Entrou novamente na casa, dessa vez pela janela, para deixar marcas na parede e confundir a futura investigação policial.

O nervosismo dos Cravinhos antes do crime já havia se dissipado após o assassinato. Ao entrarem no carro, Daniel e Suzane se deram um beijo longo e seguiram às pressas para a casa de Cristian, na Rua Graúna, 422, no bairro de Moema, onde morava com a avó. Esse trajeto, à noite, a partir da casa de Suzane, dura doze minutos. No caminho, ao passarem pelo cruzamento da Avenida Vereador José Diniz com a Rua Vieira de Morais, no bairro nobre do Campo Belo, a um quilômetro e meio da cena do crime, Daniel parou o carro. Desceu e jogou num contêiner de lixo a sacola contendo roupas, sapatos, bastões, luvas e outros apetrechos usados no duplo homicídio. Depois, seguiram viagem.

Dentro do carro, minutos depois do crime, o trio já fazia planos para o futuro. Suzane sonhava herdar a mansão dos pais e se casar com Daniel. Imaginava que viveria certo período com dificuldades financeiras, pois ficaria sem a renda familiar e os processos de sucessão de bens costumam se arrastar na Justiça. Cristian ouvia tudo calado como se estivesse em transe. Daniel pensou mais à frente. Sugeriu à Suzane vender a casa e, com o dinheiro, montariam um negócio e empregariam o irmão. Assim, todos sairiam ganhando. Ela ficou de pensar com carinho no assunto.

Na porta de casa, Cristian desceu do carro e desejou feliz aniversário à Suzane, que faria 19 anos dali a quatro dias. Para comemorar a data e celebrar o sucesso do plano de matar o casal Richthofen, Daniel e Suzane resolveram terminar a noite bem ao estilo das tragédias de Nelson Rodrigues. Foram ao Motel Colonial Palace, no bairro da Saúde. Na época, logo na entrada havia uma frase definindo a filosofia do lugar: "Respondemos às exigências da vida moderna preservando o charme e o bom gosto da tradição, tornando único cada um de nossos clientes". Suzane e Daniel eram assíduos do local. Sempre ficavam em quartos baratos. Nesse dia, eles chegaram à recepção do motel à 1h36. Ela olhou para a atendente e exigiu categoricamente:

— Quero a suíte presidencial!

Daniel estacionou calmamente o carro no box exclusivo, entrou de mãos dadas com a namorada no quarto de luxo-cafona todo decorado com luz indireta e suave nas cores vermelha, verde e roxa. A suíte tinha paredes brancas, sofá de couro tipo marquesa, mesa de mármore, candelabros dourados e piso brilhoso de tábua corrida. Uma fita de neon vermelha circundava o pedestal de sustentação da cama. O teto solar móvel com vista para as estrelas dava um toque romântico ao lugar. Outros atrativos: piscina térmica, sauna, banheira de hidromassagem, ducha dupla, cachoeira e equipamento de som individual. Suzane planejou pagar a noite especial com os 300 reais surrupiados do escritório do pai. O casal assassino estava eufórico, sob a mais absoluta felicidade. Daniel tirou a roupa de Suzane lentamente e despiu-se de corpo e alma. Beijaram-se longamente. Tomaram banho juntos. Suzane se jogou nos braços do namorado e começou a contemplar o que para ela seria o crime perfeito. Ao pé do ouvido, disse ao amado transfigurada de amor:

— Agora, sim, a nossa vida vai acontecer de verdade!

Nus, seguiram para a banheira de hidromassagem. Depois foram se refrescar na piscina aquecida com iluminação subaquática. Durante a fase de investigação enfrentada pelo casal e até no julgamento, Daniel afirmou ter transado com Suzane no motel. Não para comemorar o duplo homicídio, segundo sustenta até hoje, mas sim para festejar o aniversário da namorada. Suzane nega ter feito sexo naquela madrugada. Ainda na suíte, Daniel teve uma crise de pânico que, por muito pouco, não estragou a noite. Acendeu um cigarro de maconha, pegou uma lata de Coca-Cola no frigobar e começou a chorar, ao mesmo tempo que dizia umas palavras proféticas à namorada:

— Nós seremos descobertos! Não tem jeito! Seremos presos! – disse ele aos prantos, enquanto soprava a fumaça pelos ares.

Suzane o tranquilizou com palavras doces, algumas recomendações e um toque de realidade, além de muito carinho:

— Calma, amor! Você é muito emotivo! Para de chorar! Você não fez nada de mais! O pior já passou! Agora já era! O mais difícil você já fez! Agora é tudo comigo! Tente apenas ser frio! Não se comporte como se tivesse matado alguém!

A tragédia atroz cometida algumas horas antes uniu ainda mais aquelas duas criaturas. Daniel e Suzane ficaram por muito tempo abraçadinhos na cama, em um frêmito de vida e sonho, provando uma tese rodriguiana: na adversidade, o vínculo entre um casal se fortalece.

Assim como Daniel era o único homem para Suzane, ela era para ele a única mulher em todo o universo. A cena de romantismo bizarra se desfez às 3 horas da madrugada, quando o telefone celular de Suzane tocou, assustando o casal de assassinos. Daniel deu um salto e perguntou, apavorado:

— Ai, meu Deus! Quem está te ligando?!

CAPÍTULO 2

ENCONTRO DE ALMAS

Dois pássaros, um coração, uma serpente e um rato

Andreas von Richthofen abriu os olhos por volta das 9 horas da manhã no sábado, 3 de julho de 1999, mas se recusou a sair de baixo das cobertas. Virou-se de um lado para o outro na tentativa de esticar um pouco mais o sono naquela manhã de inverno. Mesmo com a vista desfocada pela sonolência, conseguiu enxergar um pacote grande embalado com papel de presente repousado sobre o tapete colorido do quarto. Em um ímpeto, deu um pulo da cama seguido de um grito e rasgou sem a menor cerimônia a embalagem fina feita com muito esmero. Dentro da caixa havia um avião para prática de aeromodelismo de um metro de comprimento, porém inteiramente desmontado. Presente dos seus pais, Manfred e Marísia. Naquele dia, o garoto completava 12 anos. Com um pé na adolescência, a voz de Andreas já começava a engrossar. Aos poucos, vinha perdendo interesse pelos brinquedos de criança, a exemplo de carrinhos e bonecos. A miniatura de avião era movida pelo combustível conhecido como *glow*, uma mistura de metanol com nitrometano; levantava voo alcançando até dezoito metros de altura e possuía autonomia para ficar no ar por até 20 minutos. Comandado por controle remoto, o avião foi projetado para acrobacias de alto desempenho. Um sonho para quem passou a infância ouvindo do pai as histórias de patriotismo do avô, um aviador alemão e combatente da Segunda Guerra Mundial, cujo maior mérito foi bombardear o Reino Unido em 1940 e 1941. Manfred também tinha o mesmo nome de quem ele dizia ser seu tio-avô, notável na Europa pela alcunha de Barão Vermelho, o maior piloto alemão de caças militares de todos os tempos. Na Primeira Guerra Mundial, o Barão abateu 80 aviões inimigos de seu país. Por causa dos méritos dos supostos parentes na aviação, Manfred resolveu presentear o filho com o aeromodelo.

— Combater naquela época era uma atividade nobre e sofisticada. Quando a munição do inimigo acabava, os combatentes rivais os esperavam se reequiparem. Era um sinal claro de respeito aos adversários – contava Manfred com orgulho para o filho.

Existia ainda um motivo particular para aquele presente especial. Andreas era um garoto extremamente tímido e calado. Com problemas de relacionamento na escola, enfrentava dificuldade de fazer amigos e passava as horas de lazer trancado no quarto, solitário, entretido com jogos eletrônicos. O avião de aeromodelo seria um estímulo para o adolescente sair de casa e interagir com outros jovens amantes do esporte. Alegre como poucas vezes se viu, o menino magro, cabelos loiros e rosto de traços finos, correu à sala de pijama abraçado à caixa do avião com um sorriso estampado no rosto. Agradeceu aos pais pela maravilha de presente. Embora festivo, o ritual de gratidão não teve beijos, abraços nem qualquer outro tipo de calor humano. Foi frio, formal e distante, como eram, aliás, as relações interpessoais na família. O distanciamento e a falta de demonstração de afeto naquele lar, mesmo em momentos de comemoração, era o traço mais forte da origem alemã dos Richthofen. Mas não havia nenhuma sombra de dúvida: naquela manhã, o ambiente estava coberto de alegria e Andreas sentia-se tomado por uma felicidade rara, essencial e profunda.

A tarde estava ensolarada e Andreas pediu aos pais que o levassem ao Clube Escola de Aeromodelismo, no Parque Ibirapuera. Lá, um instrutor poderia montar o avião e ensiná-lo a pilotar. Manfred e Marísia decidiram testemunhar de perto o júbilo do caçula. Enquanto vestia o casaco, Marísia perguntou à Suzane von Richthofen, de 15 anos na época, se ela queria ir:

— Vamos, filha?

— Nem pensar! – respondeu a garota, enquanto estudava alemão na mesa da cozinha.

Por volta das 16 horas, o casal e o filho Andreas – agarrado ao seu presente – entraram na luxuosa Chevrolet Blazer verde-metálico da família e seguiram para o Ibirapuera, distante seis quilômetros da casa. No parque, ao ouvir o barulho estridente dos aviões cortando os ares freneticamente, Andreas ficou em estado de graça. Na porta da escola de aeromodelismo, havia dezenas de jovens e adultos com controle remoto na mão conduzindo aviões, olhando para o alto. O cenário deixou Manfred e o filho boquiabertos. Marísia, contudo, não parecia nem um pouco fascinada com o ambiente tumultuado e a poluição sonora do lugar. Encarregou-se de tomar uma iniciativa para se livrar daquele pandemônio. Ao trombar com um homem carregando um aeromodelo nas mãos, foi prática e objetiva e, de quebra, deixou escapar uma leve arrogância:

— Quem é o melhor professor desta escola?

O aluno anônimo apontou para um instrutor a cerca de 200 metros dali. Ele controlava um avião vermelho e branco modelo T-25 com mais de um metro e meio de envergadura. Vestia calça jeans larga, camiseta branca e um casaco azul e amarelo, as duas cores da bandeira da Ucrânia. A roupa era exclusiva de atletas competidores, na qual se lia "Campeonato Mundial de Aeromodelismo". Marísia chamou Andreas e Manfred para perto de si, aproximou-se do jovem instrutor e fez uma síntese da sua demanda:

— Boa tarde! Meu nome é Marísia von Richthofen e esse é meu filho Andreas. Ele ganhou de aniversário este avião. Gostaria que você montasse o brinquedo e o ensinasse a pilotar. Me disseram que você é o melhor.

O instrutor pediu um minuto para aterrissar o avião na pista de asfalto. Tão logo o aeromodelo taxiou, cumprimentou educadamente a família von Richthofen.

— Obrigado pelo elogio! Não posso montá-lo agora. Mas se a senhora deixar o avião comigo, amanhã pela manhã estará pronto para voar.

Marísia passou ao instrutor a caixa com mais de 100 peças do avião, acertou o preço e marcou para voltar no dia seguinte, um domingo. Entusiasmado, Manfred aproveitou para contar a ele as histórias dos seus supostos ascendentes famosos na aviação. O instrutor simpatizou logo de cara com o alemão. Depois de quase meia hora de conversa, o aeromodelista agradeceu ao casal e já se preparava para decolar novamente o protótipo de aeronave, quando foi interrompido mais uma vez por Marísia:

— Desculpe. Como é mesmo o seu nome?

— Daniel Cravinhos – respondeu o rapaz.

Aos 19 anos, Daniel Cravinhos de Paula e Silva não era apenas o melhor instrutor de aeromodelismo da pista do Ibirapuera. Com 16, o atleta ficou em quinto lugar no quesito acrobacia da categoria juniores no Mundial de 1998, realizado em Kiev, capital da Ucrânia, numa disputa com mais de 500 competidores de 120 países. Foi lá que o piloto ganhou o casaco exclusivo com as cores da bandeira ucraniana. Para se ter uma ideia, nesse páreo internacional, o atleta brasileiro atrás dele no ranking terminou em quadragésimo lugar.

Além de bom competidor, Daniel ficou famoso pela habilidade com as mãos. Era um dos poucos aeromodelistas a conseguir montar aviões a partir de plantas americanas e inglesas. Considerado caprichoso no acabamento dos modelos, ele sempre estava cheio de encomendas. Para trabalhar com esse esporte, o jovem montou um ateliê no quintal da casa dos pais e chegava a cobrar entre 500 e 3.000 reais em valores da época por um protótipo feito desde o desenho das peças até a pintura da fuselagem, passando pela montagem dos motores. O preço variava de acordo com o modelo.

Daniel também era talentoso no conserto de controles remoto. Na arte de pilotar, o atleta chamava atenção pelas manobras arriscadas, fazendo o avião dar piruetas no ar bem próximo do chão, arrancando aplausos de quem costumava assistir às suas performances. Com todos esses predicados, construir o avião de Andreas seria tarefa corriqueira. Ao chegar em casa, à noite, Daniel armou o presente do garoto em menos de meia hora e ainda incrementou o modelo com peças extras, acessórios e cores exclusivas.

Na manhã do domingo, Andreas acordou ansioso. Tomou café às pressas e pediu aos pais para levá-lo ao parque novamente. Marísia se lembrou de quão tumultuado era o Ibirapuera aos domingos e concluiu não estar disposta a um sacrifício tão grande. Não saía da cabeça da médica o som irritante dos aviões comandados do chão. Já prevendo que Andreas passaria a frequentar o parque todos os finais de semana para ter aulas com Daniel, Marísia pediu à Suzane uma gentileza:

— Minha filha, por favor, vamos levar o Andreas para aprender a pilotar o avião? Tem muitos jovens da sua idade no parque. Você vai gostar.

— Jamais! – respondeu Suzane, cortante, enquanto tomava o café da manhã.

Manfred nasceu em 1953 na cidade alemã de Erbach, num castelo às margens do rio Danúbio. No ano seguinte, a família se mudou para o município de Santa Cruz (RS). Em 1970, seguiu para São Paulo. Quatro anos depois, entrou no curso de Engenharia Civil na Universidade de São Paulo, onde conheceu uma estudante de Medicina de ascendência libanesa, Marísia, com quem se casou em 1979. Em 1983, teve a primeira filha. Manfred mantinha hábitos da cultura alemã em casa. Aos domingos, por exemplo, ele levava a sério o que os alemães chamam de *Ruhetag*, o dia do descanso. O primeiro dia da semana era marcado por um silêncio absoluto. O único som ouvido na mansão dos Richthofen era música clássica e mesmo assim bem baixinho. A família também cultivava o hábito típico da sua terra natal de deixar as janelas sempre fechadas, mesmo em dias de sol.

Uma entrevista com Manfred feita na década de 1990 pelo repórter Claudio Júlio Tognolli, do finado *Jornal da Tarde,* ajuda a revelar um pouco os hábitos da família. O jornalista ligou para o engenheiro e marcou um encontro para fazer um perfil do homem que poderia ser parente do piloto e herói de guerra Barão Vermelho. Antes de receber em casa a equipe de reportagem, na manhã do dia 1º de março de 1996, Manfred exigiu que o repórter e o fotógrafo José Diório jogassem as suas credenciais de jornalistas por debaixo do portão. O engenheiro devolveu os crachás meia hora depois e abriu o portão armado com uma pistola semiautomática *Mauser C96.* A reportagem com o pai de Suzane foi publicada no dia 31 de março de 1996.

Manfred costumava beber uísque caro em casa todos os dias, inclusive nos finais de semana pela manhã. Geralmente, tomava a primeira dose quando começava a ler relatórios do trabalho no sofá da sala. Engenheiro competente, ocupava o cargo de diretor de engenharia da Dersa (Desenvolvimento Rodoviário S/A), empresa de economia mista com patrimônio líquido de 1,4 bilhão de reais, administrada pelo governo de São Paulo. Manfred era responsável pela construção do primeiro segmento do anel viário de 176 quilômetros de extensão ao redor da Região Metropolitana de São Paulo, conhecido como Rodoanel. O trecho foi inaugurado pelo então presidente Fernando Henrique Cardoso. No palanque badalado havia uma dezena de autoridades, entre elas o governador Geraldo Alckmin, além de Manfred. Essa cerimônia ocorreu onze meses antes de ele ser assassinado. Mais tarde, em investigação no âmbito da Operação Lava Jato, descobriu-se que a Diretoria de Engenharia da Dersa era a base de um propinoduto de 40 milhões de reais escoados de um cartel formado por empreiteiras diretamente ligadas à construção do Rodoanel. O dinheiro, segundo o Ministério Público, abastecia o caixa 2 do PSDB.

Orgulhoso do Rodoanel, Manfred costumava dizer a quem estivesse ouvindo que a "sua obra" iria melhorar o trânsito caótico de São Paulo. Naquele domingo, o engenheiro largou a papelada do Rodoanel e resolveu levar o filho ao parque. Prepotente como uma autoridade pública, exigiu a companhia de Suzane. Afinal, a incumbência de acompanhar Andreas nas aulas de aeromodelismo ficaria com ela. Suzane, porém, batia o pé se recusando e Manfred lançou mão da supremacia paterna:

— Venha conosco! É uma ordem!

Sem saída, a garota largou o café pela metade e subiu contrariada até o quarto para se arrumar. Marísia ficou em casa. Manfred levou os filhos ao parque e carregou consigo uma garrafa de uísque escocês *Glenlivet* 12 anos. Enquanto dirigia o carro, falava com Suzane:

— Vou te apresentar o professor que a sua mãe contratou para dar aulas ao seu irmão. Na próxima vez, vocês já vêm sozinhos.

— Que saco! – resmungava Suzane. Andreas seguia calado.

O céu estava limpo na manhã daquele domingo. A bagunça do dia anterior no Ibirapuera se repetia em dobro. A muito custo, os três chegaram à escola de aeromodelismo. Daniel já os aguardava próximo à pista com o avião de Andreas pronto para voar. O garoto deu pulos de alegria e ria pelos cotovelos. Daniel começou a lhe dar instruções básicas e Manfred o interrompeu para apresentar Suzane ao instrutor:

— Daniel, essa é a minha filha Suzane. É ela quem vai trazer o Andreas para as aulas de aeromodelismo.

Foi impossível Daniel não reparar na beleza da jovem. Suzane tinha um olhar vivo, doce e penetrante. Vestia bermuda jeans curta e blusa cor-de-rosa. Mas a garota não deu nenhuma trela para o aeromodelista. Daniel tinha estilo *nerd*. Baixinho, corpo franzino, lábios finos, nariz grande, queixo proeminente e olhar caído de peixe morto. Para o grupo do Ibirapuera, ele ainda era virgem naquela época. A suspeita tinha fundamento. Os atletas de aeromodelismo frequentavam prostíbulos toda semana. Daniel era o único a se esquivar da luxúria. Quando os colegas perceberam o interesse dele em Suzane, houve risos de zombaria. Enquanto isso, ela virava a cabeça para os lados como se procurasse por algo ou alguém, até se deparar com o aeromodelista Vinícius Soares, amigo de Daniel. Com 17 anos, chamado de Vinas pela turma do parque, era o galã do Clube de Aeromodelismo. Bonito como galã de novela, chamava a atenção de todas as garotas e despertava ciúme na galera. Suzane ficou encantada com Vinas. Manfred percebeu a troca de olhares entre a filha e o bonitão e resolveu cortar:

— Filha, venha cá! Esse aqui é o Daniel! Ele é o instrutor do seu irmão.

Com sorriso angelical e rápido beijinho no rosto, Suzane saudou Daniel com voz meiga. O aeromodelista viu na garota um quê misterioso. Mas logo ele se convenceu: aquela boneca bela e rica para os padrões dele era um sonho impossível. Manfred tentava forçar uma amizade entre a filha e Daniel. O alemão, porém, jamais imaginaria que, ao promover esse encontro, naquela bela manhã de domingo, em um dos maiores cartões-postais de São Paulo, ele estava, na verdade, assinando a própria sentença de morte. Manfred unia as duas pessoas que, dali a três anos, estariam planejando de forma obcecada assassinar friamente ele e sua esposa.

Suzane começou a conversar com Daniel, mas deixou claro logo de cara não vê-lo como um possível namorado. Nas primeiras prosas, ela quis saber quem era o tal Vinas. Daniel passou a ficha do rapaz, pontuando inclusive o fato de o amigo ter uma namorada. A informação não foi suficiente para ela desistir do piloto de olhares sensuais. A princípio, Vinas correspondeu aos encantos de Suzane com a única intenção de turbinar seu currículo de galanteador.

As horas foram passando. Enquanto Suzane exercia a sedução para tentar conquistar Vinas, Daniel ensinava Andreas a pilotar o avião. Manfred conversava na lanchonete com o pai do instrutor, Astrogildo Cravinhos, um homem de 55 anos na época, cujo hábito era apresentar-se como juiz, apesar de ser, na verdade, escrivão do Fórum João Mendes, no Centro de São Paulo. Ao falar com Manfred, Astrogildo bebia cerveja e usava a empáfia de homem da lei. O engenheiro ofereceu-lhe uísque, e o pai de Daniel descartou a cerveja imediatamente. Perderam a hora bebendo e conversando sobre filhos, Rodoanel, mulheres e aviação.

Por volta das 15 horas, Marísia apareceu no parque para levar a família à churrascaria. A essa altura, apesar de ter desdenhado do programa dominical mais cedo, Suzane não queria sair dali por nada deste mundo. Estava encantada com o cenário de céu azul cortado por aviões coloridos, e com a sensação ímpar de liberdade que tomava conta do seu espírito. A garota corria pelo gramado de braços abertos como se fosse livre tal qual um pássaro no céu. Teve uma sensação estranha e tão curiosa quanto inexplicável. Parecia começar a viver, de verdade, naquele

Suzane: assassina e manipuladora

exato instante. Repentinamente, a autoridade dos pais a fez voltar para o mundo real.

— Suzane, vamos embora agora! – esbravejou Manfred.

Ela caiu em si e sumiu da vista de Daniel.

Na semana seguinte, Suzane estava no parque com o irmão. Os dois, aliás, ficaram assíduos no Clube de Aeromodelismo. Era período de férias escolares e Andreas fazia aula praticamente todos os dias. Numa tarde de calor insuportável, Vinas resolveu tirar a camisa para aliviar a temperatura elevada do ar. Suzane ficou ainda mais interessada ao ver o corpo musculoso do piloto. A namorada de Vinas raramente dava as caras no Ibirapuera. Suzane aproveitou essa ausência para investir pesado pela primeira vez no galã. Aproximou-se e fez um pedido com voz infantil:

— Sempre quis aprender aeromodelismo. Você me ensina a pilotar?

— Claro!

Segurando o controle remoto com as duas mãos, de pé, Vinas se posicionou atrás de Suzane e deu o equipamento a ela. O avião estava no ar. Suzane segurou o controle enquanto o rapaz a abraçava por trás. Tão logo a aeronave pilotada a quatro mãos pousou, Suzane se virou para arriscar o primeiro beijo. Para sua surpresa, Vinas esquivou-se e justificou a recusa:

— Suzane, tenho namorada. Não vou sacaneá-la.

— Só um beijo! – insistia ela.

— Não.

— Por favor! – implorou.

— Não quero! – respondeu ele, definitivo.

A recusa de Vinas não foi suficiente para Suzane esquecê-lo. Só parou de investir nele quando a tal namorada, tão linda quanto ela – ou até mais –, passou a frequentar o parque para marcar território. Rejeitada, Suzane finalmente jogou a toalha. A partir dessa frustração, passou a olhar para Daniel com outros olhos. Em uma tarde de agosto, já próximo do pôr do sol, sentados perto da pista dos aviões, começou a fazer perguntas sobre o instrutor:

— O que você faz além de dar aula de aeromodelismo? – ela quis saber.

— Eu tenho uma oficina onde monto aviões. E você?

— Estudo. Meu sonho é ser diplomata.

A conversa fluiu e o casal nem viu o tempo passar. Andreas aprendeu rapidamente a pilotar e a fazer acrobacias com o seu avião. Para se fazer notado por Suzane, Daniel também usou a estratégia de pilotar a quatro mãos. Perguntou se a jovem queria aprender. A menina fez sinal positivo com a cabeça. O instrutor então lhe passou o equipamento, mas fez questão de segurar junto. Ao contrário de Vinas, Daniel foi respeitoso. Limitou-se a tocar as mãos de Suzane com as suas num gesto delicado.

Depois disso, as coisas passaram a acontecer aos poucos, meio à revelia da vontade de um e de outro. Já se haviam passado alguns meses e o laço de união entre os dois só se fortalecia. Mas não havia evoluído a ponto de ocorrer um beijo, muito por causa da timidez excessiva de Daniel. Eles andavam grudados feito amigos, quando, em novembro de 1999, o destino se encarregou de juntá-los de forma categórica.

Haveria uma competição de aeromodelismo em Campinas no fim de semana e Daniel participaria como atleta. Pensando na companhia de Suzane, o piloto teve a ideia de convidar Andreas, o seu pupilo. Em casa, o adolescente pediu permissão aos pais para assistir ao seu treinador competir no interior de São Paulo. Manfred se comprometeu a levá-lo, mas Marísia foi contra porque a nova mansão da família Richthofen estava em fase final de construção, e justamente naquele fim de semana o casal teria de inspecionar a obra para acertar os detalhes finais do acabamento. A família morava em uma casa modesta de três quartos, com paredes envelhecidas e portão enferrujado, num terreno de 300 metros quadrados, na Rua Barão de Suruí, Vila Congonhas. A casa nova era imensa e foi erguida num terreno de 1.000 metros quadrados e comprado pela família à vista por 600 mil reais (valor corrigido) da metalúrgica Kanthal Brasil. O novo endereço ficava a dois quilômetros da atual residência, num bairro mais nobre, o Campo Belo. Manfred e Marísia não se desfizeram da casa antiga e gastaram quase 1,5 milhão de reais na construção da mansão, na qual viveriam somente por três anos.

Para liberar a viagem de Andreas a Campinas, Manfred impôs uma condição: Suzane teria de acompanhá-lo. Ela aceitou de pronto. Por cautela, crendo que o pai de Daniel realmente fosse um juiz, o engenheiro ligou para o falso magistrado e fez uma série de recomendações, pois Suzane e Andreas nunca haviam viajado sozinhos. Astrogildo prometeu cuidar de Suzane e Andreas como se fossem seus filhos. Manfred ficou aliviado. A viagem a Campinas era um bate-volta e foi feita no Maverick prata envenenado de Astrogildo. Na ida, ele conduziu o carro e Daniel seguiu sentado ao seu lado. Atrás, estavam Suzane e Andreas.

Na apresentação esportiva, Daniel se empenhou nas acrobacias com o seu avião para vencer a competição e impressionar Suzane, mas ele ficou em terceiro lugar. O aeromodelista não precisava de troféus ou medalhas para chamar a atenção da moça meiga e delicada. Àquela altura dos acontecimentos, ela já estava completamente envolvida emocionalmente. Para embarcar no jogo de sedução de Daniel, Suzane recorria à voz infantil anasalada quando se dirigia a ele e andava pelo gramado da pista dos aviões dando galopes, sacudindo a cabeleira ao vento. Daniel correspondia com excesso de zelo. A todo momento perguntava se estava tudo bem ou se a garota precisava de algo. Esse cuidado era estendido a Andreas. O adolescente via em Daniel um misto de melhor amigo, cúmplice, herói, parceiro e irmão. Sempre que o piloto de aeromodelo se mostrava diligente, Andreas fazia um comentário elogioso com a irmã.

— O Daniel é muito gente boa, Suzane. Ainda por cima é uma fera no aeromodelismo.

— É verdade! – concordava ela, jogando charme para o treinador o tempo todo.

Havia outro forte motivo para Daniel se mostrar preocupado com os irmãos Richthofen. Nessa época, Suzane havia acabado de completar 16 anos e Andreas estava com 12. Daniel era maior de idade – tinha 18 anos –, estava prestes a completar 19 e já se sustentava com a atividade de aeromodelismo. Espontaneamente, o piloto era cativante e querido, apesar de ser excessivamente inibido e reservado. Em campeonatos, ajudava os atletas concorrentes, algo raro em esportes de competição envolvendo vaidade. Tinha o hábito de falar pouco, apesar de ser enturmado e bastante solicitado pelos amantes de aeromodelismo. Em

Campinas, Andreas virou uma espécie de mascote e Daniel assumiu com empenho o papel de irmão mais velho, sentindo-se responsável pelo adolescente. Suzane ficava maravilhada com aquele carinho fraternal dispensado ao caçula.

Na volta para casa, dentro do Maverick, alguns lugares foram alterados. Andreas viajou ao lado de Astrogildo e Daniel veio atrás com Suzane. Extrovertido e brincalhão, Astrogildo chamava o casal de pombinhos. Suzane ficava corada de vergonha e Daniel soltava sorrisos amarelos. No final da tarde, já no meio da viagem de retorno, começou a escurecer. Fatigado, Andreas apagou. Suzane e Daniel conversavam baixinho coisas da vida sentimental. Ele investigava a vida amorosa da moça:

— Você tem namorado? – ele quis saber.

— Não. E você? – devolveu.

— Também não.

Sentados lado a lado, face a face, Daniel e Suzane se conheciam cada vez mais e melhor dentro daquele carro de motor barulhento. A proximidade do rosto de Suzane fez Daniel ver de perto o quanto ela era linda. E toda aquela beleza estava ali, à sua frente, ao alcance de um gesto. Vítima da timidez, não tomou nenhuma atitude. O leve chacoalhar do carro antigo aliado à paisagem bucólica exibida pela janela fez Suzane adormecer com o rosto virado para o vidro. Daniel passou a apreciar o sono da sua princesa. O sol já estava posto, mas uma claridade frouxa persistia, proporcionando um lusco-fusco anunciando o anoitecer. Num rompante, Daniel pôs sua mão levemente sobre a dela, que descansava num espaço da poltrona posto entre eles. Ao se sentir tocada, Suzane despertou bem devagar, virou-se, ficou ainda mais próxima de Daniel e fechou os olhos estrategicamente. Já era noite quando ele finalmente criou coragem e deu o primeiro beijo na boca da garota. Foi um toque longo e afetuoso. Astrogildo, discreto, flagrou o casal pelo retrovisor e não fez nenhum comentário.

Daniel e Suzane desceram do carro em São Paulo de mãos dadas, com "uma certeza plena e absoluta vinda do lugar mais escuro do coração: estavam perdidamente apaixonados". O trecho está entre aspas porque foi escrito por Suzane em uma carta enviada a Daniel descrevendo com detalhes essa viagem e o primeiro beijo do casal.

Com dois meses de namoro, já no ano 2000, Daniel e Suzane se viam todos os finais de semana. Inicialmente, Manfred e Marísia não fizeram nenhuma restrição ao relacionamento. Pelo contrário, Daniel tinha a credencial de melhor (e único) amigo de Andreas para ser aceito pelos pais da namorada. O garoto, por sinal, já vinha abandonando a característica de filho recluso graças ao fantástico mundo apresentado a ele por Daniel. Estava mais alegre, mais falante. Ou seja, amigo de Andreas e namorado da filha mais velha, Daniel passou a ser bem-vindo na casa dos Richthofen. Todo final de semana ele estava lá. Quando a mansão ficou pronta, Marísia resolveu não levar os móveis da casa velha. Tudo seria comprado novinho em folha. No dia da mudança, a família toda fez um mutirão para arrumar o novo lar. Daniel, solícito, ofereceu ajuda. As caixas de papelão com documentos e objetos pessoais de Manfred e Marísia foram abertas por Suzane e Daniel. Eles arrumaram roupas, sapatos e joias nas gavetas do closet da suíte. Ao ver aquele excesso de objetos de valor, Daniel comentou com Suzane sem a menor parcimônia:

— Nossa! Seus pais são ricos, né?

— Minha mãe ganha mais do que ele – confidenciou Suzane enquanto desencaixotava pertences dos pais.

Em três dias, a mansão de estilo neocolonial de dois pavimentos estava toda arrumada. E que mansão! Da rua, a muralha de alvenaria de cinco metros de altura e os portões de ferro – um para entrada de carros e outro para acesso de pedestres – impediam a visão daquele imóvel suntuoso, avaliado na época em 3 milhões de reais. Cinco pés de palmeiras-imperiais, dois plantados na frente, dois na lateral e um na calçada, do lado de fora do terreno, davam charme especial ao lugar. Quem entrava pelo portão principal rumo à porta da sala era obrigado a caminhar sobre pedras amarelas de São Tomé, depois contornar a ampla piscina revestida com ladrilhos azuis e borda externa trabalhada em cerâmica terracota de três cores. A porta principal era toda esculpida em madeira de lei e tinha entalhe do brasão da família Richthofen, sobrenome nobríssimo na Alemanha. Ao atravessar essa porta, havia uma ampla sala social com piso de tábua corrida dividida em dois ambientes, com três sofás e uma poltrona marrom-trufa.

Toda a decoração do palacete foi feita em tons escuros, oscilando entre as cores preta, avelã e carvalho profundo, dando um aspecto sombrio ao ambiente. A área conjugada da sala continha uma estante feita de madeira rústica, duas cadeiras pretas, mais um sofá coberto com tecidos de retalhos nas cores vermelha, amarela e verde, além de diversos adornos. Todos escuros. Da sala, duas escadas permitiam acesso ao piso superior. Uma delas era ampla e ligava a sala ao corredor de passagem para os dormitórios. A outra, em forma de caracol, seguia até um mezanino social onde havia mais dois sofás. Haja sofá! Dois corredores da sala do piso inferior uniam outros compartimentos da mansão. Um direcionava ao escritório, usado por Manfred e Marísia para ler jornais e revistas. O outro dava acesso à espaçosa cozinha, com um enorme balcão ao centro.

Na parede, ao lado da geladeira, havia um monitor exibindo imagens em tempo real de toda a área externa da casa e até da calçada da rua, captadas por quatro câmeras de segurança. Esses equipamentos não faziam gravações. A mansão dos Richthofen possuía ainda sensores de infravermelho. Ligados, esses dispositivos disparavam alarme sonoro quando alguém caminhava pela casa. No alto das muralhas havia cercas elétricas de quatro fios.

No piso superior ficavam as três suítes da mansão. A mais ampla era de Manfred e Marísia. Suzane e Andreas ocupavam as outras duas. A casa tinha ainda uma despensa e uma churrasqueira na área externa, com cobertura, além de um quintal espaçoso. No fundo havia uma garagem coberta com vaga para dois carros e mais o quarto da empregada. Outra garagem coberta com vaga para dois carros ficava na lateral da casa, próxima à sala principal. No dia da mudança, Daniel conheceu cada canto da mansão dos Richthofen e suspirava, deslumbrado, como se estivesse no paraíso.

O primeiro ano de namoro de Suzane e Daniel foi todo abençoado por Manfred e Marísia. No Natal de 2000, Daniel deu a Andreas um avião de aeromodelo enorme – um dos maiores já montados por ele, avaliado em 5 mil reais. Esses gestos faziam o prestígio de Daniel aumentar junto à família Richthofen. Marísia costumava fazer compras em um supermercado Extra próximo à casa dos Cravinhos. No caminho, deixava Suzane na casa do namorado. Nos finais de semana ensolarados, Daniel fazia churrasco com Manfred na mansão. No entanto, aos poucos, o engenheiro e a médica começaram a ficar incomodados com o excesso de intimidade do namorado da filha. O pai foi o primeiro a verbalizar a queixa, em meados de janeiro.

— Marísia, esse namoro não está indo longe demais? Esse rapaz está todo final de semana enfiado aqui em casa.

— Isso é namoro de adolescente, Manfred! Daqui a pouco as aulas recomeçam e a relação esfria – previu Marísia, lembrando que Daniel foi prestativo na mudança e que deixava Andreas mais alegre.

A matriarca estava enganada. O namoro não esfriava. Pelo contrário. Esquentava cada vez mais e mais. A cada dia, os laços de união entre Daniel e Suzane se fortaleciam. Quando estavam juntos, falavam em amor eterno. Ela costumava perguntar a ele: "Até onde vai o seu amor por mim?". Daniel respondia sem pestanejar: "Até o infinito". O exagero da relação poderia ser medido pelas inúmeras cartas trocadas entre o casal quando ficavam sem se ver.

"Quando era criança, fazia uma ideia infantil do amor. Pensava maravilhas desse sentimento. Mas não sabia nem o que era. Hoje eu sei o que é o amor. Descobri com você. Agora, sim, sou uma mulher feliz. Esse sempre foi o meu sonho, meu desejo mais profundo. Ser feliz", filosofou Suzane numa carta enviada ao namorado em junho de 2000, quando viajou com os pais para a Alemanha. Em resposta a uma dessas correspondências, Daniel se revelava trágico ao escrever à amada. "Eu te amo tanto... mas tanto, que a simples ausência da minha princesa faz eu ter ideias estranhas, como a morte." Os pensamentos fúnebres, segundo Daniel, eram incentivados pelo espírito de um amigo morto há um ano que insistia em atormentá-lo. Ao ler as demonstrações exacerbadas de amor do namorado, Suzane se via ainda mais enredada e perdidamente apaixonada. Andreas era testemunha ocular e conivente com aquela relação que, aos poucos, ficava turva.

O atleta de aeromodelismo Edson Luiz Gaona, de 32 anos na época, foi outra testemunha da relação obsessiva do casal. Amigo de longa data de Daniel, ele o descreve como um rapaz retraído e acanhado. Ao conhecer Suzane, sua personalidade teria mudado. Passou a ter uma devoção doentia pela moça e se afastou dos amigos. Por ser onze anos mais velho do que Daniel, Edson resolveu dar uns conselhos a ele. Quando estavam pilotando lado a lado no Ibirapuera numa manhã de sábado, Edson iniciou um diálogo:

— Daniel, você não acha que está se afastando do aeromodelismo?

— Não. Tanto que estou aqui.

— Os seus amigos estão se queixando que você não se dedica mais ao esporte como antes. Não participa mais de campeonatos...

— É que antes eu estava solteiro. Agora estou namorando – justificou, interrompendo o amigo.

— Todo mundo aqui no parque está comentando que você está obcecado pela Suzane. Cuidado. Você pode se machucar – advertiu Edson.

— Obrigado pelo conselho. Mas deixa que da minha vida cuido eu! – cortou Daniel, pousando o avião e saindo de perto de Edson.

Caminhando para pegar o seu avião da pista, Daniel avistou Suzane chegando ao parque. A jovem observou Edson de longe e perguntou ao namorado o que eles tanto falavam. Daniel deu um beijo na garota e falou sobre a reclamação dos amigos em relação ao namoro deles. Suzane justificou a fofocada com uma suposta inveja do amor que um sentia pelo outro. Na primeira oportunidade, ela provocou Edson com racismo. Em uma roda com dez pilotos, aproximou-se do amigo de Daniel. Ela o cumprimentou com sarcasmo e em voz alta para todo mundo ouvir:

— Como vai, boi?

— Do que você me chamou? – perguntou Edson, indignado.

— Você é surdo? Te chamei de "boi". Não é esse o seu apelido? – retrucou ela, esboçando um sorriso de escárnio.

Quando Suzane chamou Edson de "boi", todos – inclusive Daniel – riram. Era um riso malicioso. Ao ser o centro de uma chacota aparentemente pueril, Edson sentiu sua energia desaparecer. A gargalhada parecia não ter fim. Trêmulo, ele quis sentar no chão e chorar. Para não passar recibo de fraqueza em público, preferiu se afastar. Foi à lanchonete beber um copo de água para se recompor. O piloto tinha motivos de sobra para refutar o apelido jocoso. Um ano antes, no auge da carreira no aeromodelismo, Edson conseguiu o patrocínio da marca *Bad Boy*, especializada em artigos esportivos. Para honrar o apoio da marca, ele batizou o seu avião de Bad Boy. Como é negro, passou a ser chamado de "boi" pelos pilotos, em alusão à cantiga popular *Boi da cara preta*.

O apelido já estava colado em Edson quando resolveu tomar uma providência. Chamou seus amigos separadamente para uma conversa séria. Revelou ficar extremamente ofendido, incomodado, constrangido e triste ao ser chamado por essa alcunha. Para os mais íntimos, confessou ficar com a autoestima debaixo do chão ao ter a cor da sua pele usada como instrumento para diminuí-lo. Fazer as pessoas cessarem com o apelido ofensivo era uma questão de honra para Edson. Dez anos antes, quando o piloto tinha 22 anos, um senhor branco muito rico que ia ao Clube de Aeromodelismo do Ibirapuera disse a ele que o local não deveria ser frequentado por pessoas pretas, a não ser que se ocupassem da limpeza dos aviões ou da segurança. Depois da ofensiva, os amigos deixaram de se referir a Edson com termos racistas. Até Suzane desenterrar o apelido. No entanto, o piloto não deixou barato. Com tom de voz firme, esbravejou:

— Suzane, não me chame assim. Se você não conseguir me chamar pelo nome, prefiro que não me dirija mais a palavra.

— Nossa, desculpa. Fica calmo. Não sabia que isso tirava um boi do sério. Ops! Desculpa mais uma vez! – continuou provocando.

Para não dar uma bofetada na cara de Suzane, Edson resolveu sair. Daniel foi atrás dele e o abordou:

— O que está pegando, boi? – desafiou Daniel.

— Daniel, olha, você é muito novo. Vai descobrir que mulheres como a Suzane entram e saem da nossa vida. Quem fica são os amigos.

— Não. A Suzane é a mulher da minha vida. Vou morrer ao lado dela! – exagerou Daniel.

Edson e Daniel nunca mais se falaram. O namoro com Suzane o isolou de tudo e de todos.

* * *

Na última semana das férias, Suzane e Andreas frequentavam assiduamente a casa dos Cravinhos. Nesse período, fizeram uma descoberta: apesar do conforto da mansão dos Richthofen, a humilde residência de Daniel – um sobrado localizado numa vila simples ao lado do Aeroporto de Congonhas – era muito mais aconchegante. Havia uma explicação para esse paradoxo. Manfred e Marísia impunham hora para os filhos acordarem, tomarem café, almoçarem e estudarem mesmo nos finais de semana. Não era permitido ouvir som alto nem pôr os pés no sofá. Nas raras vezes em que Andreas saía de casa, os pais marcavam a hora exata para ele voltar. Nunca depois das 18h. Já na casa dos Cravinhos, podia-se tudo sem restrição de horário. Foi onde Suzane fumou maconha pela primeira vez junto com o irmão de Daniel, Cristian Cravinhos, de 24 anos na época.

Extrovertido e sensual, Cris, como era chamado pelos amigos, era o oposto de Daniel. Arruaceiro, ensino fundamental incompleto, usava drogas e bebia todos os dias na frente dos pais. Fazia aulas de bateria, surfava e orgulhava-se de ser informante da polícia e poder passear com os investigadores nas viaturas. Tinha espírito aventureiro e vivia em academia trabalhando o corpo. Desfilava em motos potentes pela cidade. A cada fim de semana, Cristian mergulhava numa aventura eletrizante diferente. Quando não estava saltando de paraquedas, arriscava-se em pulos de *bungee jump*. Para ter mais liberdade, abriu mão da casa dos pais e foi morar com a avó em Moema. No campo amoroso, vivia uma relação extremamente tensa com a sua namorada, Nathalia. No primeiro ano de namoro, ela engravidou e Cristian festejou a ideia de ser pai. Apaixonado e radiante, foi até a floricultura e comprou um buquê de rosas para dar à sua amada. Ao chegar na casa dela, quis fazer uma surpresa. Abriu a porta da sala e entrou na ponta dos pés para não fazer barulho.

Do corredor, Cristian ouviu uns gemidos. Intuitivamente, soltou as rosas no chão. Caminhou pelo corredor até a porta do quarto, que estava entreaberta. Lentamente, foi entrando em silêncio. Para seu espanto, Nathalia estava transando com um amigo dele. Flagrado, o casal levou um susto. Cristian, então, pegou uma pistola da cintura e, nervoso, alternava a mira entre as cabeças dos dois traidores, numa dúvida cruel para decidir quem deveria levar o primeiro tiro. Destruído emocionalmente, começou a chorar feito uma criança e resolveu não disparar. Ao terminar o namoro com Nathalia, exigiu a interrupção da gravidez. Ela não aceitou. Com medo, Nathalia se mudou para Londrina, no Paraná, onde teve o bebê.

Fascinada, Suzane ouvia as histórias de Cristian como quem nunca havia experimentado emoções semelhantes e passou a achar sua vida vazia. Começou a cultivar ideias para tornar a sua existência no mundo mais intensa e, involuntariamente, levou o irmão de carona nessa viagem pessoal. Em uma dessas visitas à casa de Cristian, Suzane fumou maconha como nunca tinha fumado antes. Por volta das 20h, recebeu uma ligação da mãe no telefone celular perguntando por onde ela andava e dando ordens para voltar para casa imediatamente. Sob efeito de drogas, ficou apavorada com a possibilidade de a mãe perceber o cheiro forte de maconha.

Daniel arrancou o cigarro da mão dela e os dois saíram para tomar um ar. Uma hora depois, o casal estava a caminho da casa de Suzane. De repente, Daniel parou o carro e agarrou a namorada de uma forma arrebatadora. Ela correspondeu. Inesperadamente, o piloto enfiou a mão por dentro da bermuda da garota e acariciou o seu sexo com agressividade. Suzane se contorceu de prazer e apalpou o namorado por cima da roupa. O clima quente esfriou quando Suzane se lembrou da bolsa esquecida na cama de Daniel. Voltaram para buscar. A casa estava vazia. Ele decidiu tomar um banho e pediu a ela que o acompanhasse até o quarto. Obediente, Suzane não contestou. Daniel entrou no banheiro e deixou a porta entreaberta. Suzane tirou a roupa e ficou de calcinha e sutiã, esperando o namorado na cama de casal. Subitamente, Daniel saiu do banho apenas de toalha, todo molhado. Sem ao menos beijá-la, ele tirou a calcinha dela, a jogou de costas sobre a cama, arrancando-lhe a virgindade e deixando uma imensa mancha de sangue no lençol branco. Logo em seguida, ele voltou ao banheiro para se lavar, largando a garota prostrada na cama, chorando em silêncio.

Cinco anos depois, em juízo, quando foi questionada sobre a perda da virgindade, Suzane relatou como foi a sua primeira experiência sexual: "Como toda menina, eu sonhava com um príncipe encantado, uma noite linda e algo romântico. De repente foi assim. Pensava que seria algo bonito e não assim, de qualquer jeito". Tanto Suzane quanto Daniel sustentam não ter havido estupro na cena relatada anteriormente. Após o banho, Daniel ficou com a alma lavada, como se tivesse renascido. Cobriu Suzane com beijos de amor. Abraçado à amada, sussurrou em seu ouvido:

— Queria que o mundo parasse agora e que nele só existissem nós dois. Sua pele, seu cabelo, seu cheiro...

Calada, Suzane enxugou as lágrimas. Ficou olhando intensamente para o namorado. A partir daquele momento, começou a pensar e sonhar em sincronismo com Daniel. Em uma carta, ela escreveu que, depois daquela noite, estava fechada em si mesma. Decidiu que seria para sempre só de Daniel, e Daniel seria para sempre só dela. "E nada no mundo jamais separaria aquele casal. Ninguém segura o verdadeiro amor." No dia seguinte, passaram a usar anel prata de compromisso no dedo anelar da mão esquerda.

O casal parou o carro em frente da mansão dos Richthofen por volta das 23h. Entraram de mãos dadas na sala e enfrentaram Marísia juntos. A médica estava calma, para espanto de Suzane. Pediu educadamente para Daniel se retirar da sua casa, pois precisava falar a sós com a filha. Provocativo, ele deu um beijo longo e molhado na boca da amada na frente de Marísia e saiu com um ar de deboche. Manfred estava descendo as escadas quando Marísia começou a interrogar:

— Você e o Daniel estão namorando sério?

— Sim! – respondeu ela com a mais absoluta das certezas.

— Pois então acabe esse namoro o mais rápido possível! – determinou Marísia.

— Não posso! Eu o amo! – justificou.

— Eu não quero mais o Daniel aqui em casa! – ordenou Marísia.

Manfred reforçou a proibição e justificou:

— Suzane, o Daniel não é homem para você. Ele está em outro nível social, muito abaixo do nosso. Olhe para você e olhe para ele. Você já foi à Europa, aos Estados Unidos. Fala fluentemente inglês e alemão e ele mal fala português. É um tal de "nós vai" pra cá, "a gente vamos" pra lá. Não estuda nem trabalha. É um vagabundo! Descobri até que o pai dele não é juiz coisa alguma! Você merece um namorado com um nível socioeconômico igual ao nosso.

Em silêncio, Suzane subiu as escadas de acesso ao quarto e deixou os pais falando sozinhos na sala. Mais tarde, do corredor do pavimento superior da mansão, ela ouviu os dois discutindo enquanto bebiam uísque na biblioteca. Manfred culpava Marísia por ter deixando a relação de Suzane e Daniel evoluir até aquele ponto. Entre um gole e outro, debatiam:

— Eu avisei que essa relação estava ficando séria e você disse que era coisa de criança! – esbravejou o pai.

— Não tinha como prever! – defendeu-se Marísia.

— Esse namoro vai acabar nem que a gente mande a Suzane estudar na Alemanha! – decidiu Manfred.

Na verdade, após a inauguração do primeiro trecho do Rodoanel, Manfred e Marísia planejavam se mudar para Berlim. Com o namoro de Suzane e Daniel evoluindo a passos largos, o casal pensava na hipótese de mandar a filha para o exterior antes. Esse plano de vida foi compartilhado por Manfred com o colega de trabalho Walter Nimir. "Ele estava profundamente incomodado com esse namoro pelo fato de o Daniel não estudar e falar português errado. Parecia um marginal, dizia o Manfred", recordou-se Nimir.

Ao ouvir escondida os planos dos pais, Suzane traçou uma estratégia: envenenar a relação de Manfred e Marísia para forçar uma separação. Certo dia, chamou a mãe num canto e fez uma revelação surpreendente:

— Mãe, o papai tem uma amante! Eu vi ele com uma mulher no carro!

— O quê?! Você tem certeza? – perguntou Marísia.

— Tenho! Certeza absoluta! – disse a filha, enfática.

A melhor amiga de Marísia era uma ex-paciente chamada Cláudia Sorge, de 53 anos na época. Ela fez tratamento psiquiátrico com a médica durante a década de 1990. Num domingo de sol, encontrou Marísia na praia e começaram uma amizade. As duas passaram a frequentar restaurantes e salas de cinema, gerando burburinhos de viverem uma relação homoafetiva. À amiga íntima, Marísia comentou a acusação feita pela filha e lamentou o fato de Manfred ter perdido o interesse sexual por ela. Ele bebia todos os dias e passava a noite em frente à televisão. Cláudia contemporizou o drama da médica sugerindo um engano por parte de Suzane. Na semana seguinte, a filha voltou a acusar o pai de traição, aumentando inclusive o tom da denúncia:

— Mãe, agora eu vi ele entrando num motel com uma moça jovem!

— Isso não é verdade! Aliás, não quero saber – esquivou-se a psiquiatra.

— Isso, tape o sol com a peneira! – provocou a filha.

Em seguida, Suzane foi fazer fuxico com o Manfred.

— Pai, tá todo mundo comentando que a mamãe tá tendo um caso com uma paciente dela. Será que ela virou lésbica?

— O quê?! Você está louca, menina?!

Manfred não levou a informação a sério. Pelo menos não demonstrou. Com a suspeita de estar sendo traída, Marísia passou a sair à noite na companhia de Cláudia, enquanto Manfred ficava bebendo em casa, desconfiado. Os novos hábitos de Marísia provocaram desavenças com o marido. Suzane ouvia as discussões dos pais torcendo para haver uma separação. Ela comparava o ambiente familiar na sua casa com o lar dos Cravinhos, onde não ocorriam brigas. Para ela, a casa de Daniel era o paraíso. A sua, o inferno.

Suzane só não teve mais tempo para sofrer por amor porque no ano seguinte teria de enfrentar o vestibular. Meteu na cabeça que, se passasse em Direito na Pontifícia Universidade Católica (PUC), os pais não a mandariam para o exterior. Propôs ao namorado verem-se apenas uma vez por semana e mergulhou num curso preparatório para o vestibular. Quando Manfred e Marísia estavam no trabalho, Daniel ia escondido à mansão dos Richthofen só para "dar um beijinho" na amada e brincar um pouco com Andreas. Em algumas ocasiões, Daniel levava o adolescente para andar de moto pelas ruas de São Paulo. Quando Andreas fez 14 anos, o namorado de Suzane montou uma mobilete com parte das peças compradas com o dinheiro do garoto. Para esconder dos pais, Andreas manteve o ciclomotor na casa do cunhado.

O mergulho nos estudos fez Suzane passar no curso de Direito na PUC em 2002, cobrindo os pais de orgulho. Com o êxito, a jovem ganhou um Gol dourado novinho em folha. Manfred e Marísia não viam a cara de Daniel havia muito tempo, embora ele e Suzane continuassem se encontrando às escondidas. Em maio, os pais contaram aos filhos os planos de uma viagem à Escandinávia para julho. O casal deixou com Andreas e Suzane a decisão de acompanhá-los ou não. Os dois se entreolharam desconfiados. Nunca eles tiveram esse tipo de opção. Pediram para ficar no Brasil durante as férias e os pais aceitaram. A notícia da viagem dos Richthofen para o exterior foi festejada por Suzane e Daniel. O plano secreto do casal era morar junto feito marido e mulher na mansão por um mês.

— Imagine nós dois juntos naquele casarão! – sonhava Daniel.

— E sem os meus pais por perto, em plenas férias... – completava Suzane.

— Você já reparou que quanto mais os seus pais proíbem o nosso namoro, mais a gente se apega? – observou Daniel.

Para não levantar nenhuma suspeita, Suzane retirou do dedo o anel de compromisso e passou a se encontrar com Daniel às escondidas. Ela saía de casa para ir à faculdade pela manhã, mas desviava o caminho praticamente todos os dias, rumo à casa de Daniel. A lista de desculpas inventadas por Suzane para se ausentar de casa era extensa. Mentia ao dizer aos pais ser monitora do curso e contava fazer trabalhos intermináveis na casa de colegas. Quando as justificativas ficavam repetidas, ela os enganava forjando aulas de reforço. Suzane fazia caratê duas vezes por semana – chegou a ser faixa preta –, mas passou a trocar os treinos por visitas ao namorado. Na casa dos Cravinhos, além de maconha, ela já usava ecstasy, LSD e cheirava até os solventes usados pelo namorado na fabricação de aeromodelos, além de beber cerveja e vodca. Astrogildo acobertava os encontros e fazia discursos de ode ao amor. "Essa união é indissolúvel", comentava dentro de casa com a esposa, Nadja Cravinhos. Sensata, ela era mais cautelosa e conseguia prever sinais de perigo iminente naquela relação obsessiva. "Em minha opinião, uma mulher consegue tudo de um homem. Ela pode levá-lo ao sucesso e à glória. Ou à desgraça total", comentou quando foi perguntada o que achava do namoro do filho.

Na faculdade, Suzane só tinha uma amiga, Amanda Costa, de 18 anos. Ela percebeu o isolamento da colega e se encarregou de tentar enturmá-la. As duas frequentavam o bar em frente à PUC, onde os alunos veteranos bebiam cerveja e tocavam violão. Ao ser cortejada por um colega, Suzane sentiu-se incomodada, despediu-se da amiga e saiu às pressas. No dia seguinte, explicou à Amanda que amava Daniel de forma tão intensa a ponto de não conseguir ficar longe dele um minuto sequer. Confessou viver esse amor às escondidas porque os pais eram terminantemente contra. Sob efeito de drogas, Suzane disse à Amanda que, às vezes, os acontecimentos de uma vida têm caminhos misteriosos e incompreensíveis. A amiga, apesar de se dizer sensitiva, não entendia patavina e também não pedia explicações para essas frases enigmáticas. Uma das cenas mais marcantes envolvendo as duas remete ao aniversário de 18 anos de Suzane. Não houve festa, mas Amanda a cumprimentou na faculdade com um abraço bem apertado e um carinho fraternal. Até então, apesar de muito próximas, as duas só se cumprimentavam com um beijo mecânico no rosto. Impactada com o afeto caloroso, Suzane pediu a Amanda que nunca mais fizesse aquilo. As duas chegaram a discutir sobre aquele abraço na saída da aula. A aniversariante foi direta:

— Eu queria pedir a você para nunca mais me abraçar. Fiquei sem graça.

Constrangida, Amanda ficou calada por uns segundos. Após o rápido silêncio, questionou:

— Desculpa! Fiz algo de errado? Tá tudo bem?

A réplica de Suzane deixou Amanda chocada e comovida:

— Amiga, não tem nada de errado com você. O problema é comigo. Os meus pais nunca me abraçaram, nunca me beijaram dessa forma. Aí fico sem saber como reagir quando alguém me dá um abraço mais caloroso. Não sei se devo dar um beijo de volta, se tenho de agradecer ou se devolvo o carinho. Não sei nem quanto tempo dura um abraço, acredita?

— Sua mãe nunca te deu um abraço? – perguntou Amanda, incrédula.

— Nunca! Nunca! Nunca! – respondeu Suzane.

Amanda sentiu uma profunda pena da estudante. Mas o clima pesado daquela conversa foi quebrado rapidamente com um pedido inusitado de Suzane. Ela disse à amiga que, para viver o amor proibido com Daniel, precisaria de ajuda:

— O que eu posso fazer? – quis saber Amanda.

— Preciso que você minta.

— Isso eu não posso fazer – avisou a amiga.

— Você não vai me ajudar? Então você é contra o amor – advertiu Suzane.

— Eu não sou contra o amor.

— É sim. Por isso você está sozinha, encalhada – provocou.

O poder de convencimento e de manipulação de Suzane era extraordinário. Para provar não ser contra o amor, Amanda começou a ajudar a amiga a enganar Marísia. Nessa época, Cristian estava com 27 anos e namorava Maria Lúcia, uma garota de 16 anos. A relação deixava os pais da menina apavorados por causa da diferença de idade. Mas havia um consenso na família da adolescente: proibir a relação seria pior. Mesmo comprometido, Cristian ficou encantado com Amanda. Para "juntar" o casal, Daniel e Suzane inventaram uma viagem à Praia Brava, no litoral norte de São Paulo. A ideia era fazer uma aventura. Pegaram barracas e partiram de carro nas primeiras horas do sábado. Fizeram trilhas, mergulharam, tomaram sol e à noite acenderam uma fogueira. Na hora de dormir, segundo Cristian, Amanda foi para a barraca dele e transaram. Daniel e Suzane ficaram na outra. Ao amanhecer, fizeram uma sopa. Ao redor de uma fogueira, Daniel contou que o balneário era deserto e perigoso. Por isso, havia levado uma Beretta calibre 22 carregada. Suzane e Cristian reagiram naturalmente ao ver o revólver, mas Amanda levou um susto.

— Essa arma é de brinquedo? – quis saber.

— Não! É de verdade! – atestou Daniel.

Após o almoço, descontraídos, Suzane e Daniel chegaram a um consenso: estavam cansados das artimanhas operadas para driblar os pais dela. Cristian sugeriu à Suzane sair de casa. No meio daquele programa de pobre, ela ponderou não suportar a vida sem conforto. Para aliviar o calor, os quatro mergulharam nus no mar.

* * *

Os laços de amizade entre Daniel e Andreas se estreitavam à medida que o tempo passava, principalmente quando ambos cometiam atos imprudentes e extremamente reprováveis. O namorado de Suzane costumava passar na calada da noite de carro na mansão dos Richthofen para apanhar o cunhado. Sorrateiramente, Andreas pegava quatro travesseiros grandes, os alinhava sobre a cama e jogava a coberta por cima para fazer crer que ele estava lá, dormindo feito um querubim. E ganhava a rua. Cada madrugada era um programa diferente. Para um garoto de 15 anos, a fuga noturna parecia um delírio. Numa noite, o moleque passeava de mobilete pela cidade. Na outra, jogava games violentos em *lan houses*. Quando não, passava horas fumando maconha com a irmã, Daniel e Cristian. Por volta das 4 horas da madrugada, ele era deixado em casa sem que os pais suspeitassem.

Um dos passatempos preferidos de Daniel e Andreas era pegar a espingarda de pressão do namorado de Suzane e atirar chumbinho nos passarinhos do quintal da mansão dos Richthofen. Os dois orgulhavam-se de, numa única tarde, abater 20 aves. Fascinado com o poder avassalador de uma arma de fogo, Andreas confidenciou a Daniel que o pai mantinha um revólver escondido num fundo falso do closet da suíte principal. Nessa seara, a irresponsabilidade de Daniel não tinha limites. Quando Andreas completou 15 anos, o piloto presenteou o garoto com a Beretta levada por ele à Praia Brava. O adolescente explodiu de tanta felicidade. Andreas e Daniel abandonaram a espingarda e passaram a usar a minipistola para matar passarinhos. Para esconder a arma dos pais, o garoto resolveu guardá-la dentro de um urso de pelúcia, no quarto da irmã. A veneração de Andreas por Daniel era indescritível e infinita. A vida extraordinária proporcionada pelo cunhado fez o adolescente tomar uma decisão: defenderia o namoro do amigo com a sua irmã de forma cega e incondicional. E foi o que fez por um longo tempo.

Era comum ver Daniel no pátio da PUC à procura de Suzane. Os colegas de classe ficavam incomodados com a excessiva demonstração de afeto do casal em lugares públicos. Quando Suzane apresentava Daniel a uma colega, o piloto fazia declarações de amor melosas e dramáticas. Dizia, por exemplo, preferir a morte a perder a namorada. Com Amanda,

Suzane compartilhava planos para o futuro: sonhava em casar e ter filhos com o namorado, mas não via essa possibilidade ocorrer tão cedo por causa do controle dos pais. Certo dia, a estudante saiu de casa dizendo à Marísia que iria à faculdade. No entanto, ela foi mais uma vez para a casa do namorado. De fidelidade canina e manipulada, Amanda chegava a falsificar a assinatura da amiga nas folhas de frequência das aulas. Nos trabalhos em grupo, Suzane não pesquisava, não escrevia uma linha sequer, muito menos fazia defesas orais. Mas Amanda sempre colocava o nome dela como se tivesse participado das tarefas. Como os demais alunos passaram a condenar a fraude de Amanda, Suzane foi obrigada a frequentar as aulas para não ser reprovada. Enciumado, Daniel usava o telefone para repreendê-la durante as aulas.

— O que tanto você faz nessa faculdade? Vem aqui para casa!

— Não posso. Estou quase reprovando – justificava Suzane.

— Você não está olhando para outros caras aí, está? – questionava ele, enfurecido.

Certa vez, Daniel deu uma incerta na faculdade e arrancou Suzane do meio da aula, deixando a turma de queixo caído. Emocionado, contou ter acabado de ouvir de uma cartomante uma previsão linda para os dois: eles eram tão apaixonados que, num curto intervalo de tempo, passariam a ter uma só alma. Enlouquecido, falava aquelas palavras com tanta convicção que era impossível a namorada não acreditar. Daniel implorou para Suzane também visitar a vidente para se certificar se ouviria as mesmas palavras. Em um primeiro momento ela hesitou, argumentando não acreditar nessas coisas, mas a insistência do aeromodelista foi tão grande que Suzane acabou cedendo. A estudante foi sozinha à cartomante. Durante a consulta, ouviu da feiticeira que viveria uma união eterna com Daniel. A velha senhora mexia no baralho e puxava uma carta, sempre pronunciando frases de efeito na sequência: "Você e o Daniel estão numa catástrofe sentimental". No final da consulta, a bruxa aconselhou Suzane a valorizar pequenos gestos de grande valor.

Na saída do congá da vidente, Daniel a esperava na calçada com uma flor, deixando-a comovida. No dia seguinte, Suzane comentou as previsões com Cristian. Rindo, o cunhado revelou em tom de segredo: o

Daniel estava com tanto medo de perdê-la que pagou à cartomante para ela fazer aquelas falsas previsões. Suzane ficou indignada, mas encarou a insensatez do namorado como mais uma prova desesperada de amor. Era incrível como, a cada atitude insana de Daniel, mais Suzane o amava.

Acontece que o cerco começava a se fechar para aquele amor proibido. Uma semana depois de consultar a cartomante, Suzane foi surpreendida no café da manhã do Dia das Mães de 2002. Marísia perguntou se a filha tinha notícias de Daniel. Suzane mentiu de forma convincente. Disse não vê-lo desde o (suposto) término do namoro. Marísia percebeu que a filha não usava mais o anel de compromisso e suspirou aliviada. Mesmo não sendo vidente, a médica fez previsões para a filha:

— Você vai encontrar um homem à sua altura. Do seu mesmo nível social e intelectual. É uma questão de tempo, filha.

Com um riso debochado no rosto, Suzane saiu da mesa dizendo precisar encontrar Amanda. Fariam um trabalho da faculdade em pleno domingo. Mas, como sempre, pegou o carro e seguiu rumo à casa de Daniel. Marísia, movida pela desconfiança e usando o seu *feeling* de terapeuta, começou a refletir. Percebeu que a filha nunca demonstrou, em tempo algum, um fiapo de sofrimento pela suposta falta de Daniel e passou a suspeitar dessa ausência de tristeza em Suzane. A mãe começou a investigar a vida da filha. Primeiro, perguntou a Andreas se Suzane e Daniel estavam se encontrando. O garoto respondeu peremptoriamente que "não". Jamais Andreas entregaria o casal. Até porque ele faturava alto com aquela relação clandestina.

Receosa com a possibilidade de a filha e Daniel estarem juntos, Marísia ligou para desabafar com Cláudia. Por telefone, a amiga-paciente tranquilizou a médica mais uma vez, dizendo acreditar em Suzane. Ainda assim, Marísia resolveu tirar a prova dos noves. Telefonou para Amanda e perguntou se a filha já havia chegado por lá. Cúmplice das armações, a estudante respondeu convincentemente que Suzane estava lá e ainda arriscou alto ao blefar:

— A senhora quer falar com ela? Posso chamá-la...

— Não, não! Não precisa – respondeu Marísia, desligando o telefone.

Aflita, Amanda ligou para o celular de Suzane para alertá-la. Marísia estava próxima da verdade. Suzane agradeceu o empenho da amiga em sustentar as suas histórias falsas e elogiou a estratégia inteligente usada por ela para enganar a mãe. Amanda confessou estar incomodada com o novelo de mentiras. Suzane então combinou de passar na faculdade no dia seguinte para conversar com a amiga sobre esse desconforto. Ao desligar o telefone, foi transar com Daniel no quarto dele e caiu no sono. Por volta das 19 horas, levou um susto ao ver mais de dez ligações não atendidas da mãe no celular e uma mensagem curta e direta: "Onde você está?". Suzane não respondeu e resolveu ir embora imediatamente. Ao caminhar até o carro, estacionado na entrada da vila onde residia o namorado, sentiu um arrepio na espinha quando viu de longe uma folha de papel-ofício branca presa no vidro por uma das palhetas do limpador de para-brisa. Nervosa, Suzane arrancou o papel e conseguiu reconhecer a caligrafia da mãe. No bilhete, estava escrito em letras garrafais a seguinte exclamação: **TE PEGUEI!**

CAPÍTULO 3

REAÇÃO EM CADEIA

Um fantasma, um jardim, diabos e um corpo de cara virada

Ao ver o bilhete escrito por Marísia colado no para-brisa do carro, Suzane ficou estática feito o Cristo Redentor. Atônita, não soube o que fazer nem para onde ir. Depois de pensar bastante, resolveu enfrentar a mãe e foi para casa. Marísia a recebeu aos berros na sala, chamando-a de mentirosa e desonesta. Esbravejou, acusando a filha de só lhe dar desgosto. Em outro ato, a médica foi dramática.

— Suzane, esse rapaz está te levando cada vez mais para um caminho ruim. Agora você deu para mentir. Abra os olhos, pelo amor de Deus! Esse vagabundo vai te levar ao fundo do poço. E quando você estiver lá, será tarde demais. Sua vida estará arruinada de forma definitiva!

Suzane ouvia calada. Não chorava nem esboçava qualquer emoção.

Apenas olhava fixamente para o chão. Manfred chegou da rua quando Marísia estava no final do sermão. Aos prantos, a médica fez um resumo da sua decepção ao marido:

— Eles não estão rompidos! Ela passou o dia na casa daquele ordinário. Saiu de casa dizendo que ia estudar e foi para a casa dele – relatava Marísia, fumando e bebendo uísque.

Na verdade, a mãe já investigava a filha fazia tempo. Havia descoberto inclusive o sumiço de Suzane da academia de caratê. Manfred pediu para a esposa se acalmar, pegou um copo de uísque no bar e engoliu a bebida de uma só vez. Ergueu a cabeça de Suzane pelo queixo usando o polegar e fez uma ameaça derradeira. O tom foi suave, porém firme:

— Ouça bem o que vou dizer porque não vou falar duas vezes: se você se encontrar novamente com aquele malandro, você será deserdada. Ouviu bem? Isso significa que eu vou te excluir da minha herança! Não vai receber um tostão!

— Eu não tenho medo das suas ameaças! – retrucou Suzane, agressiva.

Tomado por uma intensa emoção jamais experimentada, Manfred ficou fora de si. Numa fração de segundo, o engenheiro estava totalmente descontrolado. Tão rápido quanto um relâmpago, o pai ergueu o braço direito e sentou uma bofetada colossal no rosto da filha em pleno domingo, 12 de maio de 2002, Dia das Mães. O tapa foi tão forte que ela quase se desequilibrou e por pouco não foi ao chão. Era possível ver os dedos do pai grafitados em vermelho no rosto branco da filha. Reinou um silêncio inquietante na casa. Incrédula, Marísia ficou tão impactada com a cena violenta jamais vista naquele lar que parecia estar anestesiada. Inerte, soltou o copo de bebida ao chão e levou as duas mãos à boca, espantada. O pai, sem ação, parecia ter congelado.

Uma das características mais marcantes da personalidade de Suzane é a capacidade de dominar os nervos e manter as emoções inteiramente sob controle e ocultas. Dessa vez, porém, não conseguiu. Trêmula e colérica, encarou o pai vertendo lágrimas. Estava sufocada num choro contido. Manfred nunca havia batido nos filhos, tanto que ficou desnorteado após o ato irracional. Suzane subiu as escadas sem falar uma palavra, entrou no quarto, fechou a porta e trancou à chave. Na madrugada, já recomposta, saiu de casa e foi encontrar Daniel na casa dele. Chegou com uma mochila contendo mudas de roupas, mostrou a marca da violência paterna e anunciou:

— Nunca mais piso naquela casa! Nunca! Nunca! Nunca! Vou morar aqui com vocês!

Astrogildo e Nadja se entreolharam e consolaram Suzane. Ponderaram que fugir de casa não seria a melhor solução para a crise. Astrogildo, o falso juiz, argumentou como se fosse um profundo conhecedor das leis:

— Suzane, não é bem assim. Você tem menos de 21 anos. Pela legislação vigente, você ainda é menor. Só poderia sair de casa se fosse emancipada. Seu pai vai mandar te buscar e pronto! Acabou! Você pode ficar tranquila que o Daniel tem grandes planos para você.

Na cabeça de Suzane, os planos do namorado eram aqueles de todas as mulheres apaixonadas da sua idade: casar, morar no paraíso e ter filhos lindos. Daniel endossou o argumento dos pais e implorou para a amada voltar. Fez questão de levá-la de volta para casa. No carro, em frente à mansão dos Richthofen, Daniel fez uma promessa à namorada:

— Em breve viveremos juntos para todo o sempre.

A jovem desceu do carro e subiu para o quarto. Passou a madrugada em claro pensando na vida de casada e na liberdade em não mais depender dos pais. No café da manhã, encarou a família ainda com a marca do tapa na bochecha. O hematoma apresentava-se numa coloração roxa esverdeada. A refeição parecia um funeral. O pai quebrou o silêncio pedindo desculpas. A mãe ficou imóvel e Andreas parecia não ter língua. Suzane estava revoltada. Apesar do seu tremendo autocontrole, custou-lhe esforço disfarçar a própria raiva. Dissimulada, fingiu ter feito por merecer aquela bofetada. Aos pais, fez um juramento com uma convicção tocante, porém extremamente falsa.

— Eu juro, juro, juro! Juro a vocês. Nunca mais vou encontrar o Daniel. Nunca! – anunciou ela, fingida.

A passos curtos e cabisbaixa, Suzane foi para a faculdade. Do caminho, mandou uma mensagem ao namorado com a sugestão de não se encontrarem por pelo menos um mês. Daniel respondeu que não suportaria a separação e ainda ameaçou abandoná-la. Suzane pediu calma e o jovem falou pela enésima vez em suicídio. Ela contabilizava em silêncio a possibilidade de ficar desamparada financeiramente, caso realmente fosse deserdada pelos pais. Se tinha algo do qual Suzane e Andreas não tinham queixa era da falta de recursos. Manfred era mão aberta com os filhos e ambos ganhavam mesada. Além do valor fixo mensal, o pai dava dinheiro vivo aos filhos sempre que pediam. Às vezes, não precisavam dizer onde e nem como iriam gastar.

Manfred havia passado por uma experiência terrível no início de 2002. Um assaltante o sequestrou em plena luz do dia. Com uma arma camuflada e apontada para ele, o bandido o obrigou a passar em vários caixas eletrônicos para fazer saques, até conseguir, na época, quase 10.000 reais em dinheiro vivo, retirados de quatro contas diferentes. A partir desse episódio, Manfred passou a ter aversão aos bancos 24 horas, comprou uma arma e começou a guardar dinheiro em casa. Toda a família tinha acesso à carteira do pai e a uma gaveta do closet abarrotada de cédulas para as despesas do dia a dia. Com esse dinheiro, Suzane passou a cobrir Daniel de presentes caros. Comprava óculos de grifes famosas, como Oakley, uma das marcas esportivas preferidas por jovens da classe média, e celulares sofisticados. Pagava as contas de telefone do piloto e mandou trocar até o piso de carpete do quarto dele por porcelanato. Apaixonada, usou recursos depositados pelos pais em sua caderneta de poupança para dar entrada em um Fiat Palio novo para Daniel. O restante do valor do veículo foi parcelado em inúmeras prestações, todas pagas por ela. Certa ocasião, Amanda viu Suzane quitando um boleto de Daniel. A sós, questionou a amiga:

— Su, o Daniel não trabalha e tem carro novo, celular novo e viaja. Onde ele arruma dinheiro?

— Eu pago tudo – revelou.

Era verdade. Suzane bancava Daniel. À medida que mergulhava na relação doentia, o piloto foi largando a prática de aeromodelismo e as encomendas de aviões começaram a minguar em seu ateliê. Certo dia, ele comprou para a sua cama dois travesseiros de plumas e mandou pôr nas fronhas estampas da foto do casal. Suzane adorou o carinho. Na sequência, porém, ele pediu dinheiro a ela para pagar a compra. A jovem não reclamava de sustentá-lo. Pelo contrário. Era a forma de manter-se no controle da relação. Quando o pai ameaçou privá-la da herança, Suzane só pensava na penúria em que sua vida seria transformada. Um dia após levar o tapa, a garota ouviu os pais tendo o seguinte diálogo no quarto, por volta das 21 horas:

— Ela tem um futuro brilhante, mas o Daniel está afastando a nossa filha desse caminho – disse Marísia.

— Eu não vou deixar. Vamos mandá-la para a Alemanha já no final do ano. Amanhã mesmo vou pedir para a minha secretária cotar as passagens áreas – planejou Manfred.

Aflita, Suzane esperou o relógio marcar duas da madrugada. Enquanto todo o mundo dormia, a estudante desceu para encontrar Daniel, que a esperava dentro do carro em frente à mansão. O rapaz estava angustiado e ensopado de suor. Beijaram-se e Daniel a interrompeu. Confuso e chorando muito, afirmou estar morrendo lentamente e mostrou à namorada um corte superficial no peito ainda sangrando. Parecia um ferimento feito de raspão por objeto cortante. Suzane se assustou e perguntou quem tinha feito aquilo. Não houve resposta. O piloto ameaçou tirar a própria vida caso eles não pudessem mais ficar juntos. Daniel passou a ter cada vez mais ideias obsessivas sobre suicídio envolvendo morte violenta.

— Pensa comigo, Su. Se morrermos juntos, viveremos felizes em algum outro lugar. Sem os seus pais por perto – planejava ele, soluçando.

— Você está enlouquecendo, Dan – repetia Suzane ao mesmo tempo que o consolava e o beijava.

Há casos raríssimos nos quais duas pessoas têm a mesma ideia quase simultaneamente. Naquele dia, ali, dentro daquele carro, de madrugada, Suzane encarou os olhos perturbados de Daniel. Ele sussurrou uma certeza vinda do fundo da sua existência:

— Nós só seremos felizes no dia em que os seus pais não existirem mais.

— Eu estava pensando nisso agora mesmo, acredita? Eles acabaram de dizer que vão me mandar para a Alemanha no fim do ano – disse ela, espantada com a transmissão de pensamento.

Era uma conclusão bastante óbvia: Daniel e Suzane jamais seriam felizes com os pais dela operando contra. A princípio, quando o casal condicionou a "felicidade a dois" à "não existência" dos pais de Suzane, não se falava claramente em assassinato. A ideia era abstrata. "Seria ótimo se Manfred e Marísia não fizessem mais parte do mundo". Foi assim, em tom quase poético, que Suzane e Daniel passaram a trabalhar para pôr um fim àquela agonia. A partir daquele momento, tornaram-se definitivamente uma só criatura. Um só cérebro comandava aqueles dois espíritos doentes. Suzane ficou com Daniel no carro até as 5 horas da manhã lucubrando como seria a vida em liberdade longe dos pais. Bolaram um plano e começaram a agir.

O primeiro passo foi investir novamente na ideia de terem rompido definitivamente. Para incrementar essa farsa, Suzane passou a dizer em casa, durante as refeições, que Daniel era um aproveitador. "Esse picareta não paga uma conta sequer. Vocês estão cobertos de razão", disse à mesa de jantar. Chegou ao cúmulo de agradecer aos pais por eles terem aberto os olhos dela para essa verdade. Com isso, as relações familiares na mansão dos Richthofen voltaram a ficar harmônicas. Naquela semana, Suzane frequentou a faculdade assiduamente, estudou de verdade para as provas de final de semestre e tirou notas altas. Em julho, Manfred e Marísia viajaram para a Escandinávia.

Quando viajavam juntos, para evitar que os filhos ficassem órfãos de pai e mãe em caso de acidente aéreo, Manfred e Marísia sempre embarcavam em voos diferentes. No trajeto de São Paulo à Finlândia, eles foram obrigados a embarcar no mesmo avião porque todos os outros voos estavam lotados. Antes de saírem de casa, os pais fizeram mil e uma recomendações aos filhos porque eles nunca tinham ficado tanto tempo sozinhos. Manfred deu a Suzane o número de uma conta bancária, um cartão de saques e a senha anotada em um papel. Deixou ainda uma boa quantidade em dinheiro vivo na gaveta secreta do closet.

Foi Suzane quem levou os pais ao aeroporto. Tão logo desceram do carro com seis malas, Suzane tirou do bolso o anel símbolo do amor que sentia por Daniel e o pôs de volta, dessa vez no dedo anular da mão direita. Quando ela chegou em casa, Daniel já estava lá com uma mala de roupas para 30 dias. O piloto estava matando passarinhos com Andreas no quintal. Foi o mês mais feliz do casal. Tudo era incrível. Nos finais de semana, tinham a companhia de Cristian e faziam churrasco. Passavam o dia inteiro na piscina ouvindo música eletrônica. Amanda também foi a algumas das festas na mansão. As baladas eram regadas ao cardápio de sempre: muitas drogas (maconha, cocaína, ecstasy, solventes e lança-perfume) e bebida. Daniel se comportava como se fosse o dono da casa. Volta e meia, ele martelava feito um diabo na cabeça de Suzane palavras que entravam no coração:

— Olha que maravilha, Su! Imagina se fosse assim para sempre. Olha que beleza. Olha como é bom. Olha como a gente está sendo feliz.

Suzane ouvia calada, e Daniel continuava a vislumbrar o futuro:

— Pensa se isso aqui durasse muito. Não só um mês, mas a vida toda. Seria perfeito.

Num domingo de sol, Daniel e Suzane estavam deitados na pérgola da piscina olhando juntos o mesmo céu. A mansão dos Richthofen era próxima do Aeroporto de Congonhas e era comum avistar aviões voando baixo sobre o teto. Ao ver uma aeronave passando, Daniel perguntou:

— Viu esse avião?

— Sim. Eu vi! – respondeu.

— Imagina seus pais dentro desse avião.

— Sim... E aí?

— Agora imagina esse avião caindo...

Sob o efeito de drogas e álcool, Suzane ficou em silêncio, pensativa. Daniel prosseguiu:

— Se isso acontecesse, nós ficaríamos juntos nessa mansão para sempre – concluiu, alucinado e eufórico.

Ela, calada estava e calada continuou.

Na véspera do retorno de Manfred e Marísia, Daniel e Suzane fizeram uma despedida dramática. A estudante chorou copiosamente ao retirar pela segunda vez a aliança de prata do dedo. Enquanto arrumava a mala para voltar para casa, o piloto fez questão de lembrar à namorada que a sua aliança nunca havia saído do dedo. Em seguida, Daniel voltou para a casa simples dos pais. Na primeira semana de agosto, o casal voltara à antiga rotina e a saudade dos dias da vida em liberdade na mansão dos Richthofen provocava angústia. Suzane sofria por não poder mais passar 24 horas ao lado do namorado:

— A minha vida não tem o menor sentido longe de você – reclamou ela.

— Eu disse a você. Nós só teremos aquela vida novamente se os seus pais desaparecerem do mundo – reforçou Daniel.

Até mesmo as mentiras inventadas por Suzane para passar o dia na casa de Daniel começaram a ficar sem graça. O casal só via alegria na vida se morasse na mansão. Fazendo festa, fumando e bebendo, como foi em julho. Para pressionar a namorada a tomar uma iniciativa, Daniel começou a atormentá-la. Suzane estava assistindo à TV na sala junto com o pai, por volta das 22 horas, quando o celular tocou. Era Daniel, aos prantos.

— Preciso falar com você agora! – suplicou.

— Não posso! – sussurrou Suzane tapando a boca com a mão para Manfred não perceber.

— É só para dizer para você ficar bem. Que eu te amo. Não posso mais falar. Mas, se eu morrer, saiba que vou te amar para sempre – disse Daniel, enigmático.

— Como assim, morrer? – quis saber ela, apavorada.

Daniel desligou o telefone antes de ouvir a pergunta da namorada. Suzane ficou com os nervos à flor da pele tentando ligar de volta. Caminhava pela casa de um lado para o outro feito uma fera enjaulada. Às 3 horas o piloto ligou novamente, para alívio de Suzane. Ele estava na porta da mansão. A estudante foi ao seu encontro. Depois de uma conversa interminável, os dois juntos, numa sintonia macabra de pensamento, decidiram ser felizes. A primeira providência seria tomada na semana seguinte.

* * *

Marísia era exigente e rigorosa com as empregadas domésticas. O excesso de ordens da patroa e a suntuosidade da casa as assustavam e elas desistiam do emprego antes de completar o primeiro mês. Após a viagem para a Escandinávia, a médica contratou uma senhora chamada Diana para limpar o imóvel. Mal fechou o mês, Marísia a dispensou alegando fraco desempenho nas tarefas domésticas. A empregada queria receber uma indenização pela demissão. Por telefone, Diana passou a cobrar insistentemente uma dívida de 1.700 reais, na época, dos Richthofen. Irritada, Marísia pediu a ela, aos berros, que não ligasse mais. Mas Diana não desistiu. A inconveniência da ex-funcionária fez Manfred trocar todas as fechaduras da casa. Também foi instalado um identificador de chamadas nos aparelhos de telefone para saber quando a empregada estivesse ligando e, assim, ter a opção de não atendê-la. Com o recurso ultratecnológico para a época, os telefonemas de Diana passaram a ser evitados. Certo dia, Marísia abriu o portão às sete da manhã para sair com o carro e Diana estava lá, de sentinela. A janela do carro estava fechada e a empregada bateu com a mão fortemente no vidro.

— Abaixa esse vidro, sua vaca! Quero falar com a senhora! – ordenou a empregada.

Marísia obedeceu e enfrentou a ex-funcionária:

— O que você quer?

— A senhora vai se arrepender se não pagar o que me deve!

— Eu não lhe devo nada! Você estava em período de experiência. Procure um advogado, caso ache que está sendo lesada – sugeriu a médica, de dentro do carro.

— O meu marido vai lhe procurar. Aguarde! – reforçou a ameaça.

— Se você continuar importunando a minha família, vou chamar a polícia! – anunciou a médica, fechando o portão pelo controle remoto e arrancando com o carro em disparada.

Do seu consultório, Marísia ligou para desabafar com Cláudia, queixando-se de estar sem empregada em casa e ainda viver assombrada pela antiga funcionária. A amiga-paciente prometeu ajudá-la. Ficou de mandar uma candidata ao consultório de Marísia ainda naquele dia. Era uma profissional excelente, mas a médica teria de ser generosa na oferta salarial, pois ela estava feliz em outra residência. Por volta das 16 horas, Rinalva de Almeida Lira, de 40 anos na época, surgiu diante de Marísia. Baixinha e nordestina de Caetité, no sertão baiano, Rinalva mantinha o hábito de cobrir a boca com a mão direita quando falava. Marísia e a candidata tiveram química logo de cara, mas a forma acanhada de falar da empregada incomodava a médica. Ela dizia saber cozinhar e cuidar da casa. A futura patroa perguntou quanto pretendia ganhar por mês. Rinalva pediu um salário mínimo e Marísia ofereceu o dobro. Nessa hora, a muito custo, a mulher deu um sorriso e a médica percebeu que ela não tinha nenhum dente na boca.

— Como a senhora pode viver assim, desdentada? – perguntou a médica, indignada.

Profundamente constrangida, Rinalva olhou para o chão em silêncio por um longo tempo. Marísia desculpou-se e indagou se ela poderia começar a trabalhar no dia seguinte, às 7 horas da manhã. Rinalva confirmou balançando a cabeça, levantou-se, virou as costas e saiu. No entanto, ela não apareceu na mansão dos Richthofen. Preocupada com a possibilidade de tê-la humilhado, Marísia ligou para Cláudia e pediu o endereço da funcionária. À noite, a médica bateu na porta da empregada. Rinalva morava com o marido e três filhos num casebre de alvenaria alugado no Jardim São Bento Novo, Capão Redondo, periferia de São Paulo. Ao se deparar com aquela senhora elegante e vestida de branco, Rinalva levou um susto. A família estava toda na sala e rapidamente desapareceu, deixando as duas a sós. Marísia apelou:

— Dona Rinalva, me perdoe por algo que eu tenha dito. Eu jamais tive a intenção de ofendê-la.

— Não precisa se desculpar. A senhora não disse nada de mais – devolveu a empregada.

— Então aceite o emprego e vá trabalhar amanhã – pediu a médica.

— Eu não posso trabalhar nesta semana. Estou com o aluguel atrasado e ameaçada de despejo. Tenho de arrumar um canto para morar urgentemente – revelou Rinalva.

Marísia olhou atentamente aquela casa modesta por todos os ângulos possíveis. Espiou até o forro do teto. Era um lar humilde, limpo e todo arrumado. A médica ficou estática, sem saber o que dizer ou fazer diante daquele drama familiar. Despediu-se dizendo à Rinalva para primeiro resolver o problema pessoal e só depois comparecer ao emprego novo. Duas semanas depois, a empregada surgiu na mansão dos Richthofen. Continuava falando com a mão na boca, envergonhada pela falta de dentes. Manfred foi o primeiro a perceber. Marísia tomou uma atitude que mudaria a vida de Rinalva para sempre. Ligou para um amigo dentista e pediu uma dentadura para dar de presente à funcionária. Depois de algumas visitas ao protético, Rinalva estava com os dentes cintilantes. Todos na casa perceberam a mudança tanto na aparência quanto no comportamento da empregada. A arcada dentária, mesmo postiça, deu à nordestina uma nova personalidade. Ficou risonha e atrevida. Andreas foi o primeiro a sentir na pele os efeitos da nova mulher. Sentado sozinho à mesa do café da manhã e pronto para ir à escola, pediu em tom de ordem um suco de laranja com pão, ovos mexidos e manteiga derretida.

— Qual é mesmo aquela palavrinha mágica? - ironizou Rinalva.

— "Por favor" - rendeu-se Andreas. Só então ela preparou o alimento.

Com dentes novos, Rinalva adquiriu o hábito de dar respostas atravessadas até mesmo para Marísia. Mas a patroa não reclamava, pois via na altivez da funcionária uma forte aliada. A empregada começou a exercer certa autoridade tanto com Suzane quanto com Andreas. Como passavam boa parte do dia no trabalho, Marísia e Manfred confiaram os cuidados dos filhos a ela. No mês seguinte, Rinalva alertou Marísia que faltaria ao trabalho por tempo indeterminado. O seu casebre havia sido colocado à venda por 17.000 reais (em valores da época) e a sua família ficou mais próxima do despejo. A patroa aceitou a folga, mas deixou claro o desconto do salário. Rinalva desapareceu. Preocupados, Marísia e Manfred foram ao seu encontro. Depararam-se com Rinalva sendo despejada. Abraçada aos filhos, ela explicava não ter para onde levá-los. Comovida com a cena dramática, Marísia fez uma proposta: compraria a casa por 17.000 reais e daria para ela morar. Mas o valor seria descontado do salário em suaves prestações de 300 reais até a dívida ser quitada. Rinalva aceitou, Marísia começou a providenciar a papelada e a funcionária pôs na patroa a alcunha de santa.

Quando voltou a trabalhar, a empregada recebeu de Marísia uma missão. A médica disse estar desconfiada de que a filha vinha tendo encontros escondidos com Daniel, o suposto ex-namorado. Argumentava sentir uma clarividência materna equivalente a uma certeza absoluta. Pediu a Rinalva que ficasse de olhos bem abertos e lançasse mão até mesmo de meios escusos para dar um flagrante. Chegou a citar um exemplo: ouvir conversas de Suzane pela extensão telefônica. Se a campainha tocasse e Suzane fosse atender, a empregada teria de inventar uma desculpa e ir até lá fora na cara dura para ver quem era a visita. No final do expediente, a funcionária passaria um relatório verbal completo. Rinalva aceitou a tarefa da Santa Marísia.

Mesmo sendo esperta, a funcionária jamais flagraria Daniel e Suzane juntos. Até porque o casal se encontrava mais na calada da noite do que à luz do dia. Certa manhã de sábado, Marísia foi ao supermercado com a empregada. Manfred e Andreas levaram o cachorro para tomar vacina. Sozinha em casa, Suzane agiu rapidamente. Desceu até o quintal, pegou um bloco de paralelepípedo e enrolou em um pano de chão. Colocou a pedra sobre a cama dos pais, bem no centro. Como se um furacão estivesse a caminho daquela casa, ela fechou todas as portas e janelas, travando-as com trancas. Cerrou até as cortinas. Desceu e abriu o portão para Daniel entrar. Eram cerca de 10 horas da manhã e o sol estava a pino.

— A casa está vazia? – perguntou ele.

— Sim, sim, sim! Temos de ser rápidos! – avisou Suzane.

— Calma! Vai dar certo! – garantiu ele, afoito.

A passos largos, o casal foi ao closet da suíte de Manfred e Marísia, abriu a porta e arrancou o fundo falso, revelando a arma de calibre 38 do engenheiro. Daniel checou o tambor e viu seis balas dentro dele. Suzane fechou Daniel no quarto dos pais e saiu correndo para o meio da rua, travando as portas por onde passou até deixar a mansão. Havia movimento de carro e pedestres onde Suzane estava. Pelo celular, mandou uma mensagem ao namorado dizendo "ok". De repente, ouviu-se um estampido idêntico a uma bomba de São João. No leito dos Richthofen, Daniel havia dado um tiro na pedra envolta no pano de chão. Suzane entrou na casa rapidamente e encontrou o namorado guardando a arma no closet. Encarregou-se de tirar a pedra da cama dos pais, trocou a coberta da cama e limpou vestígios do cartucho e pólvora. Pensando em sintonia, chegaram à seguinte conclusão:

— Não podemos usar arma. Mesmo com a casa fechada e toda a barulheira da rua, eu consegui ouvir o tiro lá de fora. Com o silêncio da noite, os vizinhos certamente vão ouvir – calculou Suzane.

— Então vamos ter de estudar outra forma de fazer isso! – decidiu Daniel.

Ao acabar o teste diabólico, Daniel deu um beijo na namorada e saiu da mansão feito um foguete. Uma semana depois de ensaiar o assassinato dos pais com arma de fogo, Suzane descia a escada de casa quando flagrou a mãe chorando ao telefone. Marísia falava com Cláudia. Ao desligar, a médica se levantou e deu um abraço apertado na filha como nunca havia feito. As duas ficaram mudas por um longo tempo, entrelaçadas. Suzane agarrou a mãe com força. Encaixou a cabeça no espaço entre o ombro e o pescoço materno. Suzane nunca havia sentido a temperatura do corpo de Marísia, o cheiro da pele da mãe, do perfume. Empática, a filha enxugou as lágrimas da mãe. Depois de consolá-la, a estudante ficou circunspecta. Entristecida, Marísia saiu a pé de casa. Suzane viu pela janela da biblioteca, no segundo andar, quando a médica abriu o portão de pedestres lentamente. Antes de ganhar a rua, a mãe, vestida de branco, olhou para trás e fitou Suzane na janela. Marísia beijou a palma da mão num gesto delicado e soprou um beijo suavemente ao vento em direção à filha.

Num raro momento da vida, Suzane teve compaixão. Nunca se soube o motivo do pranto de Marísia. As lágrimas maternas serviram para fazer a filha desistir de assassiná-la. Pelo menos naquele momento. À noite, comunicou ao namorado o cancelamento do plano por telefone. A decisão não foi aceita:

— Você não quer mais voltar àquela vida que tivemos quando seus pais não estavam aqui? – reagiu Daniel, nervoso.

— Não. Não quero! – rebateu ela.

— Tem certeza? – insistiu.

— Sim! Não farei isso com a minha mãe! Minha mãe, não! Minha mãe, não! Minha mãe, não! Não! Não! Não! – encerrou Suzane, desligando o telefone na cara do namorado.

Daniel sabia qual era o ponto fraco de Suzane e investiu pesado nele. Na madrugada seguinte, o casal se encontrou. A estudante ainda estava atormentada com a cena da mãe indo embora vestida de branco como se fosse um fantasma. Estrategicamente, Daniel fingiu ser melhor abortar o plano. E passou um cigarro de maconha para Suzane:

— Vai fumando – sugeriu ele.

Ela pegou o cigarro e deu uma tragada forte.

— Eu não quero, não quero, não quero matar os meus pais! Minha mãe me abraçou...

— Calma! Esquece isso. Faz de conta que nada aconteceu – tranquilizou o aeromodelista.

Dois dias depois, Daniel surgiu novamente em frente da casa de Suzane às 3 horas da madrugada. Pelo celular, pediu que a jovem descesse imediatamente. Anunciou o fim do mundo. "O apocalipse surgirá por trás das montanhas e ninguém escapará das cinzas", declamou emocionado. Suzane não entendeu nada. Chorando copiosamente, Daniel voltou à ladainha de sempre. Desta vez, o drama estava carregado de tinta marrom. Entre uma baforada e outra num cigarro, disse o seguinte:

— Se não é possível vivermos juntos, prefiro mil vezes a morte! – advertiu ele.

Alucinado, Daniel contou a história de um amigo assassinado no ano anterior numa favela com seis tiros na cabeça. Segundo relatou, essa alma vivia em um lugar encantado, cheio de amor e vida. Era incrível como Suzane acreditava nele – ou fingia acreditar. Daniel revelou seus planos para aquela noite: matar-se atirando o carro em alta velocidade contra um muro de concreto. Assim, teria uma passagem rápida, instantânea, uma morte sem tempo para sofrimento. Ele nem sequer teria saudade da vida triste que levava.

Suzane também fumava maconha enquanto ouvia o chororô do namorado. Era como se uma loucura possuísse o casal. Suzane pediu "pelo amor de Deus" para o jovem não desistir da vida, pois o amava. Daniel replicava dizendo que "o amor era um sentimento ligado de uma maneira secreta à emoção da morte". Para o piloto, a vida só faria sentido se eles ficassem juntos como ocorreu em julho, o mês mais feliz de suas vidas. A jovem sonhava todos os dias da sua existência com um futuro ao lado do amado na mansão dos pais, mas não tirava a imagem da mãe da cabeça.

Em sincronia, o casal recobrou a ideia obsessiva de matar Manfred e Marísia. Como se fosse possível ter um tipo de compaixão quando se planeja a morte dos pais, ela fez dois pedidos a Daniel. O primeiro:

que os pais morressem de forma indolor. Daniel enxugou as lágrimas e acariciou o rosto de Suzane, concordando com a ideia. Depois houve um beijo. Não foi um beijo trivial. Mas sim um beijo em que se pôs para fora todo o desespero, toda a febre, todo o delírio. Suzane abriu a porta do carro e saiu. Do lado de fora, pela janela, a jovem fez o segundo pedido ao namorado. Não um pedido, uma exigência:

— Eu não vou matar nenhum deles! Você fará tudo sozinho!

Em casa, recomposto, Daniel contou para Cristian em tom de segredo os planos para assassinar os pais de Suzane. O irmão levou um susto. Tentou demover a ideia da cabeça do caçula:

— Vocês são loucos! Esquece isso!

— Preciso da sua ajuda. A Su não tem coragem.

— Nem pensar! Olha, você não é assassino profissional. Você não saberá o que fazer, como se comportar depois. Vai dar bandeira e será logo descoberto – profetizou Cristian.

Daniel ouviu atentamente o irmão mais velho, mas nada o fazia mudar de ideia. Cristian lançou mão de um argumento poderoso: ameaçou contar a Astrogildo o plano macabro. Assustado, Daniel então recuou. Suzane ficou decepcionada quando o namorado ligou para avisar ter desistido. Sóbria, foi até a casa dele e o chamou para uma conversa definitiva. Longe de tudo e de todos, o casal se trancou no ateliê onde Daniel fabricava os aviões de aeromodelismo. Em nada o piloto lembrava aquele personagem com ideação suicida que planejava se matar por amor. Para Suzane, não haveria mais a menor possibilidade de recuo. Já conhecendo de cor o desequilíbrio emocional do namorado, a jovem fez uma revelação bombástica, porém totalmente inverídica:

— Dan, nunca pensei que um dia eu te contaria isso. O meu pai abusa de mim desde que eu tinha 9 anos. Toda noite, depois que a mamãe dorme, ele vai até o meu quarto. É uma coisa nojenta, nojenta, nojenta! – revelou, fazendo um esforço sobre-humano para chorar.

Descontrolado, Daniel começou a esmurrar a parede e arremessar ferramentas pelo chão. Garantiu matar Manfred ainda naquela noite. Frágil emocionalmente, ele era uma peça perfeita na engrenagem perversa controlada por Suzane. Naquele mesmo instante começaram a pensar em como assassiná-los o mais rapidamente possível. Cogitaram incendiar o sítio da família, em São Roque, com os pais dentro ou arrancar a mangueira do freio do carro para vazar o óleo e provocar um acidente. Enquanto Daniel destruía o ateliê, o casal acabou descobrindo sem querer a arma perfeita. No meio da fúria, o piloto havia arrancado da parede e mantinha na mão direita uma barra de ferro usada para sustentar prateleiras, conhecida como mão-francesa. Suzane encarou o namorado, deu um beijo em sua boca e foi para casa.

Em seguida, o piloto aprimorou as barras de ferro para torná-las ainda mais letais. Fez o trabalho com o mesmo capricho, as mesmas minúcias do artista habilidoso em construir aviões de aeromodelo. Cristian foi até a oficina ver como o irmão estava e o encontrou nervoso e agitado. O ateliê estava parcialmente destruído. Na cabeça de Daniel, não havia mais como desistir do plano. Contou a Cristian as novas revelações feitas por Suzane e, abraçado ao irmão, fez um apelo dramático:

— Cris, me ajuda a matar esse estuprador! Por favor. Se você não for, eu vou sozinho. E não tem como eu matar os dois sem a sua ajuda.

— Dan, você sempre foi o meu irmão. Eu sempre contei com você para tudo na vida e nunca pude retribuir. Eu vou entrar nessa com você, mas a gente vai ser pego. A gente vai afundar no barco juntos, mas vou com você mesmo assim porque eu te amo – disse Cristian.

Abraçados e afogados em lágrimas, os dois irmãos ficaram um bom tempo contemplando aquela cumplicidade. Daniel pegou a barra de ferro e serrou para dividi-la em duas. Com as mesmas ferramentas usadas na construção dos aviões de aeromodelismo, o piloto fabricou os porretes. Para o irmão e cúmplice, fez uma promessa:

— Naquela mansão tem muito dinheiro. Tudo o que tiver lá de valor será seu – combinou.

— Não estou entrando nessa por dinheiro – reiterou Cristian.

Ficou acertado o seguinte: Cristian mataria Marísia, e Daniel, revoltado com a notícia do abuso de Manfred contra Suzane, aniquilaria o pai. Daniel ligou para Suzane e comunicou a adesão do irmão. Fizeram os últimos acertos. Caberia à jovem conseguir as meias de nylon e as luvas para os assassinos não deixarem vestígios dentro da casa. Para

Andreas não testemunhar o duplo homicídio, ficou decidido tirá-lo da mansão.

Tomado pela falsa notícia de que a sua namorada era abusada, Daniel mergulhou numa ira implacável. Estava apaixonado, cego e surdo para tudo aquilo que não fosse o próprio sentimento. Fraco, passou a ser dominado ainda mais por Suzane. A fragilidade espiritual, o efeito das drogas e a ambição desmedida levavam Daniel para o lado mais escuro da vida. Insidiosa e narcisista, Suzane conseguiu agendar a morte dos pais. A data escolhida foi 30 de outubro de 2002, uma quarta-feira, quatro dias antes do seu aniversário. A garota faria 19 anos no domingo, dia 3 de novembro.

No dia D, Daniel convidou Andreas para mais uma jornada na madrugada. Deixou claro, no entanto, que não o acompanharia na noitada, pois iria comemorar antecipadamente o aniversário de Suzane num motel de luxo. Andreas topou na hora. Ficou acertado o seguinte: depois de Manfred e Marísia caírem no sono, Andreas avisaria por telefone e Daniel passaria para apanhá-lo.

A agenda de Suzane no dia do crime foi trivial. Tomou café com a família às 6h30 da manhã e foi à faculdade. Ao meio-dia, encontrou Daniel para acertar os detalhes dos planos de executar os pais. Passou no Colégio Vértice, a dois quilômetros de casa, para buscar Andreas. Às 13 horas já estava sentada à mesa, almoçando na companhia de Marísia pela última vez. Comeram salada, carne assada na panela de pressão e arroz de forno acompanhado de suco de melancia. Tudo preparado por Rinalva. Manfred não costumava almoçar em casa em dias úteis.

Às 14 horas, Suzane se despediu da mãe e saiu de carro para levar Andreas à aula de inglês. De lá, foi encontrar Daniel mais uma vez na casa dele. Às 16 horas, o casal foi buscar Andreas na escola de língua estrangeira e os três foram ao Shopping Ibirapuera comprar o presente de aniversário de Suzane. A estudante queria ganhar um par de óculos escuros da Oakley. Experimentou vários modelos, mas não gostou de nenhum.

Por volta das 17 horas, os três tomaram sorvete. Suzane pôs de volta no dedo o anel prata de compromisso, levou o namorado para a casa dele e seguiu para a mansão com o irmão, onde chegaram às 17h30. Os pais estavam no trabalho e Rinalva encerrava o expediente.

Às 18h, ela pegou o carro e seguiu pela terceira vez no dia para a casa de Daniel. Juntos, assistiram a mais episódios de CSI na TV e foram à locadora Blockbuster atrás da terceira temporada da série. Não havia em DVD. De lá, foram à casa de Cristian, onde discutiram os últimos detalhes do plano a ser executado mais tarde. Os três fumaram maconha.

No início da noite, Suzane passou em casa, mas não encontrou os pais. Tomou banho, trocou de roupa e saiu para encontrar o namorado pela quarta vez. Juntos, esperaram o contato de Andreas. Nesse intervalo, as duas barras de ferro foram colocadas no porta-malas do carro de Suzane.

Pelo relato de Andreas, naquele dia ele acordou às 6h, tomou café em família e foi levado à escola pelo pai, como todo dia. Suzane foi buscá-lo. À noite, por volta das 20h, Manfred e Marísia se reuniram para jantar. No menu havia salada, bife e espaguete. O adolescente estava sem apetite e não saiu do quarto para comer. Ficou lá assistindo desenho animado na TV.

Às 21h30, Manfred despediu-se do filho, que já estava sob o chuveiro. Da porta do banheiro, Manfred disse "boa noite" ao garoto. Foram as últimas palavras ouvidas do pai por Andreas. Logo em seguida entrou Marísia. Ele já estava na cama vendo mais desenhos. Seca, a mãe disse em tom enfático: "Desliga essa TV! Agora!".

Às 22h30 Andreas foi até o quarto dos pais e viu os dois dormindo. Na sequência, o adolescente pôs cinco travesseiros sobre a cama e os cobriu com um edredom fingindo estar ali deitado sob a coberta.

Em seguida, o irmão de Suzane fez a tão esperada ligação para Daniel dizendo apenas duas frases: "Meus pais dormiram. Venham me buscar".

Daniel pegou o carro e foi ao seu encontro dirigindo o Fiat Palio comprado pela namorada. Suzane ficou na companhia de Astrogildo. Antes de levar o garoto à *lan house,* Daniel voltou em casa para apanhar Suzane. Andreas aproveitou para pegar a sua mobilete, que ficava guardada no quintal dos Cravinhos, e seguiu de ciclomotor à casa de jogos. Por segurança, Daniel e Suzane seguiram o adolescente no carro dela até ele entrar na *lan house.* O garoto abriu uma comanda de consumo na casa de jogos às 22h46. A duas quadras dali, Cristian já esperava o casal na esquina.

O relógio estava prestes a marcar 23 horas na noite do dia 30 de outubro de 2002. O combinado era Andreas telefonar no celular da irmã quando a *lan house* fechasse. O que o menino não sabia era que, nos minutos seguintes, Suzane, a sua querida irmã, Daniel, seu ídolo, e Cristian, um grande amigo, estariam matando seus pais a pauladas.

Às 2h40 da madrugada do dia 31 de outubro, a casa de jogos cerrou as portas. Andreas, sozinho, já órfão de pai e mãe, deu mais uma volta de mobilete pela cidade. Andou pelas avenidas Brasil e 23 de Maio, passando pelas alamedas estreitas dos Jardins.

Andreas telefonou para a irmã por volta das 3h. Suzane estava deitada na cama do motel, abraçada ao namorado, quando o telefone celular tocou, assustando o par de latrocidas. Daniel deu um salto e perguntou, apavorado:

— Ai, meu Deus! Quem está te ligando?

Era Andreas. Sintético, pediu à irmã:

— Vem me buscar!

CAPÍTULO 4

NATUREZA DA OCORRÊNCIA: LATROCÍNIO

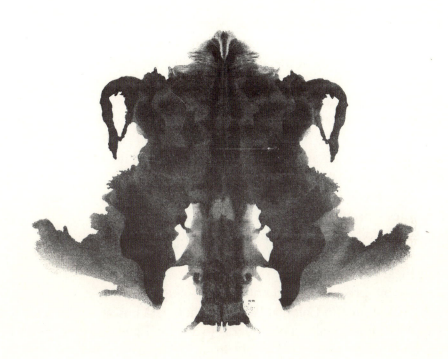

Uma bruxa, um morcego e uma âncora

Os mortos não eram problema para Suzane e Daniel. Enquanto os cadáveres de Manfred e Marísia esfriavam sobre a cama, o casal delirava sob o efeito de cocaína e maconha no motel. Eufóricos, felizes e sem qualquer noção de tempo e espaço, os dois continuavam trocando juras de devoção e amor como se estivessem em lua de mel.

— Diga que me ama na minha cara! – implorava Daniel na cama do motel.

— Eu te amo! Eu te amo! Eu te amo! – revidava Suzane repetidamente, cobrindo o namorado de beijos.

— Quero sentir o seu amor queimando os meus ossos! – desatinava ele, chapado.

Após receberem a ligação de Andreas, Suzane e Daniel vestiram-se rapidamente e pediram a conta da noitada no motel pelo interfone.

Em poucos minutos, a atendente Angélica da Silva tocou a campainha com som de cigarra. O cálculo estava anotado à mão num pedaço de papel posto sobre um prato de metal junto com duas balas de canela. A conta foi passada pela janela discreta usada para os clientes se comunicarem com os funcionários. Para surpresa do casal, as despesas totalizaram 318 reais. Eles só tinham três notas de 100 e nenhum cartão de débito ou crédito.

— Só temos 300 reais. E agora? – questionou Daniel pela janelinha, sem ver o rosto da atendente. Ela pediu um minuto, afastou-se e logo veio com a resposta:

— Deixe a sua identidade e venha buscá-la quando tiver os 18 reais restantes – propôs a funcionária.

— Tudo bem. Poderia emitir uma nota fiscal?

— Oi? Você falou em nota fiscal? Você está num motel! – espantou-se Angélica.

— Sim, preciso de uma nota fiscal! – exigiu Daniel.

O casal saiu do Colonial Palace às 2h56 para buscar Andreas na Red Play com a nota fiscal no bolso. O trajeto do motel até a casa de jogos durou dez minutos. No caminho, Daniel e Suzane criaram um roteiro para pôr em prática tão logo ela chegasse à mansão com o irmão, onde encontrariam os pais mortos. O espetáculo teria três atos. No primeiro deles, Suzane fingiria surpresa ao descobrir que a casa "havia sido invadida". Paradoxalmente, logo depois de protagonizar cenas tão bárbaras de homicídio, o casal teve um arroubo de humanidade. Suzane e Daniel estavam preocupados com o choque emocional que Andreas levaria ao se deparar com os corpos dos pais destroçados sobre a cama encharcada de sangue. Caberia a Suzane impedir o garoto de acessar o piso superior da residência. Como parte do teatro, ela deveria fazer uma ligação para o namorado fingindo contar sobre o suposto assalto. Daniel simularia orientações.

Antes de ser levado para casa, Andreas pediu à irmã para dar mais uma volta de ciclomotor pela cidade. Daniel e Suzane seguiam o adolescente no Gol dourado presenteado pelos pais tão logo ela passou no vestibular. Andreas deixou a pequena moto na casa dos Cravinhos e Daniel desceu do carro. Ele deu um beijo na namorada e Suzane seguiu com o irmão para casa. Em frente à mansão dos Richthofen, ela acionou o controle para abrir o portão. Quando viu a sala toda iluminada, Suzane entrou em ação e encenou o primeiro ato do espetáculo, forjando um sobressalto:

— Ué?! Quem acendeu as luzes?! – perguntou ao irmão.

— Que luzes?... Ai, meu Deus! – exclamou Andreas, boquiaberto.

Na cabeça do adolescente, ele estava numa fria. Imaginou os pais acordados e se lembrou imediatamente da farsa dos travesseiros cobertos sobre a cama. Andreas desceu às pressas do carro e seguiu ao hall da entrada. Suzane foi atrás e pediu para o irmão não entrar correndo. Ela ficou parada no meio da sala principal. Andreas seguiu em passos rápidos até a cozinha e voltou à sala no mesmo instante sem entender nada. Entrou na biblioteca e viu as janelas abertas e objetos jogados no chão, entre eles a pasta 007 onde Manfred guardava dinheiro vivo. O adolescente começou a subir as escadas esbaforido e Suzane interveio rapidamente com um grito de alerta:

— Andreas, para! Não sobe!

Ele parou.

— Por quê? O que está acontecendo? – quis saber.

— Acho que a casa foi assaltada. Não sobe, por favor! Pode ter um ladrão armado lá em cima! Vamos sair da casa agora! – ordenou.

Já apavorado, Andreas desceu lentamente do meio da escada e os dois saíram da mansão na ponta dos pés. Do meio da rua, Suzane ligou para Daniel e começou a encenar o segundo ato, conforme havia combinado com o seu cúmplice assassino.

— Daniel, chegamos em casa e acho que fomos assaltados – resumiu.

— Sai da casa agora! Fica lá fora e liga para a polícia. Estou indo aí! – representou Daniel do outro lado da linha.

— Já estamos do lado de fora – avisou ela.

Suzane e Andreas ficaram calmos, sentados na calçada à espera de Daniel. Ela ligou para o 190 e chamou a polícia. Enquanto esperava pelos agentes, a jovem resolveu improvisar e fez uma cena fora do script: ligou do seu celular para o telefone de casa falsificando para o irmão uma preocupação com os pais.

— Ninguém atende! – disse ela a Andreas.

— Será que eles estão lá dentro?

Dissimulada, Suzane repetia a chamada telefônica suplicando cinicamente para si em voz alta:

— Atente! Atende! Atende!

Quinze minutos depois de Suzane ligar para o 190, o policial Alexandre Paulino Boto estacionava a viatura da Polícia Militar de número 12.192 em frente à mansão dos Richthofen. Segundo o seu registro, eram 4h09 quando ele chegou ao palco do crime e deparou-se com Suzane e Andreas no meio da rua. Boto fez inicialmente só uma pergunta (O que houve?) e recebeu de Suzane um prólogo narrado num único fôlego:

— Eu e meu irmão chegamos em casa agora há pouco e vimos as luzes acesas. Entramos na casa e percebemos que a porta da sala, que deveria estar trancada, encontrava-se aberta. A biblioteca está toda revirada. Mexeram em tudo, tudo, tudo! As janelas estão abertas. Liguei para o meu namorado e ele me mandou ficar aqui fora e ligar para a polícia. Foi o que eu fiz: liguei para o 190.

O primeiro relato feito por Suzane sem cortes chamou a atenção do policial "meio de leve", conforme ele mesmo observaria dias depois. Mas até ali, qualquer tipo de previsão seria prematura. Boto, que estava acompanhado de um motorista, ergueu uma pistola PT 24/7 calibre .40 e entrou na mansão na expectativa de flagrar assaltantes dentro dela. Fez primeiro uma varredura na área externa e só depois passou pela porta da sala. Viu a biblioteca bagunçada, foi à cozinha – intacta – e subiu ao quarto de Suzane, que estava todo arrumado. No quarto de Andreas, ao ver a cama, imaginou ter alguém sob as cobertas. O policial puxou o edredom e avistou os travesseiros representando uma pessoa. Na suíte do casal Richthofen, Boto enxergou primeiro um cadáver. Em um relatório, o policial escreveu:

"De imediato, iluminado somente pela luz da rua, vi o corpo de um homem deitado na cama com a barriga virada para cima, as pernas cruzadas e uma toalha cobrindo a cabeça. O braço direito estava estendido para o chão em direção a uma arma calibre 38 caída no solo, próxima à mão dele. Faltava uma bala no tambor da arma. Logo pensei em suicídio.

*Acendi a luz e vi o segundo cadáver enrolado em um lençol com a cabeça
ensacada. Havia algumas joias espalhadas pelo tapete".*

Depois de atestar o óbito de Manfred e Marísia, Boto voltou para a
rua e foi abordado por uma Suzane demasiadamente ansiosa:

— Como estão meus pais? – quis saber.

— Seus pais estão bem – projetou Boto.

Impactada pelo imprevisto daquele comunicado, Suzane saiu do
personagem e esboçou uma cara real de surpresa quando ouviu
do policial que seus pais estavam vivos. Andreas pediu para entrar na
mansão e Boto disse "não". Orientou que esperassem do lado de fora.
O policial foi até a viatura e pediu reforço pelo rádio, comunicando
em voz baixa a até então suspeita de homicídio seguido de suicídio.
A história construída naquele momento pelo policial era a seguinte:
Manfred assassinou Marísia com uma arma branca e depois se matou
com um tiro. A arma caída perto do corpo dele e a falta de uma bala
reforçavam essa tese. Da calçada, a poucos metros dali, Suzane ouviu o
retorno de um agente da base emitido pelo rádio da polícia em viva-voz,
informando que havia um crime com vítimas na Rua Zacarias de Góis.
Incrédula, a jovem perguntou a Boto mais uma vez pelos pais:

— Você tem certeza de que meus pais estão bem?

— Sim, eles estão deitados na cama.

— Você olhou direito? O quarto deles fica no fim do corredor –
insistiu ela.

— Positivo!

Bem-intencionado, o policial mentiu. Boto não queria ser mensageiro
de uma notícia tão trágica. Sustentou que Manfred e Marísia estavam vivos.
O comportamento de Suzane chamou a atenção de Boto pela segunda vez.
Na tentativa de entender mais sobre a dinâmica daquele crime, o policial
começou a fazer perguntas informais para ela, ali mesmo, no meio da rua.
Eficiente na arte de representar, Suzane voltou rapidamente ao personagem:

— Seus pais têm arma em casa? – indagou Boto.

— Tem um revólver escondido num compartimento secreto do closet.

— Você acha que os ladrões levaram algo da sua casa?

— Na biblioteca havia uma mala 007 com dinheiro. Tinha lá dentro

8.000 reais, 5.000 dólares e 1.000 euros. Os ladrões levaram tudo, seu guarda! – fez questão de frisar.

— Sua casa tem sistema de alarmes?

— Tem sim, mas está desligado – advertiu Suzane.

— E aquelas câmeras de segurança? – apontou Boto para um equipamento instalado no muro, do lado de fora do terreno da mansão.

— Ah! Essas câmeras não fazem gravação – lamentou ela, pragmática.

A rapidez com que Suzane respondia às perguntas fez Boto desconfiar dela pela terceira vez, mas até então o policial não sabia especificar de forma concreta os motivos das suas suspeitas. Depois de o policial entrar pela segunda vez na mansão, a tese de suicídio foi descartada e passou-se a acreditar em latrocínio (assassinato motivado por roubo). Para ver como Suzane reagiria à notícia da morte dos pais, Boto resolveu contar a verdade:

— Suzane é o seu nome, né?

— Sim!

— Fique calma, por favor. Me ouça com atenção. Tenho algo importante para lhe dizer...

— Pode falar! – pediu Suzane, calmíssima.

Boto já começava a narrar a tragédia quando Daniel chegou e interrompeu a fala do policial, querendo saber o que havia acontecido. Antes de obter a resposta, o piloto fez questão de dar um beijo longo em Suzane.

— Quem é você? – quis saber Boto.

— Sou da família! – respondeu Daniel, encarando o policial e mantendo um dos braços por cima dos ombros da namorada.

De certa forma, a chegada de Daniel trouxe alívio a Boto. Era mais adequado uma pessoa próxima da família dar uma notícia espinhosa como aquela. O agente chamou o namorado de Suzane até a viatura e contou que os pais dela estavam mortos sobre a cama e era preciso fazer essa revelação aos filhos das vítimas. Daniel pediu um momento e se afastou do policial, que ficou observando de longe o desenrolar daquela cena. Daniel comunicou a Suzane e Andreas numa única tomada a morte de Manfred e Marísia. Em seguida, os três se abraçaram por alguns segundos, sem chorar. Suzane desfez o abraço a três e foi até o policial. Amarrou o cabelo para trás, ajeitou a roupa e fez uma pergunta de ordem prática:

— Seu policial, meus pais estão mortos! Quais procedimentos devemos tomar agora?

Boto ficou mudo, afastou-se indignado, deixando Suzane no vácuo. Acostumado a fazer esse tipo de diligência, o policial sempre se deparava com pessoas altamente alteradas ao descobrir que um parente foi morto de forma inesperada, como em latrocínios ou atropelamentos. A maioria só acredita depois de ver o corpo. É comum, por exemplo, parentes sacudirem o cadáver numa atitude desesperadora de tentar acordá-lo. Outros não resistem à forte emoção e desmaiam. Há os que gritam de dor. Suzane não teve nada disso. Nem Andreas, a bem da verdade. Com ceticismo pirrônico, Boto entrou na viatura da polícia. Ao colega de profissão sentado no banco do carona, comentou:

— Como pode? Ela acabou de saber que os pais estão mortos e nem sequer chorou. Nem uma lágrima. Já veio me perguntar quais os procedimentos. Você acredita?

— Sim, acredito. Às vezes, a pessoa chora por dentro – ponderou o outro policial.

— É verdade – admitiu Boto.

— Você acha que esses garotos mataram os pais? – arriscou o colega.

— Tenho dúvidas. Aqui, tudo é estranho e sinistro – respondeu Boto.

A dúvida, às vezes, pode ser um elo tão poderoso e sustentável quanto a certeza. Boto suspeitava daquela menina fria que economizou lágrimas quando soube da morte dos pais. Em minutos, a Rua Zacarias de Góis foi tomada por carros da polícia, do Instituto Médico Legal (IML) e da imprensa. O excesso de luzes vermelhas e azuis emitidas pelo giroflex das viaturas acordou a vizinhança. Astrogildo, o pai de Daniel e Cristian, surgiu no meio da balbúrdia após receber uma ligação do filho. Ele cumprimentou o casal de assassinos e entrou na mansão para ver a cena do crime. Depois foi até o policial Boto se inteirar dos fatos. Com receio de ser preso em flagrante por falsidade ideológica, Astrogildo não ousou se apresentar a um policial como juiz. Também quis saber de Boto quais seriam os próximos passos.

— E agora? Como vai ser?

— Vamos todos para a delegacia registrar a ocorrência. A Suzane vem comigo na viatura – advertiu Boto.

— Não, não e não! Ela não vai entrar em carro da polícia. Ela é vítima. Acabou de perder os pais, tadinha! Está abalada. Ela vai comigo! – insistiu Astrogildo.

São Paulo estava agitada na manhã daquela quinta-feira, 31 de outubro de 2002. Feito de carro, o trajeto da mansão até a Primeira Delegacia do Departamento de Homicídios e de Proteção à Pessoa (DHPP) durou 20 minutos. O prédio imponente de 20 andares do DHPP fica no Centro Velho de São Paulo, próximo à Rua Santa Ifigênia, o paraíso dos artigos eletrônicos da capital. Suzane, Daniel, Andreas e Astrogildo caminharam conduzidos por Boto por corredores apertados até chegarem a uma sala de espera no terceiro pavimento. Sonolenta, Suzane deitou no colo do namorado e cochilou enquanto recebia carícias nos cabelos. Por volta das 6h da manhã, o casal ficou frente a frente com a delegada Cíntia Tucunduva Gomes. Na sala, havia pelo menos uma dezena de policiais e investigadores, entre eles o Boto. Antes de Cíntia fazer as perguntas, Suzane fez uma súplica:

— Posso pedir uma coisa à senhora?

— Pode, claro.

— Tudo o que mais quero nesta vida é que a polícia prenda quem matou os meus pais. Prenda! Prenda! Prenda! – reforçou, enfática, com voz aveludada.

— Prometo a você que quem fez isso será capturado – pressentiu a policial civil.

Na delegacia, enquanto registravam a ocorrência de número 1.657/02, Suzane e Daniel chamaram a atenção dos policiais pelo excesso de cenas românticas. Ela começou a relatar como recebeu a notícia da morte dos pais e detalhou a sua agenda no dia do crime. Entre uma pergunta e outra feita pela delegada, Suzane fechava os olhos e dava um beijo romântico em Daniel. Às vezes, Cíntia fazia uma pergunta trivial, do tipo "quando você viu seus pais pela última vez?". A jovem se virava para o namorado e repassava a pergunta: "Eu não sei direito. Quando foi mesmo, amorzinho?". E sentava outro beijo nele. O namoro fora de contexto começou a irritar os policiais. Astrogildo assistia àquelas cenas sem tecer nenhum comentário. Foi ele, inclusive – com autoridade de falso juiz –, quem encerrou o procedimento. Alegou o raiar do sol e cansaço coletivo. Levantou-se da cadeira e interveio:

— Delegada, é o seguinte: a ocorrência está registrada. Agora cabe à polícia investigar quem matou. Olha para a cara dessas crianças. Elas estão sem dormir desde ontem. Vou levá-las para casa. Se precisar de mais esclarecimentos, ligue outro dia.

Ligeira, Suzane levantou-se da cadeira, e Cíntia pediu para ela assinar o boletim como testemunha. No campo "natureza da ocorrência" estava escrito "latrocínio". Mesmo exausta, Suzane sentou-se novamente para ler o documento com atenção antes de pôr o seu nome nele. Cautelosa, passava a ponta da caneta em cada linha do texto para não deixar escapar nada. Quando acabou de ler as quatro páginas descrevendo as circunstâncias do duplo homicídio, a jovem balançou a cabeça de um lado para o outro em sinal de discórdia. Na última folha, constava que os investigadores encontraram na biblioteca a mala 007. Quando leu essa parte, Suzane pediu para a delegada mencionar o dinheiro roubado, citando novamente a quantia com exatidão (8.000 reais, 5.000 dólares e 1.000 euros). Ousada, a assassina fez outro apontamento:

— Tem outra coisinha, delegada: meu sobrenome está escrito de forma errada. O correto é Suzane von Richthofen. Aqui tá "Richtofen", sem o H depois do T. Conserte, por favor – exigiu.

Após as devidas correções, Suzane assinou o boletim de ocorrência. A assassina já estava passando pela porta de saída de mãos dadas com Daniel quando a delegada conseguiu lhe fazer uma última pergunta:

— Me diga uma coisa, Suzane: quem você acha que matou os seus pais?

— A empregada! – respondeu ela, determinada e seca, surpreendendo a todos.

Astrogildo, Daniel, Suzane e Andreas seguiram para a residência da família Cravinhos. Tomaram café e dormiram por volta das 8h. Enquanto descansavam, peritos e policiais faziam uma varredura na mansão dos Richthofen. Legistas levaram o corpo de Manfred e Marísia para o IML e lá esquadrinharam os cadáveres em busca de informações úteis à elucidação do crime. Pistas coletadas na mansão cruzadas com dados colhidos dos corpos das vítimas levaram os investigadores a tirar a primeira conclusão: mais de uma pessoa matou o casal simultaneamente, pois se fosse apenas um assassino daria tempo de uma das vítimas pelo menos tentar escapar da cama. Quando se depararam com o fundo falso do closet aberto, os policiais chegaram a outra conclusão importante: quem acessou aquele compartimento secreto conhecia os segredos da casa. A arma caída no chão próximo da mão de Manfred ajudou os investigadores a chegarem a outra certeza: não foram ladrões profissionais que entraram ali. Esse tipo de bandido jamais deixaria uma arma calibre 38 nova com cinco balas para trás. Jamais!

Na biblioteca da mansão, os peritos encontraram caída no piso a tal pasta 007. Só ao suspendê-la do chão, no entanto, eles atestaram, pelo rasgo, que a valise estava vazia. Os policiais ficaram surpresos. Afinal, como Suzane sabia que o dinheiro não estava lá se a mala estava fechada a segredo e caída no chão com o corte lateral virado para baixo? O golpe na mala também suscitou outro enigma. Os peritos encontraram devidamente guardada numa gaveta da cozinha a faca serrilhada usada para cortar a pasta. Na lâmina, havia vestígios do couro de revestimento da valise. Dedução dos peritos: quem fez o rasgo sabia onde estava a faca e ainda se deu ao trabalho de guardá-la depois do uso. Sabe quando um ladrão faria isso? Nunca, nunca, nunca!

Outros elementos levaram os policiais a crer que pessoas próximas da família seriam autoras do crime: 1) Os quartos de Suzane e de Andreas não foram vasculhados; 2) Sobre a mesa da biblioteca havia um celular e dois talões de cheques; 3) Não levaram da mansão os dois carros novos de luxo das vítimas (uma Blazer e um Santana) e nenhum eletrônico de valor; 4) Não havia sinal de arrombamento. Entretanto, aquele monte de conclusões formava apenas uma montanha de indícios. Não havia evidências revelando autoria com nome e sobrenome. Enquanto os investigadores trabalhavam na mansão dos Richthofen, a campainha tocou. Era Rinalva chegando para trabalhar. Ao se deparar com os policiais dentro da casa, a empregada levou um susto. Os policiais a intimidaram:

— Quem é a senhora? – quis saber um agente.

— Meu nome é Rinalva. Sou empregada da casa.

— A senhora tem a chave?

— Tenho.

— Então por que tocou a campainha?

— Porque a porta está lacrada e tem muitas viaturas lá fora.

— A senhora precisa prestar esclarecimentos na delegacia.

Rinalva, uma empregada nordestina e pobre cujo sonho era ter uma casa própria, que conseguiu realizar com a ajuda de Santa Marísia, tornou-se suspeita de matar os patrões. Foi levada para a delegacia imediatamente. No caminho, chorou pela morte da médica e do engenheiro e chorou por medo de ser presa acusada de duplo homicídio. Rinalva depôs para a delegada Cíntia no DHPP. Deu detalhes da rotina do casal, de Andreas e de Suzane e afirmou ser comum os patrões beberem cerveja, vinho e uísque diariamente, principalmente durante o almoço. Contou que as vítimas eram tão exigentes ao ponto de obrigá-la a entrar pelo portão de serviço e sempre ter acesso à mansão pelas portas dos fundos. Apesar dessas formalidades, Rinalva afirmou que eles eram ótimos chefes. A doméstica dissipou as suspeitas ao levar o namorado e uma irmã como álibi. Os dois confirmaram à delegada que Rinalva estava em casa na noite do crime. Cíntia revelou então que foi Suzane quem apontou a empregada da casa como suspeita. Imediatamente, Rinalva se lembrou de Diana, a autora de ameaças à Marísia no portão:

— Conte como foram essas ameaças – pediu a delegada.

— A Diana era muito indiscreta e fofoqueira, e dona Marísia não gostava disso. Ela foi demitida após um mês de trabalho e passou a ligar todos os dias cobrando uma dívida. Até que ela foi ameaçar dona Marísia pessoalmente – resumiu.

Dispensada pela polícia, Rinalva passou a ser seguida por investigadores a todo lugar que ia, mesmo depois de jogar a suspeita nas costas de Diana. Num depoimento seguinte, dado pela ex-paciente de Marísia, Cláudia Sorge, Diana foi apontada novamente como possível assassina. Como já se sabia àquela altura do tempo, Marísia costumava estreitar laços de amizade com suas pacientes, prática abominada pelo Conselho Federal de Medicina (CFM). Cláudia admitiu em depoimento que, nas terapias, a conversa sempre escapava para o lado pessoal. "Durante uma sessão, a Marísia me contou que a Diana costumava fazer comentários maldosos de cunho sexual sobre Andreas para os vizinhos", relatou na polícia.

Outra paciente de Marísia, Maria Isabel Smith Junqueira, foi à polícia confirmar as ameaças feitas por Diana à médica psiquiatra, detalhando o episódio em que a ex-empregada a abordou de forma agressiva na saída de casa para cobrar a dívida de 1.700 reais. Diana passou a ser caçada freneticamente pela polícia. Em depoimento, ela confirmou as ameaças, no entanto apresentou um álibi tão forte – ela estava internada em um hospital público na semana do crime – que a polícia a excluiu sumariamente da lista de suspeitos. A bem da verdade, o crime nem sequer precisou das funcionárias da casa para ser esclarecido. Uma semana depois, uma moto Suzuki de 156 cavalos se encarregou de jogar luz sobre os verdadeiros assassinos.

* * *

O casal Richthofen foi enterrado na sexta-feira, 1º de novembro de 2002, na sepultura 97 da quadra XII do Cemitério do Redentor, no bairro do Sumaré, em São Paulo. O jazigo é simples. Além deles, foram sepultados lá, ao longo de 70 anos, oito entes da família Richthofen e quatro pessoas de um braço genealógico de Manfred, conhecido como família Matheis. Todos que morreram antes de Manfred e Marísia foram exumados na década de 1970. Os nomes dos mortos estão escritos na lápide de granito ornamental marrom, mas nenhum deles tem epitáfio.

No dia 15 de março de 2005, o jazigo recebeu o corpo de Margot Gude Hahmann, avó paterna de Suzane, morta aos 82 anos. Apesar de a ossada de Margot ainda estar no túmulo, seu nome não é citado na lápide. Nos anos 2000, por muito pouco os corpos de Manfred e Marísia não foram desenterrados e despejados em vala comum por causa de dívidas com o município. A família Richthofen simplesmente deixou de pagar por dois anos a taxa de 432 reais referente à manutenção da sepultura. A administração do cemitério chegou a preparar o edital para leiloar o sepulcro, mas a família quitou a dívida quando recebeu o último aviso. Em junho de 2019, a sepultura já acumulava nova dívida, dessa vez de 1.295 reais, segundo cálculos da prefeitura de São Paulo. Há dez anos nenhum parente visita o túmulo, nem mesmo no Dia de Finados.

* * *

Na noite em que matou dona Marísia, Cristian saiu de casa às 21h30, no bairro de Moema, para se encontrar com Daniel e Suzane e seguirem juntos para a mansão dos Richthofen. No elevador, topou com a amiga e vizinha Cristiane Santos Silveira, de 23 anos na época. Esteticista, ela gostava de moda, música e programas radicais. Convidou Cristian para assistir a dois amigos em comum, Guimil e Marcos, disputarem naquela noite uma queda de braço no Nectar Bar, localizado na esquina da Avenida Brigadeiro Faria Lima com a Juscelino Kubitschek. Cristian agradeceu o convite e recusou, justificando que havia marcado com Daniel e Andreas uma disputa de jogos na Red Play. Cristiane insistiu, mas ele foi irredutível. Ela se despediu do amigo e foi assistir à queda de braço no bar. Cristian foi matar dona Marísia.

Guimil era um homem musculoso e o seu rival, magrelo. Ou seja, estava na cara quem sairia vencedor daquele embate. Apesar de ser uma luta amadora, os jogadores seguiam regras de competições profissionais. Não podiam usar anéis, relógios e pulseiras. O braço usado na luta deveria ter a mão colada na do adversário e alinhada no centro da mesa. Nem os dedos escapavam do regulamento. Os polegares sempre unidos e entrelaçados; a falange distal do pólex tem de estar sempre à vista. A mão livre segura a lateral da mesa. Já os pés não podem perder contato com o chão, caso contrário é marcada uma falta. Ganha quem tiver força suficiente para fazer o braço do oponente desabar sobre a mesa.

O tempo da partida é indeterminado, mas a luta entre Guimil e Marcos durou poucos segundos. Logo no início do embate, Marcos usou uma técnica conhecida como gancho. Trata-se de uma artimanha básica desse esporte. Marcos, o magrelo, girou o pulso para dentro e trouxe o próprio braço para próximo de si. Assim, ele usou toda a energia do corpo num único movimento de ataque, enquanto Guimil passou a se defender usando apenas o braço. O golpe foi tão rápido quanto uma piscada de olhos. Para derrotar Guimil, o oponente empregou uma força tão bruta que o braço do amigo quebrou na altura do úmero. O coitado sentiu tanta dor que desabou no chão, contorcendo-se e fazendo caretas. Cristiane e Marcos o levaram às pressas à emergência do Hospital São Paulo. Lá eles descobriram que a potência do golpe de Marcos resultou numa fratura tipo helicoidal, quando o osso quebra por torção em espiral. Cristiane percebeu que o atendimento médico a Guimil iria demorar. Ela resolveu passar em casa para pegar dinheiro e voltar ao hospital.

Quando chegou de carro ao prédio em que mora, à 1h45 da madrugada, Cristiane viu Cristian na janela do apartamento fumando um cigarro. A essa altura, o jovem havia assassinado Marísia fazia duas horas. Como ele morava no terceiro andar, ela puxou conversa da calçada da rua. Contou que Guimil estava no hospital com o braço quebrado. Cristian desceu e se prontificou a ajudar. Cristiane pegou dinheiro e os dois seguiram ao hospital no carro dela. Guimil passava por uma série de exames e radiografias. Cabisbaixo, Marcos sentia-se culpado por ter machucado o amigo. Cristian, apesar de ter matado a mãe de Suzane a pauladas há poucos instantes, encontrou forças para consolar o amigo na sala de espera.

— Esse tipo de acidente é comum em esportes de luta. Você não tem culpa – confortou Cristian.

— Eu sei. Mas acho que exagerei – insistiu Marcos.

Os três falavam banalidades enquanto Guimil recebia tratamento médico. De repente, Cristian se afastou e caminhou sozinho pelo amplo corredor de piso azul-celeste do hospital. Avistou uma cadeira de rodas largada num canto, sentou-se nela combalido e baixou a cabeça, levando as duas mãos ao rosto, comprimindo as bochechas. Feito criança, Cristian verteu lágrimas copiosamente. Era um pranto sonoro de desespero. Cristiane ouviu o choro do amigo de longe e foi até ele:

— Nossa, Cristian! Você está soluçando. O que houve?

— Não sei. Não estou legal. Estou com uma sensação estranha. Um pressentimento ruim. Mau presságio. Sei lá...

— Deve ser o clima pesado de hospital.

— Pode ser... – encerrou Cristian, enxugando as lágrimas.

Ainda no corredor azulado, afastado de Marcos, Cristian abordou a amiga com o olhar fixo:

— Cristiane, que horas são?

— São quase 4h da manhã – respondeu ela.

— Que horas a gente se encontrou lá no prédio para vir ao hospital?

— Sei lá. Acho que era entre 1 e 2 horas da madrugada. Por quê?

— Não, não. Não era entre 1h e 2h da madrugada. Você está enganada! Era por volta de meia-noite! – corrigiu ele.

— Acho que não. Meia-noite era a hora que eu e o Marcos chegamos com o Guimil aqui no hospital – informou Cristiane.

Angustiado, Cristian segurou fortemente os ombros de Cristiane e fez um apelo dramático, deixando-a assustada:

— Cristiane, olha só: se alguém perguntar desde que horas estamos juntos, preciso que diga "a partir de meia-noite" – suplicou o assassino.

— Ok, ok! – respondeu a amiga sem entender nada.

Guimil foi liberado por volta das 5h da manhã. Saiu com o braço engessado e apoiado por uma tipoia. Era levado em uma cadeira de rodas empurrada por Marcos, que se desculpava a cada cinco minutos. Com exceção de Cristian, todos passaram a rir, descontraídos com a situação. De lá, foram comer sanduíche no McDonald's da Avenida dos Bandeirantes já com o dia clareando. Ainda em clima de alegria, Cristiane e Marcos pegaram uma caneta e passaram a escrever frases exaltando a amizade no gesso branquíssimo que moldava o braço quebrado de Guimil. Cristiane escreveu: "Que a sua recuperação seja rápida". Marcos registrou o seu remorso com o clichê: "Se arrependimento matasse..." Cristian, por sua vez, pegou a caneta e escreveu lentamente um trecho da música "Como uma onda", de Lulu Santos e Nelson Motta: "Nada do que foi será de novo do jeito que já foi um dia". Ninguém entendeu. Da lanchonete, cada um seguiu para a sua casa. No primeiro telejornal do dia transmitido em rede nacional, a notícia mais importante foi anunciada pelo apresentador assim: "Um mistério para a polícia paulista: o assassinato de um casal dentro de casa num bairro nobre de São Paulo". Era só o começo da cobertura massificada que a imprensa faria do caso Richthofen.

Em casa, Cristian não conseguiu dormir, apesar de ter virado a noite acordado. Ele tomou um banho gelado, subiu até o 14º andar e bateu na porta do apartamento do amigo Jorge Ricardo March, de 24 anos na época. Jorge era estudante de Direito e estagiava em um renomado escritório de advocacia. A ele, Cristian disse guardar dólares em casa há muito tempo e tinha visto na TV que era o momento propício para gastá-los, pois a moeda norte-americana estava em alta. Queria aproveitar a oportunidade para comprar uma moto potente. Mas havia um porém. Ele não podia pôr o veículo em seu nome por questões pessoais envolvendo sua ex-namorada, Nathalia, que morava em Londrina e criava um filho seu. Cristian também alegou ter dívidas em bancos. Ou seja, ao adquirir um bem em seu nome, poderia perdê-lo em ações de arresto movidas por credores.

Jorge se comoveu com aquele poço de lamúria e foi naquela manhã com o amigo à loja Nahime Motos, no Brooklin. Lá, Cristian escolheu uma Suzuki usada modelo GSX 1.100, comprada à vista por 3.600 dólares (cerca de 12.000 reais na época) e paga com 36 notas de 100 dólares. Conforme acertado, a moto ficou em nome de Jorge, mas quem saiu de lá pilotando foi Cristian. No escritório, Jorge viu no noticiário uma reportagem sobre a morte de Manfred e Marísia falando justamente sobre o roubo de moedas estrangeiras. Ele sabia que o irmão de Cristian namorava a filha das vítimas.

Aventureiro, Cristian encheu o tanque da sua possante e andou pela cidade por mais de quatro horas. Foi mostrar o brinquedo novo aos amigos. Cristiane, Guimil e Marcos foram os primeiros a ver. A Suzuki escolhida por ele é uma das máquinas mais cobiçadas por motociclistas do mundo e tem até fã-clubes espalhados pela Europa, Japão e Estados Unidos. A moto consegue fazer de 0 a 100 quilômetros por hora em menos de três segundos, transformando a Suzuki num verdadeiro monstro de duas rodas. Os amantes de motociclismo apelidaram esse modelo de "bandida" e se referem a ela com o seguinte predicado: "A verdadeira estupidez em forma de máquina". Inebriado, Cristian acelerava a sua moto e dava cavalos de pau no meio da Rua Graúna, em Moema, onde morava. Àquela altura do dia, só se falava na morte do casal Richthofen e no roubo na mansão. Os amigos de Cristian passaram a desconfiar dele. Cristiane se lembrou da conversa no hospital e o confrontou:

— Cristian, desce dessa moto! Quero falar com você!

— Fala daí – e continuou dando piruetas.

— Você tem alguma coisa a ver com a morte dos pais da Suzane? – questionou ela na frente de Guimil e Marcos.

Submetido a uma pergunta tão indigesta, Cristian teve náuseas. Parou a moto, tirou o capacete e se aproximou de Cristiane. Com a boca seca e trêmula, perguntou se a amiga estava doida. Cerca de dez vizinhos cercaram os dois na rua para ouvir a conversa:

— Eu tenho cara de assassino? – ousou perguntar Cristian.

— De onde veio o dinheiro para comprar essa moto? – replicou Cristiane.

— Ela não é minha. É do Jorge. Foi ele quem comprou. Só estou guardando – justificou, tirando do bolso a nota fiscal da moto em nome do amigo e mostrando-a para quem quisesse ver.

— Não acredito em você! – finalizou Cristiane.

Pela cara dos amigos e vizinhos, Cristiane não era a única incrédula ali. Cristian sentiu uma inquietação tomar conta do seu corpo. A moto reluzente chamava muita atenção. Quanto mais o noticiário falava do crime da Rua Zacarias de Góis, mais ele ficava perturbado e se revelava incompetente na arte de dissimular. A casa da sua namorada, Maria Lúcia, de 16 anos na época, era no mesmo prédio em que morava, no sexto andar. Do alto, ela o viu se exibindo na moto e resolveu descer. Estava acertado que o casal passaria o fim de semana na chácara da família dela, no município de Mairinque, a 60 quilômetros da capital. Eles viajariam à noite. Apesar da pouca idade, a adolescente era astuta. Ao ver Cristian ao lado da Suzuki, Maria Lúcia foi logo ordenando:

— Tira essa moto daqui!

— Vamos para o sítio na moto, amor – anunciou ele.

— Nem pensar!

— Por que não? – quis saber.

— Cristian, eu não sou mais criança. Eu sei como você comprou essa moto! – especulou Maria Lúcia para desespero do namorado.

— Eu vou te explicar...

Antes de ele começar a ladainha da moto comprada pelo amigo, Maria Lúcia virou as costas, deixou o namorado falando sozinho no meio da rua e voltou para casa. Não havia ninguém no apartamento. Ela ligou a TV e viu no jornal o enterro de Manfred e Marísia. A cena de Suzane toda descabelada usando uma blusinha preta com a barriga chapada à mostra em pleno cemitério chamou mais atenção do que as lágrimas falsas que escorriam pelo rosto torto por excesso de caretas. Pela TV, era possível ver Daniel vestido de camisa social e gravata consolando a namorada enquanto os caixões seguiam cova abaixo cobertos por uma chuva de pétalas. As câmeras de televisão captaram Andreas arrasado. De dentro do campo-santo, o repórter Valmir Salaro, da TV Globo, narrava o funeral assim:

"O casal foi enterrado num cemitério da zona oeste de São Paulo na presença dos dois filhos. O duplo assassinato ainda é um mistério para a polícia. Foi nessa mansão que Manfred von Richthofen e sua mulher, Marísia, foram mortos com pancadas na cabeça. Os dois filhos disseram que tinham saído de casa. Andreas afirmou que estava numa casa de jogos eletrônicos até as três da madrugada. Suzane contou à polícia que estava num motel com o namorado. Do motel, ela passou para buscar o irmão. Ao chegarem em casa, encontraram os pais mortos e chamaram a polícia. Suzane disse que foram roubados dólares da mansão. Para os investigadores, os ladrões conheciam a casa, pois os alarmes de segurança foram desativados e não havia sinal de arrombamento".

Alarmado, Cristian estacionou a moto na garagem do prédio e subiu até o apartamento da namorada. No trajeto, começou a derreter com medo de ser descortinado. Das profundezas da sua alma, veio naquele momento o sentimento de que ser preso era só uma questão de tempo. Ele até já se imaginava algemado dentro de um camburão da polícia e sendo despejado em uma penitenciária. Vulnerável diante de Maria Lúcia, na sala, começou a chorar. Tentava falar e não conseguia. Estava

Suzane: assassina e manipuladora

tão fora de si que babava enlouquecido e gemia como se fosse parir. Trôpego, jogou-se no tapete felpudo da sala diante da garota e começou a se expressar com muita dificuldade. Segurando as mãos de Maria Lúcia, de joelhos, Cristian abriu o coração:

— Amor, fiz uma coisa horrível... – anunciou, desmanchando-se em lágrimas.

— O que você fez? – ela quis saber.

— Você já sabe...

— Quero ouvir da sua boca! Fala!

— Eu matei a mãe da Suzane – confessou.

— Tá escrito na sua cara! – anunciou a namorada, revoltada.

— Serei preso! – previu Cristian, já um assassino confesso.

Maria Lúcia ficou muda, prostrada no meio da sala vendo o namorado desmantelado.

— E agora? O que eu faço? – interrogou Cristian.

— Devolva essa moto! – sugeriu a adolescente.

O pai de Maria Lúcia, Sílvio Rodrigues Peixoto, oficial de Justiça, andava armado e era considerado um pai severíssimo. Com medo da reação dele, a garota resolveu não compartilhar a confissão do namorado assassino. Ela também passou a ter medo de Cristian, uma vez que ele revelou-se um homem cruel, capaz de matar. O receio de Maria Lúcia a fez guardar aquele segredo para si. À noite, foi para o sítio da família com Cristian, conforme o combinado. Lá, já recomposto, o homicida mostrou à namorada as joias roubadas da mansão dos Richthofen. Maria Lúcia pegou duas peças (um par de brincos prateados em forma de elefante e um anel de ouro) e experimentou. Gostou tanto que resolveu ficar com as joias. Mandou o namorado dar um sumiço com o restante. Cristian resolveu enterrá-las no quintal. Jantaram, tomaram vinho e fizeram amor.

CAPÍTULO 5

OLHAR GLACIAL

Um vampiro, uma senhora sentada, um homem deitado e o demônio com chifres

Fundado em 1922 para sepultar protestantes estrangeiros e com tamanho equivalente a um campo de futebol, o Cemitério do Redentor ficou pequeno para o funeral do casal Richthofen. Apesar de Manfred e Marísia terem poucos amigos, a imprensa acabou atraindo uma legião de curiosos. Eles se apinhavam sobre as sepulturas e subiam até em árvores para espiar o caixão do casal passar pelas vielas apertadas do local. No meio da muvuca, Amanda, a melhor amiga, tentou encontrar Suzane para consolá-la, mas foi impossível chegar perto dela por causa do tumulto. Logo após o enterro do casal, Suzane e Daniel foram para a mansão. Era uma sexta-feira e Rinalva estava em casa, chorosa, sem saber o que fazer. Foi Suzane quem deu as primeiras instruções à empregada:

— Dona Rinalva, tudo bem com a senhora? – perguntou.

— Sim. Ainda trabalho nesta casa?

— Claro que sim! Só que agora eu e o meu irmão somos os seus patrões.

— O que devo fazer? – quis saber.

— Me acompanhe! – ordenou a nova ama.

Pela primeira vez Suzane seguiu até o quarto dos pais depois do duplo homicídio. Acompanhada da funcionária, a jovem ficou uns instantes em silêncio dentro do cômodo. A órfã olhava atentamente para as paredes, para o chão e esticava o pescoço para enxergar o teto, como se inspecionasse o palco do crime. Depois, arregaçou as mangas e começou a agir. Puxou as cortinas, abriu as janelas. Havia sangue ressecado sobre a cama, nas paredes e até no gesso branco do forro. Enfática, Suzane ordenou:

— Dona Rinalva, limpe tudo, tudo, tudo! Até o fim da tarde não quero ver nenhuma manchinha de sangue neste quarto. A senhora ouviu bem?

— Mas, Suzane...

— Dona Suzane! Agora sou dona! – corrigiu a patroa de quase 19 anos.

— Desculpe! Dona Suzane, esse tipo de trabalho é complicado. Não seria melhor chamar uma empresa especializada em limpeza pesada?

— Nem pensar. Limpe a senhora sozinha! – insistiu.

Contrariada, Rinalva passou a esfregar as paredes com água e sabão. Com muita dificuldade, removeu as manchas maiores. A empregada estava pondo a coberta da cama na máquina de lavar, quando Daniel interveio:

— O que a senhora está fazendo?

— Vou lavar os lençóis!

— Nem pensar. Jogue tudo fora no lixo! – mandou.

Em seguida, Suzane decidiu jogar a cama toda fora. No final da tarde, quando a empregada estava de saída, Suzane pediu um momento. E seguiu à suíte para conferir se a limpeza estava do seu agrado. Não estava.

— Dona Rinalva, ainda tem mancha de sangue no teto! – observou.

— Eu fiz o que pude, dona Suzane. Tinha muito sangue.

— Limpe tudo. É uma ordem! Não quero uma gota vermelha aqui!

A funcionária usou água sanitária e removedor para eliminar todos os vestígios do crime. Foi embora às 22h. No trajeto para casa, da porta da mansão até o seu casebre, na periferia de São Paulo, Rinalva percebeu ser seguida discretamente pelo mesmo investigador de outrora. Ela subiu no ônibus, pagou a passagem e escolheu um assento duplo vazio. O policial foi atrás e sentou-se ao seu lado.

— Boa noite, dona Rinalva. Sou policial.

— Eu sei.

— Vamos conversar?

Mesmo receosa, ela respondeu a todas as perguntas feitas por ele sobre a nova rotina na mansão dos Richthofen. Rinalva revelou a ascensão da menina que mandou matar os pais ao matriarcado e deu detalhes da dificuldade em sumir com as manchas de sangue das paredes. Quando falou que Suzane e Daniel jogaram a cama fora, os olhos do investigador se arregalaram.

No sábado pós-funeral, Suzane completou 19 anos. A assassina dispensou o luto e resolveu comemorar o aniversário com um churrasco. Para não chamar muita atenção, convidou só amigos íntimos. Encheu a piscina, pôs música alta e serviu cerveja e vodca com energético. Daniel ficou encarregado de assar a carne. Amanda foi convidada, mas resolveu não comparecer alegando ter medo de assombração. De volta do sítio, Cristian levou Maria Lúcia. Ousada, a adolescente usou os brincos em forma de elefante de Marísia. Suzane reconheceu os acessórios da mãe e pegou levemente nas orelhas da garota: "ficaram lindos em você!".

No início da tarde, no auge da festa, a campainha tocou. Acreditando serem repórteres à porta, Suzane decidiu não atender. Da cozinha, pelo sistema de câmeras, Daniel viu seis policiais no portão. A aniversariante, vestindo biquíni, foi lá fora com um cigarro em uma mão e uma lata de cerveja na outra. A delegada Cíntia Tucunduva, acompanhada de investigadores e peritos, pediu para entrar. Do portão, Suzane fez sinal para Andreas abaixar o volume do som e permitiu o acesso dos policiais. Feito uma guia de turismo, Suzane ciceroneou os investigadores por dentro da mansão, enfatizando se tratar de um cenário de crime.

— Aqui é a sala, por onde os ladrões entraram – mostrou.

— Onde fica a suíte? – quis saber a delegada.

— Por aqui. Venham! – subiram a escada de dois lances.

No quarto dos pais, simpática, Suzane estendeu o braço lentamente para anunciar:

— Foi aqui que tudo aconteceu. As paredes e o teto estavam sujos de sangue, mas mandei limpar tudo, tudo, tudo.

— Onde está a cama? – interrogou a delegada.

— Mandei jogar fora, pois trazia lembranças ruins.

— Oi?!

Os policiais se entreolharam desconfiados. O assassinato ainda não tinha completado 48 horas. Suzane quebrou o clima tenso ao revelar que a cama ainda estava no quintal. Os peritos recolheram a cabeceira, onde havia marcas das porretadas dadas pelos irmãos Cravinhos. Cíntia fechou a cara e fez perguntas de forma ríspida à Suzane:

— Quero saber onde você guarda o material de limpeza, menina!

— Na despensa.

— Mostra onde fica! – pediu a delegada, enfática.

Solícita, Suzane levou Cíntia e os peritos até o local, um compartimento afastado da casa, próximo à churrasqueira, na área externa. Andreas e Cristian se mostravam indiferentes à presença dos policiais na casa. Andreas pôs fones de ouvido, ouviu música e viajou para outro mundo, dançando e pulando. Daniel viu o movimento dos policiais rumo à despensa e foi atrás. Lá dentro, as perguntas embaraçosas da delegada continuaram:

— Quero ver onde ficam os sacos de lixo!

— No armário – apontou Suzane, incomodada.

Cíntia pôs luvas, abriu o armário e viu vassouras, panos de chão e dezenas de garrafas plásticas contendo sabão líquido, água sanitária, amaciante de roupa e detergentes. Nada de sacos de lixo. Na parte de baixo do móvel, havia seis nichos com panos de chão e outros apetrechos. A delegada remexeu um por um até encontrar um rolo de 100 unidades de sacos pretos de 60 litros. Pelo tamanho da embalagem, foi possível concluir: poucas unidades haviam sido retiradas do rolo. A delegada arrancou um saco de lixo do rolo, levantou com a ponta dos dedos e fez uma afirmação desagradável, porém proposital:

— Tá vendo esse saco, menina?

— Sim!

— Olhe bem para ele! Foi num saco como este que a cabeça da sua mãe foi amarrada.

— Não sei. Foi? Eu não tive coragem de ver – desconversou Suzane.

Para os peritos, a delegada fez o seguinte comentário: "Os assassinos conheciam tanto a casa que vieram buscar saco de lixo aqui na despensa, neste armário, dentro desse nicho". Suzane ficou lânguida e Daniel transpareceu nervosismo. Nenhum deles replicou a especulação da delegada. Em seguida, a equipe guardou o rolo consigo sem dar qualquer satisfação e foi embora. Inabalada, ainda com cigarro e bebida nas mãos, Suzane se despediu dos policiais com um "até logo" e fechou o portão. Daniel ficou apreensivo.

— Essa delegada está desconfiando de nós.

— Deixa ela desconfiar. Quero ver ela provar! – desafiou Suzane.

— Estou começando a ficar com medo – admitiu Daniel.

— Já disse a você um milhão de vezes, mas vou repetir mais uma: para de se comportar como um assassino. Você tem que ser frio. Senão, vai acabar dando mancada e pondo tudo a perder – insistiu a jovem.

— Acho justamente o contrário. Essa sua frieza é que está dando bandeira – ponderou o namorado.

— Não vou mais discutir. O tempo vai dizer quem está com a razão – finalizou Suzane.

A presença dos policiais não conseguiu estragar a festa de aniversário da parricida. A balada seguiu até o fim da tarde com todos dançando música eletrônica, bebendo e fumando maconha, inclusive Andreas. Na noite de domingo, Suzane, Daniel e Andreas foram jantar na casa do tio Miguel Abdalla Netto, irmão de Marísia. Ele estava preocupado com o fato de os sobrinhos estarem em casa sozinhos. O crime foi pauta da refeição:

— Tomara que encontrem os assassinos – torceu Miguel.

— Ouvi dizer lá na polícia que os assaltantes fazem parte de uma quadrilha profissional de fora do estado. Eles nunca serão presos – enfatizou Daniel.

— Seja o que Deus quiser – finalizou o tio.

Miguel não quis prolongar o assunto mórbido. Após o jantar, durante o cafezinho no sofá, tentou consolar Suzane com um abraço, mas ela estava arredia. O tio viu naquela noite uma frieza nunca percebida antes na sobrinha. Como a morte dos pais era muito recente, ele acreditou que aquela reação inédita seria consequência de um choque emocional. No entanto, o excesso de carícias trocadas entre Daniel e Suzane naquele encontro social acendeu uma luz de alerta em Miguel. No final do jantar, ele lembrou a sobrinha de que os funcionários do consultório de Marísia precisavam ser avisados oficialmente por alguém da família sobre o encerramento das atividades. Na manhã do dia seguinte, Suzane e Daniel foram até lá. O casal entrou sem cumprimentar as duas atendentes. Seguiram diretamente para o gabinete de Marísia. Suzane abriu gaveta por gaveta e pegou dinheiro e cheques assinados pelas pacientes, totalizando 8.500 reais em valores da época. Na saída, a jovem comunicou em voz alta a demissão coletiva. Irritada, uma das atendentes ligou para a polícia dando detalhes da visita do casal.

Dois dias depois de dispensar as funcionárias de Marísia, Suzane começou a receber uma série de intimações para depor na delegacia junto com o namorado. O último convite foi feito no dia 20 de novembro. Suzane teve um *feeling* de que esse seria um depoimento terminal. Amanda se comprometeu a ajudar Suzane a escolher uma roupa adequada, pois ela ainda recebia muitas críticas por causa do figurino de pouco pano usado no enterro dos pais e replicado na primeira página de todos os jornais do dia seguinte. Mas havia um problema. Amanda estava com medo de entrar na mansão. Acreditando piamente que o casal Richthofen foi morto por bandidos, a amiga vislumbrava o retorno dos assassinos para matar Suzane e Andreas. Amanda também argumentava ter medo dos mortos. Com muito esforço, Suzane a convenceu a entrar na casa. Na sala, Amanda sentiu um frio na espinha. À medida que subia as escadas, o calafrio só aumentava. Estar no local onde duas pessoas foram mortas brutalmente deixava a estudante dominada pelo pavor. Ainda assim, ela acompanhou a amiga até o quarto.

Suzane tinha pouquíssimas peças de vestuário para uma garota da classe média alta de 19 anos. Para se ter uma noção, o guarda-roupa dela tinha apenas duas portas e duas gavetas pequenas. Diante de tão poucas opções, não havia muito o que escolher. Para ir à delegacia,

Suzane vestiu calça jeans azul-claro, jaqueta desbotada no mesmo tom e uma blusa amarelo-cajá. Enquanto a jovem se arrumava, Amanda foi tomada por uma força externa inexplicável no plano terreno. Deu uns passos – contra a sua vontade – e saiu do quarto de Suzane. Movida por uma curiosidade mórbida e avessa, virou o corredor à esquerda e entrou na suíte do casal Richthofen. Ficou paralisada no cômodo. Quis sair dali, mas não teve forças. Começou a sentir tremores. De repente, Amanda sentiu uma mão pesada repousar em seu ombro direito e soltou um grito histérico. Era Daniel, com ar de dono da porra toda. Os dois ficaram frente a frente:

— O que você está fazendo aqui? – quis saber Daniel.

— Eu? Nada! – respondeu Amanda, lacônica.

Intrigada com o berro da amiga, Suzane adentrou às pressas o quarto dos pais. Amanda já estava recomposta do susto, mas ainda parecia distante. De pé, no meio do quarto, a sensitiva fechou os olhos e construiu o seguinte cenário em sua imaginação: a cama com o casal morto sobre ela, coberta de sangue. Como Daniel estava lá, ao seu lado, ela o introduziu inconscientemente na cena do crime fantasiada em sua cabeça. Amanda teve um impulso arrebatador, abriu os olhos e falou para si: "Meu Pai eterno! Foi ele!". Sem se despedir, Amanda saiu correndo da mansão, tropeçando pelos tapetes e degraus. Não mais com medo dos mortos. Dessa vez, ela fugia dos vivos. Suzane e Daniel ficaram sem entender aquela cena.

— A sua amiga enlouqueceu? – quis saber Daniel.

— Ela tem medo de espíritos – contemporizou Suzane.

Enquanto dirigia sem rumo pelas ruas da cidade, Amanda relembrava as cenas de ciúme protagonizadas por Daniel e Suzane na faculdade; de como ela bancava as despesas dele; das queixas da amiga por causa do namoro proibido e da arma mostrada por Daniel quando eles acamparam na praia. A empáfia do piloto na casa da namorada logo após a morte do casal aumentava as suas desconfianças. Três horas depois de sair esbaforida da mansão, Amanda ligou para Suzane, mas ela não atendeu. Na mesma hora, as duas passaram a trocar mensagens de texto pelo celular. Amanda iniciou a conversa: *Preciso falar com você urgentemente*". De imediato, veio a resposta: *"Agora não posso, estou indo para a delegacia"*. Amanda investiu um pouco no suspense: *"Temos de conversar antes de você depor. É sobre o assassinato dos seus pais. Descobri algo importante"*. Curiosa, Suzane não resistiu: *"Me encontre, então, em meia hora, no estacionamento do supermercado Extra, perto da Avenida dos Bandeirantes"*. Seguiram para lá.

No estacionamento, Amanda avistou o carro de Suzane e parou ao lado. Não havia ninguém dentro do Gol da amiga. Amanda desceu e Suzane apareceu por trás, assustando-a involuntariamente. Trêmula, começou a falar:

— Suzane, não sei nem como começar. Estou muito nervosa. Olha, você corre perigo. Tive uma visão quando estava no quarto dos seus pais. Uma visão, uma premonição, uma clarividência, sei lá... Eu fechei os olhos e vi o assassino dos seus pais lá dentro. Você não vai acreditar quem é...

— Do que você está falando, sua louca? – questionou Suzane, irritada.

— Vou te contar...

Quando se preparava para revelar à Suzane ser Daniel o assassino, segundo a sua quimera, ele apareceu no estacionamento com sacolas de supermercado e fumando um cigarro tranquilamente, interrompendo a conversa. O piloto encarou Amanda, que deu três passos para trás, muda. Suzane lançou a Daniel um olhar de cumplicidade. Em seguida, estimulou a amiga a continuar falando:

— Amanda, você estava dizendo que teve uma visão e acabou descobrindo quem matou os meus pais. Então diga quem foi para eu contar à polícia – pediu Suzane.

Daniel encarou Amanda com um olhar de bala de carabina. Intimidada, resolveu suspender a revelação. Desconversou dizendo ter tido um devaneio e não uma visão. Suzane, aparentemente irritada, despediu-se argumentando estar atrasada para depor. Daniel pediu para Amanda não ligar mais para eles, pois todos os telefones estavam grampeados pela polícia.

— É verdade, Amanda. Não ligue mais para o meu celular. A polícia está investigando todo mundo que frequentava a minha casa. Se

Suzane: assassina e manipuladora

você ficar ligando, mandando mensagem, vão colocar você na lista de suspeitos – advertiu a jovem.

— Meu Deus! Tudo bem. Pode deixar. Nunca mais vou te ligar – concordou Amanda.

Sem se despedir, Suzane entrou no carro, deu a partida e seguiu em direção à saída do estacionamento com o namorado ao lado. Amanda ficou estática, incrédula, olhando o carro desaparecer. Sem entrar em qualquer estado de arrebatamento, transe ou fantasia, ampliou a sua certeza incluindo Suzane: "Minha Nossa Senhora! Não foi só ele. Foram eles!". Repentinamente, Suzane parou o carro um pouco antes de sair da área interna do supermercado e deu ré para se reaproximar de Amanda, que ainda estava no mesmo lugar. Ao parar ao lado da amiga, Suzane abriu a porta e desceu. A tensão entre as duas se dissipou completamente. Sem dizer nenhuma palavra, Suzane, que até então era avessa aos abraços de Amanda, deu nela um bem longo, apertado e aconchegante abraço. As duas ficaram entrelaçadas por um longo tempo, emocionadas. Ainda muda, Suzane ajeitou o cabelo da amiga num gesto de carinho e se despediu como se não fosse mais vê-la. Entrou no carro e seguiu para a delegacia. A tradução daquele gesto extraordinário de ternura veio bem mais tarde, numa carta escrita à mão por Suzane e endereçada à Amanda, na qual se lia em um trecho:

"Amiga, por favor, acredite, eu não sou um monstro. [...] Me desculpa pela decepção e me perdoa, se for capaz, por eu não ser a pessoa que você imaginava que eu fosse. Queria te pedir um favor: cuida do Andreas como se ele fosse o seu irmão mais novo. Ele é a coisa mais preciosa que tenho no mundo. Por último, queria te fazer um pedido especial: nunca se esqueça de mim".

* * *

De mãos dadas, Suzane e Daniel seguiram para a delegacia. No caminho, dentro do carro, agarrados, o casal fez um pacto de jamais se acusarem, mesmo se submetidos às mais terríveis das torturas. Na TV, os programas policiais mostravam detalhes do homicídio da Rua Zacarias de Góis. Sem citar nomes, os policiais concediam entrevistas coletivas dizendo que o rol de suspeitos havia se afunilado, sobrando apenas pessoas próximas da família Richthofen. A concorrência acirrada entre as emissoras de TV fazia os repórteres investigarem o crime por conta própria para obter informações exclusivas. Nessa toada, o repórter da TV Globo Joaquim de Carvalho estava conversando com Astrogildo Cravinhos na rua sobre a morte do casal Richthofen, quando se deparou com Cristian e sua potente Suzuki. O jovem chamava muita atenção montado na moto usando capacete preto de fibra de carbono e roupas de couro preto brilhoso com detalhes em metal prateado. Todo o mundo olhava e comentava no bairro.

Esperto, o repórter seguiu a pista da Suzuki e chegou ao empresário Marcos Nahime. Os dois fizeram um link entre os dólares roubados da mansão, Cristian e a moto. Pelo jornalista, o comerciante descobriu que o seu cliente era irmão de Daniel, namorado de Suzane, ou seja, a filha das vítimas. No mesmo dia, Cristian foi à loja implorar para desfazer o negócio. Nahime aceitou a moto de volta e devolveu os dólares. Na sequência, ele ligou para a polícia. Em menos de uma hora, investigadores confiscavam a moto e Cristian recebia de policiais uma intimação para depor já como suspeito. Ele chegou à delegacia num camburão praticamente junto com Suzane e Daniel.

Naquela fase da investigação, com todas as perícias concluídas e com o comportamento apático de Suzane, a polícia já tinha todo o quebra-cabeça montado. Com base em pequenas contradições (Daniel dizia ter transado com a namorada no motel, enquanto ela assegurava não ter passado das preliminares), a delegada Cíntia Tucunduva havia pedido para redigir o pedido de prisão temporária do casal para enviar à Justiça. Com o telefonema de Marcos Nahime para a delegacia, Cristian passou a ser o personagem principal da novela policial.

Suzane, Daniel e Cristian foram acomodados em uma sala de espera no terceiro andar do DHPP. As horas arrastavam-se, fazendo aquela demora parecer eterna. Daniel e Suzane pareciam siameses, de tão coladinhos. A delegada Cíntia encarregou-se de separá-los. Avisou que eles seriam ouvidos simultaneamente, mas em salas distintas e por policiais diferentes. O casal ficou inquieto. Com a boca seca, Daniel começou a tremer. Suzane apertou a sua mão gelada e pediu calma ao namorado.

A ideia dos investigadores era pressioná-los até se afogarem num mar de contradição. Ou, na melhor das hipóteses, fazer com que se acusassem mutuamente. Quando Suzane e Daniel foram isolados, o piloto transpareceu nervosismo ao insistir em não soltar a mão da namorada. Equilibrada emocionalmente, Suzane se despediu dizendo amá-lo. Ele, angustiado, deu um beijo em sua boca e disse amá-la também. Cristian, por sua vez, suava frio de tão nervoso. Suzane foi ouvida por Cíntia Tucunduva. Na sala, a delegada anunciou de forma direta:

— Suzane, é o seguinte: você é suspeita de ter matado os seus pais.

— Jura? – reagiu calmamente e cheia de deboche.

— A casa caiu, querida! – afirmou a delegada, irônica.

Estudante do primeiro ano de Direito, Suzane já argumentava feito advogada:

— A casa caiu? Não diga! Caiu pra quem? Onde? Como? Cadê as provas, delegada? Traga provas irrefutáveis e não esses indícios questionáveis, como saco de lixo! – exigiu Suzane, firme.

De fato, não havia provas, só convicção. Suzane venceu o primeiro *round*. Na sala ao lado, Daniel fazia um esforço sobre-humano para se manter seguro diante do interrogatório feito pelo delegado Domingos Paulo Neto, diretor do DHPP na época. O policial começou perguntando onde o piloto estava na hora do crime. Daniel respondeu ter passado a noite no motel com a namorada e puxou do bolso a nota fiscal na tentativa desesperada de mostrar provas da verdade. Os policiais chegaram a rir, perguntando-se entre eles: afinal, quem guarda nota fiscal de motel? Para tentar arrancar uma confissão, o delegado resolveu blefar. Pegou o telefone e fingiu falar com Cíntia Tucunduva. Ao desligar, disse que Suzane havia incriminado Daniel naquele instante. O suspeito ficou pálido, em silêncio. O policial investiu na estratégia:

— Foi duplo homicídio. Motivo torpe. As vítimas não tiveram chance de defesa. Meios cruéis. Você está na merda! Vai pegar pena máxima. Mas, se confessar, poderá ter atenuantes...

— Não tenho nada para confessar! – cortou Daniel.

— Na verdade, nem precisa. Sua namorada já confessou e ficou com os benefícios que você acabou de recusar – bigodeou o delegado.

— Não acredito em você! Ela me ama! – enfatizou Daniel.

Enquanto o namorado assassino era espremido pelos policiais, Suzane mantinha-se inabalada. Como a delegada já presumia que a jovem não havia participado do assassinato de forma evidente, tentou comovê-la:

— Nós sabemos que você não matou ninguém. Se confessar, pode ter uma pena bem menor, já que não tem sangue nas mãos...

— Não tenho nada a dizer – interrompeu Suzane.

— Você não quer acusar o seu namorado porque você o ama, né? Quanto tempo você acha que dura o amor? Um ano? Dois anos? Cinco anos? Quero ver durar uma pena de 30 longos anos, pois é o tempo que vocês ficarão presos se não confessarem... Você na penitenciária feminina, ele na masculina.

Suzane, apática, ouvia a tudo. O telefone tocou e Cíntia atendeu, aumentando a tensão. Ao desligar, a delegada virou para Suzane e tentou a estratégia do blefe feita pelo colega anteriormente:

— Seu namorado acabou de contar tudo com uma riqueza de detalhes impressionante! – anunciou.

— Jamais! Ele me ama! Ele me ama! – reiterou Suzane.

— É incrível como as pessoas decidem o próprio destino num piscar de olhos – filosofou a policial, sem conseguir arrancar a verdade da depoente.

— Estou cansada! – retrucou Suzane.

— Você está sabendo da moto comprada por Cristian com dólares...

— Não, senhora! Que moto?

Os depoimentos já duravam quatro horas quando foi proposto um intervalo. Daniel e Suzane conseguiram dar um jeito de se encontrar no corredor da delegacia e trocaram carícias, abraços e beijos. O casal percebeu que o fim da linha estava próximo por causa da Suzuki comprada por Cristian e intensificava o afeto como uma forma de se despedir. Abraçados, Daniel e Suzane teriam travado uma conversa tensa ao pé do ouvido para não alcançar nenhuma testemunha.

— O seu irmão é um idiota. Comprou uma moto com os dólares no dia seguinte – comentou Suzane, ríspida.

— Ele é uma criança ingênua – defendeu Daniel.

— Ingênua fui eu em confiar nesse idiota!

— Não fala assim do meu irmão – pediu.

Estrategicamente, Suzane mudou o tom e passou a falar com o namorado usando a tradicional voz infantil, na esperança de se livrar do pior:

— Olha, amorzinho. Aconteça o que acontecer, lembre-se sempre que eu te amo agora e te amarei para sempre.

— Eu também te amo! – devolveu Daniel, beijando-a.

Suzane continuou com a voz anasalada, doce e romântica mesmo naquele cenário hostil. Ela deu o último abraço caloroso no namorado. Daniel baixou a cabeça para chorar. Suzane pegou em seu queixo e o ergueu para encará-lo. O casal travou o diálogo derradeiro:

— Meu amor, preste atenção: se acontecer algo, preciso que você diga que eu não fiz nada. Entendeu? Nada! Nada! Nada! – invocou Suzane, enquanto fazia um carinho ardiloso em Daniel.

— Como assim?

— Eu te amo! Eu te amo! Eu te amo! Depois de tudo que passamos, eu amo mais ainda. Não podemos nos separar por nada neste mundo!

— Eu também te amo! – retrucou Daniel com os olhos molhados.

Abraçadíssima ao namorado, manipuladora ao extremo, Suzane deu a cartada final:

— Se você e eu formos presos, nunca mais nos veremos. Se só você for preso, eu prometo visitá-lo todos os dias na cadeia e continuaremos juntos para todo o sempre, entendeu? Por isso você tem que dizer que eu não fiz nada. Até porque, vamos combinar, eu não matei ninguém, né? – ponderou Suzane.

Daniel soltou a namorada assassina dos seus braços. Sem pestanejar, disparou à queima-roupa:

— Às vezes, passa pela minha cabeça que fui usado por você!

Antes de iniciar ali no corredor da delegacia uma espécie de DR (discussão da relação) sobre o crime, o casal foi interrompido e chamado para continuar a depor.

Na sala em que Cristian estava, no quarto andar, o enredo também seguia melodramático. Perturbado psicologicamente, o suspeito sucumbia à medida que os ponteiros do relógio avançavam. Depois de cinco horas de depoimento, o acusado estava esgotado, mas ainda se recusava a falar do crime. O delegado convocado para ouvi-lo, José Masi, era experiente em lidar com criminosos transtornados e loucos para desabafar. Mas ele tinha um defeito profissional. Era impaciente, irritava-se com muita facilidade. Em determinado momento, o policial perguntou pela origem dos dólares usados na compra da moto:

— Onde conseguiu esse dinheiro, caralho?

— Minha avó me dá dólares desde criança e fui juntando...

— Como assim, seu merda? Nunca vi um meliante envolvido com drogas fazer um caixa como esse – ironizou o delegado.

— Eu também sou músico. Toco bateria. Fui juntando...

— Deixa de ser mentiroso, seu picareta. Você não é músico porra nenhuma. Você ajuda uma banda a carregar o equipamento. Faz trabalho braçal! Deve ter matado os pais da Suzane para fazer um troco! Deve ter recebido 8.000 dólares para matar dois senhores indefesos – provocou o delegado.

Na réplica, Cristian elevou a tensão do interrogatório ao falar de dinheiro:

— O senhor só quer saber de dólar, dólar e dólar. Parece que o dinheiro aqui é mais importante do que o crime – enfatizou o acusado.

Quando ouviu de Cristian o comentário tão inapropriado, Masi ficou fora de si. Alguns policiais chegaram a ficar apreensivos quando o acusado teceu esse comentário. Irritado, Masi deu um murro forte na mesa e gritou:

— Olha aqui, seu filho da puta! Você é suspeito de latrocínio e quer fazer gracinha? Não vou admitir esse tipo de comentário, seu meliante! Aqui não tem moleque! Nos respeite! – exaltou-se o delegado.

Com a explosão de Masi, Cristian ficou impactado e emudeceu. Foi lhe dado um tempo para se recompor. O delegado saiu e fechou a porta, deixando o acusado na companhia do investigador Arapiam Tumani, o policial mais boa-praça do DHPP.

— Fica calmo, Cristian. O Masi é assim mesmo: esquentado. Mas já, já ele voltará de cabeça fria.

— Eu não aguento mais! — exclamou o assassino, chorando.

A sala ampla onde Cristian era ouvido tinha três janelões escancarados, com vista para os fundos do prédio. Ficou latente: o acusado estava a um passo de confessar. Era só uma questão de tempo. Tumani usou a lábia para dar um empurrãozinho. Começou ligando discretamente um gravador e escondeu o equipamento sob uma papelada, perto do acusado. Em seguida, o policial passou a elogiar os criminosos que fazem delação e ajudam a solucionar um crime de grande repercussão. "Os repórteres da televisão dizem que o casal foi assassinado por duas pessoas. Se você confessar, vai sair assim na TV: 'Cristian confessou porque se arrependeu. Ele foi corajoso e falou a verdade'. Se você não confessar, os jornalistas vão te massacrar dizendo que você é um assassino cruel e sem coração", tergiversava Tumani. "E tem outra coisa", continuou o policial.

Enquanto o investigador falava, falava e falava, Cristian continuava calado, como se não estivesse ali. Circunspecto, o irmão de Daniel passou a olhar fixamente para o horizonte através dos vãos dos janelões. Tumani percebeu no depoente uma vontade implícita de se matar – atirando-se do quarto andar. Lentamente, o policial fechou as janelas.

Tumani aproveitou a vulnerabilidade emocional de Cristian e insistiu na pressão psicológica. No meio da narrativa, o investigador pontuou que Suzane e Daniel haviam matado Manfred e Marísia por amor, pois queriam namorar em paz:

— E você? Por que matou?

— [Silêncio]

— Você assassinou o casal friamente por dinheiro. Essa que é a verdade! Esse era o seu único interesse naquele crime hediondo. Olha, tenho pena da sua alma! – falava Tumani.

Ao ouvir palavras com gosto amargo de fel, Cristian caiu em desgraça. Tomado por uma loucura, saltou da cadeira e confessou de forma destemperada para o investigador ter matado Marísia, como se quisesse se livrar de um peso insuportável das costas. Gritou:

— Matei! Matei, sim! Mas não matei por dinheiro! Pelo amor de Deus, nunca diga isso! Não matei por dinheiro! Matei por amor ao meu irmão!

Eufórico com a revelação, Tumani pegou o gravador e saiu correndo pelos corredores do DHPP gritando como se fosse uma vitória do Brasil na final da Copa do Mundo: "Ele confessou! Ele confessou! Ele confessou!". Os policiais comemoraram com uma salva de palmas e abraços mútuos a confidência que solucionava um crime de enorme repercussão. O festejo não ocorria à toa. Havia um forte receio por parte da cúpula da Polícia de São Paulo de que o caso Richthofen acabasse sem solução, como ocorreu com o crime da Rua Cuba, em que o assassino do casal Jorge e Maria Cecília Bouchabki nunca foi capturado. Esse crime guardava semelhanças com o assassinato da Rua Zacarias de Góis. Jorge e Maria Cecília foram executados enquanto dormiam, na véspera do Natal de 1988. A arma do crime, uma pistola, também nunca foi encontrada, assim como as barras de ferro usadas pelos Cravinhos para assassinar Manfred e Marísia. No caso da Rua Cuba, o Ministério Público de São Paulo acusou o filho mais velho das vítimas, Jorge Bouchabki, o Jorginho, então com 18 anos, de ser o autor dos disparos que mataram o casal.

Os promotores sustentavam que Jorginho matou os pais porque eles não aprovavam o namoro dele com uma moça pobre. "Minha mãe não gostava do namoro, mas isso não era nada demais. Chegaram a dizer que minha mãe teria me batido com um taco de sinuca nas costas durante uma discussão. Isso é um absurdo. Eu nunca briguei com a minha mãe", revelou Jorginho, em 2018, ao repórter Walter Nunes, do jornal *Folha de S. Paulo*. Submetido ao Tribunal do Júri, o acusado acabou absolvido por falta de provas. O caso é uma página vergonhosa na história policial de São Paulo. Hoje, Jorge é um advogado criminal bem-sucedido.

No caso Richthofen, o desfecho foi bem diferente. A confissão de Cristian fez a casa dos três acusados desabar de uma só vez. Ele foi o primeiro a receber voz de prisão e um par de algemas.

— Você está preso por latrocínio, seu assassino! Agora quero saber se você vai segurar essa barra sozinho. Ou vai contar o que cada um fez – falou o delegado Masi, de volta à cena, já com a voz calma.

Mergulhado numa inquietude, Cristian descortinou o mistério policial e contou a história com prólogo, vários atos e epílogo. Iniciou relembrando como soube dos planos de Suzane e Daniel para liquidar o casal Richthofen, as motivações de cada um e por que aceitou participar da empreitada. "A ideia de matar os pais partiu da cabeça doente da Suzane", pontuou. Os policiais perguntaram se Andreas havia participado do crime e ele negou veementemente. "Ele nem sequer sabia do plano", afirmou Cristian.

O segundo a se entregar foi Daniel. O delegado Domingos Paulo falou que seu irmão havia revelado como foram os ensaios do assassinato, envolvendo até tiros em uma pedra. Detalhou como o piloto construiu os porretes. Nesse momento, Daniel foi tomado por um ataque de riso. Ele gargalhava em cena aberta, para espanto dos policiais.

— Do que você está rindo, rapaz? Enlouqueceu? – quis saber o delegado.

Feito o Coringa, Daniel respondia com mais riso. Domingos Paulo pôs um par de algemas abertas sobre a mesa e a emoção de aparente alegria do assassino foi se transformando em um choro de aflição. Não foi possível perceber o momento exato em que o escárnio estampado no rosto do namorado de Suzane virou pranto, pois o piloto ainda ria quando as primeiras lágrimas começaram a cair. Só depois de ter os olhos encharcados é que Daniel esboçou uma anteface de pânico. O jovem pediu um copo de água para se recompor, desculpou-se pelo descontrole e finalmente começou a falar as suas verdades:

— A ideia não foi minha nem dela. Foi nossa! Nós não estávamos felizes porque os pais da Suzane não queriam mais que a gente namorasse. Teve muitas brigas e chegamos à conclusão de que só seríamos felizes se eles desaparecessem...

— Erga os braços, por favor. Vou pôr as algemas – avisou o delegado.

Com Suzane, o enredo foi bem diferente. A moça resistiu até onde pôde. Mesmo com voz de prisão decretada, mesmo depois de algemada, ela disse à Cíntia não ter nada para falar. A delegada argumentou nem precisar de mais informações, já que os dois assassinos haviam detalhado o crime. Suzane ainda não acreditava na confissão dos seus cúmplices. Para tirar a prova real, a jovem pediu para ler os depoimentos de Daniel e Cristian. Cíntia fez questão de mostrá-los. Os papéis ainda estavam com a tinta da impressora matricial fresca quando foram dados a ela. Suzane leu atentamente cada linha cochichando. Descrente, ela lia e relia.

Quando terminou a leitura, encarou a delegada com um olhar glacial e disparou, segura de si:

— Eu admito que sou uma pessoa horrorosa! Eu matei os meus pais!

Sensata, Suzane contou a história sob a sua ótica. Começou dizendo como conheceu Daniel; falou que os pais abençoaram o namoro no início, mas desaprovaram o romance no auge da paixão. Suzane fez questão de lembrar do tapa emblemático dado pelo pai em seu rosto no Dia das Mães. Deu detalhes de como planejou o crime e finalizou confessando ter aberto a porta da sala para guiar os assassinos de seus pais pela casa. Finalmente, Cíntia Tucunduva viu escorrer uma lágrima solitária do olho direito de Suzane.

Depois de indiciados, os três foram fichados e fotografados pela polícia para ilustrar o registro criminal de cada um. O santinho (*mugshot*) – como é conhecida a foto 3 x 4 de bandidos feita pelos policiais – de Suzane estampa a capa deste livro. Esse registro fotográfico ocorre por força da lei e tem como objetivo original identificar o criminoso às vítimas, aos investigadores e ao público em geral. Depois da sessão de fotos, o trio foi apresentado à imprensa, algemado como assassinos confessos, com as mãos para trás, lado a lado.

Para exaltar o trabalho dos policiais do DHPP, os criminosos foram postos em frente ao brasão verde, amarelo e vermelho do departamento, o mais respeitado da Polícia Civil de São Paulo. Suzane, posicionada à direita, era a única com o braço seguro por um policial. Daniel, ao centro, usava uma camiseta de decote em V, nas cores verde e bege, e calça jeans folgada. Cristian, posicionado à esquerda, vestia calça preta e estava sem camisa, mostrando o corpo trincado pela musculação e tatuado no peitoral e nos braços. Os Cravinhos encararam as câmeras. Suzane ficou o tempo todo com a cabeça baixa. Aliás, nessa primeira sessão de fotos, ela descobriu uma nova utilidade para os seus longos cabelos loiros: cobrir o belo rosto nos momentos de constrangimento e vergonha. Essa estratégia ainda seria muito usada no futuro, em momentos cruciais da sua vida de presidiária.

Do lado de fora do DHPP, quando estava entrando no camburão da polícia com o irmão, Daniel se emocionou ao ver os pais inconsoláveis em pé, na calçada. Já Suzane, mesmo depois de admitir ser a mandante do assassinato dos pais e de ter recebido de advogados os piores prognósticos, continuava estável. Os assassinos foram indiciados por homicídio triplamente qualificado. A polícia fez questão de deixar claro que Andreas não teve participação no crime.

Do DHPP, Suzane foi levada para a Penitenciária Feminina da Capital. Daniel foi conduzido para o Centro de Detenção Provisória (CDP) Belém II, enquanto Cristian seguiu para o CDP I. No *Jornal Nacional* daquela noite, a matéria sobre o crime começou assim:

"A Polícia de São Paulo desvendou o assassinato do casal Von Richthofen. A filha deles, Suzane, disse que planejou o crime por amor ao namorado". A reportagem evidenciava a diferença social entre o casal homicida. *"A caminho do presídio, Suzane von Richthofen, 19 anos, estudante de Direito e fluente em três línguas. Daniel Cravinhos de Paula e Silva, 21 anos, desempregado. Namorados há três anos, eles agora dividem a responsabilidade pelo assassinato brutal dos pais dela. A partir da confissão de Cristian, a polícia passou a ter as respostas que procurava".*

No final da reportagem de César Tralli, o delegado Domingos Paulo Neto emitiu um juízo de valor em rede nacional:

"A Suzane mostrou-se uma pessoa fria, impetuosa e até calculista. Ela demonstrou ter muita raiva dos pais".

CAPÍTULO 6

OS MORTOS DE SUZANE

Uma igreja, Cristo crucificado, pênis ereto e uma vagina

Angustiada, Suzane debutou na prisão com um par de algemas nos pulsos em 20 de novembro de 2002, dia de Santo Edmundo, o protetor dos órfãos e das viúvas. Sua primeira moradia foi a Penitenciária Feminina da Capital (PFC), um complexo de 11.717 metros quadrados de área construída no coração do bairro do Carandiru, zona norte de São Paulo. Na época, a casa penal tinha capacidade para 410 mulheres, mas hospedava 664, deixando a atmosfera do local altamente inflamável. Oitenta por cento das prisioneiras cumpriam pena por tráfico e 10% por crimes passionais. Detalhe: onde há traficantes confinados imperam facções criminosas e as suas tradicionais rixas. Na PFC, a disputa de poder, na época, ocorria entre o Primeiro Comando da Capital (PCC) e um grupo dissidente, batizado de Terceiro Comando da Capital (TCC), as duas organizações rivais mais sangrentas do país até então.

A Penitenciária Feminina da Capital foi inaugurada no dia 4 de setembro de 1973, dia de Santa Rosália, uma mulher religiosa de vida extremamente solitária, segundo a hagiografia. Por 29 anos, a instituição foi vizinha da Casa de Detenção de São Paulo, conhecida internacionalmente pela rebelião de 1992, cujo saldo foi o massacre de 111 detentos pela Polícia Militar. Em 2002, os nove pavilhões do Carandiru começaram a ser implodidos. Na área de 240 mil metros quadrados foi construído o Parque da Juventude, um ponto turístico importante da capital. Para preservar a história do lendário presídio, foram mantidas no parque parte das ruínas das galerias, das muralhas e algumas torres usadas para vigilância. Reza a lenda que o local era assombrado pelas almas dos 111 presidiários mortos na chacina. Um terço do terreno era ocupado por uma mata fechada, colada ao muro de 9 metros de altura da PFC. No bosque viviam árvores de grande porte, como o guapuruvu (*Schizolobium parahyba*), uma espécie de 30 metros de altura com folhas bipinadas de 1 metro e flores amareladas que eclodiam na primavera-verão. Havia ainda o pau-ferro (*Caesalpinia ferrea*), uma espécie frondosa de 28 metros com copa arredondada e vistosa; além de carnaúba (*Copernicia prunifera*), a palmeira sertaneja de 15 metros e folhas verdes e azuladas, conhecida como árvore da vida. Segundo contam as carcereiras da PFC, as almas dos homens mortos no massacre do Carandiru encarnam justamente nas árvores gigantes desse bosque, principalmente em dias chuvosos e de muita ventania. As ruínas do Carandiru e a vegetação imponente da redondeza fariam parte da vida de Suzane durante dois anos de estada na PFC.

Quando a jovem botou os pés na casa penal, o dia estava chuvoso em São Paulo. A condução da presa famosa ocorreu sob forte esquema de segurança, incluindo batedores da Polícia Militar. A imprensa perseguia freneticamente pelas ruas e até pelo céu a menina rica que mandou o namorado matar os pais. Ao vivo no *Cidade Alerta*, da TV Record, o jornalista José Luiz Datena acompanhava a chegada de Suzane do estúdio. Um repórter falava de um helicóptero:

— *Datena, São Paulo está sendo castigada por uma tempestade com raios, trovões e ventos fortes. Estou nesse momento aqui do alto acompanhando a polícia, que leva Suzane von Richthofen do DHPP rumo à Penitenciária Feminina da Capital, uma das cadeias mais violentas de São Paulo. O comboio com dezenas de viaturas está cruzando a Marginal Tietê pela Avenida Santos Dumont. Eles seguem agora pela Ponte das Bandeiras com destino ao bairro do Carandiru, onde fica a penitenciária. Datena, vou devolver para você aí no estúdio porque o helicóptero está trepidando. É com você.*

No estúdio, o apresentador continuou:

— *Diretor, foca em mim! Para quem está sintonizando o Cidade Alerta agora, vou explicar: Suzane von Richthofen acabou de confessar à delegada Cíntia Tucunduva que mandou o namorado Daniel Cravinhos matar os próprios pais a pauladas na calada da noite. Foi um crime horroroso que chocou a nação. O Daniel convidou o irmão, Cristian Cravinhos, para o crime. Os dois vagabundos também confessaram tudo. Ou seja, a menina rica, de rostinho angelical e voz meiga, deixou de ser mera suspeita do crime. Agora, Suzane é uma assassina confessa! Vou repetir para ela ficar com essa marca para sempre: Suzane é **ASSASSINA!** A parricida e os irmãos Cravinhos vão aguardar o julgamento na cadeia. Gente, quando eu falo desse crime, fico com o estômago embrulhado. Como pode uma filha matar os próprios pais?*

Ao chegar ao departamento de inclusão do presídio, Suzane sustentou a mesma altivez usada para enfrentar a delegada Tucunduva. Ela encarou os policiais na recepção e manteve a cabeça erguida até quando fez mais uma foto para o registro de sua entrada no sistema penal de São Paulo, onde teve as algemas retiradas. Em uma sala especial, recebeu com empáfia as primeiras ordens, dadas por uma agente de segurança penitenciária:

— Tira a roupa!

— Não entendi – rebateu Suzane.

— Você é surda, garota? Eu mandei tirar a roupa! – repetiu a agente, demonstrando impaciência.

— Espera um pouco! – suplicou a presidiária.

— Você está me dando ordens?

— Não! Não! Não!

Contrariada, Suzane se despiu do figurino escolhido no dia anterior com ajuda da amiga Amanda para depor na delegacia. Três agentes femininas testemunharam a cena íntima, todas com a cara amarrada. Primeiro, Suzane tirou bem devagarinho a jaqueta desbotada. Dobrou a peça lentamente e a acomodou com todo o cuidado sobre uma mesa de ferro. Tirou os sapatos. Despiu-se da calça jeans combinada com a jaqueta e da camiseta amarela. À medida que Suzane tirava a roupa, seu espírito se desarmava. Quando ficou apenas de calcinha e sutiã, abaixou a cabeça e abraçou o próprio corpo, olhando fixamente para o chão, com a postura curvada. Estática, Suzane se entregou a um choro contido, repetindo várias vezes a expressão "Pelo amor de Deus!". Ao ouvir o apelo divino, a agente levantou a voz ordenando que a criminosa cumprisse as regras da penitenciária. Quando Suzane estava nua em pelo, a funcionária determinou:

— Agora se agache!

— Como?

— Mandei ficar de cócoras!

— Pra quê?

— Não me faça perguntas, menina!

— Isso é humilhante! – reclamou a assassina.

— Você tem razão. É vexatório! Mas se você não tivesse matado seus pais, não passaria essa vergonha! – retrucou.

A revista íntima é praxe na entrada em presídios. Nuas, as presas faziam agachamento em um chão espelhado para provar que não carregavam drogas ou telefone celular escondidos no reto ou na vagina. Nessa época, as prisões paulistas não tinham máquinas de raio-X. Só depois do ritual de revista Suzane recebeu o uniforme de presidiária – calça cáqui e camiseta branca. Ainda na sala de inspeção, ganhou um kit levado pelo seu advogado, composto por escova de dentes, creme dental Colgate, chinelo de dedo, xampu, toalha branca, um rolo de papel higiênico Sublime e sabonete Dove. Em seguida, foi acomodada na cela de inclusão de número 4, uma das solitárias nas quais toda presa neófita é obrigada a se hospedar por dez dias até se adaptar à rotina do cárcere. Na época, o cubículo de 10 metros quadrados tinha somente uma cama de concreto e um vaso sanitário embutido apelidado pelos presos de "boi". A tradicional privada de cerâmica, chamada de "pote" no glossário da cadeia, é evitada na cela de inclusão porque é comum que presas de primeira viagem a quebrem. Atormentadas com a privação da liberdade, costumam usar os cacos para se matar com golpes na jugular.

Sozinha com os seus botões, Suzane tentou dormir à noite naquele ambiente hermético. Tentou. Na calada da noite, era torturada pelo som horripilante das árvores frondosas do bosque ao lado. Nas noites de ventania, os guapuruvus, os paus-ferro e as carnaúbas faziam tanto barulho que pareciam estar saindo do lugar. Ao ouvir árvores uivando pela primeira vez, Suzane sentiu pavor. Desabou a chorar copiosamente pela segunda vez, assombrada pela curva acentuada que a sua vida fazia naquele momento. Em uma carta escrita para Amanda um mês depois de dar entrada na PFC, contou nunca ter chorado tanto na vida como nos primeiros dias na solitária. "Amiga, estou chorando tanto que me sinto fraca espiritualmente [...]. Tenho sido assombrada aqui dentro [...]. Só agora, sofrendo nesse limbo, tenho noção da merda que eu fiz", escreveu.

Logo depois do assassinato, Suzane recebeu em casa a visita do advogado Denivaldo Barni, do quadro jurídico da Dersa, onde o pai trabalhava como engenheiro. Manfred e Barni eram amigos íntimos. Às vezes, costumavam sair para jantar depois do expediente. Assim que o crime começou a estampar as manchetes dos jornais, a empresa nomeou Barni para acompanhar as investigações da polícia. O advogado acabou criando um afeto paterno pela acusada, a quem chamava de filha. Ela devolvia o carinho tratando Barni como pai. Na primeira visita do tutor à cadeia, a jovem estava com o rosto inchado de tanto chorar. Ele levou pizza e Coca-Cola. Os dois lancharam e conversaram no parlatório da PFC:

— Não consigo dormir à noite! – queixou-se Suzane, enquanto mordia um pedaço de margherita com borda de catupiry.

— Você vai sair logo daqui – prometeu Barni, dando um gole no copo de refrigerante.

— Não vejo a hora. Tem umas árvores horríveis que fazem barulho na madrugada.

— Não ligue para essas besteiras – aconselhou Barni.

— Como está o Daniel?

— O quê? Esquece ele. Aliás, você só vai se livrar de uma pena pesada se acusá-lo pela morte dos seus pais.

— Nunca farei isso! Eu o amo! Amo! Amo! Amo! – finalizou ela, comendo mais uma fatia de pizza.

Em um dos encontros diários com Barni, para surpresa do advogado, Suzane pediu uma cópia do seu processo criminal para ler na solitária. A presidiária queria entender o tamanho da encrenca na qual estava metida. Barni tentou demover essa ideia, já que as peças jurídicas continham centenas de fotos de Manfred e Marísia destroçados sobre a cama e até nus, costurados sobre as mesas metálicas do Instituto Médico Legal (IML), junto de outros cadáveres. Suzane insistiu, justificando ser parte no processo e estudante de Direito. Ou seja, ela tinha poder legítimo de acessar a peça jurídica para saber com exatidão quais provas pesavam contra si. Barni prometeu fazer uma cópia sem as fotos. Suzane bateu o pé, deixando claro querer ver tudo, inclusive as tais fotografias. Por último, alegou precisar preencher o tempo ocioso com leitura.

Ainda no primeiro mês de reclusão, Suzane saiu algumas vezes da cadeia para depor no inquérito aberto para investigar a morte dos seus pais. Uma das saídas de muita repercussão ocorreu a convite da delegada Cíntia Tucunduva, para participar da reconstituição do crime, tecnicamente chamada de reprodução simulada.

Quando envia um inquérito bem elaborado para o Ministério Público, a polícia conta uma história com enredo amarrado, apontando inclusive a dinâmica do crime e as motivações de cada um dos acusados. Refazer o assassinato numa investigação é fundamental para reforçar a tese defendida pelos policiais e principalmente para esclarecer dúvidas. Como Suzane e os irmãos Cravinhos eram réus confessos, eles não se recusaram a reproduzir a noite em que o casal Richthofen foi assassinado.

O primeiro a mostrar aos policiais como tudo ocorreu foi Cristian. O acusado manteve-se sóbrio e respondeu a todas as perguntas, apontando onde os porretes estavam escondidos (no porta-malas do carro de Suzane) quando o trio chegou à mansão. Cristian também mostrou como desferiu os golpes em Marísia.

Em seguida, foi a vez de Suzane. Impressionada com a quantidade de curiosos e jornalistas do lado de fora, ela ficou tensa. O quarteirão foi todo isolado. Na rua, pessoas gritavam de longe "assassina!", "assassina!", "assassina!". Mas todos dentro da casa ouviam o xingamento. Aos policiais, Suzane indicou como acendeu a luz do corredor dando sinal verde aos Cravinhos para seguirem até a suíte e executar seus pais. Depois sentou-se no sofá para demonstrar como se sentou e tapou os ouvidos para não ouvir as porretadas. O curioso é que ela representava o crime como se não tivesse participado dele, narrando cada cena de forma dissertativa. Enquanto ocorria a reconstituição da morte dos pais, Andreas estava na mansão assistindo a um desenho animado na TV do quarto de Rinalva, nos fundos. O garoto não saiu de lá momento algum. Suzane pediu a um policial para dar um abraço no irmão, mas o garoto se recusou a recebê-la.

Quando chegou a vez de Daniel reconstituir o crime, surgiu um impasse. Abalado, disse não ter estrutura emocional para subir até a suíte. Pediu um tempo para tomar água e se recompor. Uma hora depois, o jovem pegou o porrete cenográfico feito de papelão e seguiu até a cama, onde o policial Francisco Pandolpho estava deitado, representando Manfred. Daniel deveria simular os golpes no policial-ator. O piloto percebeu uma leve semelhança entre Pandolpho e o pai de Suzane. Perturbado, o jovem chorou copiosamente e se ajoelhou por causa de uma súbita fraqueza nas pernas. A reconstituição teve de ser interrompida. Só continuou depois que os policiais fizeram um círculo e rezaram um Pai-Nosso de olhos fechados. Em toda a reprodução simulada, os três assassinos não tiveram nenhum contato entre si.

Após a reconstituição do crime, Suzane e os irmãos Cravinhos voltaram para o xilindró. Ela regressou para a PFC e Daniel foi levado novamente ao Centro de Detenção Provisória (CDP), uma cadeia bomba-relógio. Quando o piloto esteve lá, o local tinha capacidade para abrigar 876 presos, mas havia o dobro. Sua cela era a de número 9, no pavilhão 7, com lotação para doze homens. No entanto, 40 bandidos espremiam-se no cubículo, incluindo matadores de aluguel, traficantes e integrantes do PCC egressos do Carandiru. Ficavam misturados no mesmo espaço os presos provisórios à espera de julgamento, como Daniel, e os criminosos condenados e até sentenciados do regime semiaberto reincidentes no crime. Não havia cama para todos nem artigos de higiene. O banho era frio e regrado. Os funcionários da cadeia distribuíam aos presos somente três escovas de dentes e cinco sabonetes por xadrez a cada 15 dias. Astrogildo Cravinhos levou itens de higiene para o filho. Mas ele foi obrigado a dividir tudo com seus colegas de cela, inclusive a sua escova de dentes e o aparelho de barbear. Certo dia, Daniel pegou seu sabonete Lux Luxo novinho e foi tomar banho no chuveiro coletivo. Um traficante do PCC, que se enxaguava sem nada ao lado, pediu a barra de sabão emprestada. O piloto não tinha como negar esse favor. O bandido esfregou o sabonete no corpo todo, inclusive na cabeça feito xampu. Ingênuo, Daniel ficou lá esperando. Quando acabou o banho, em vez de devolver o sabonete ao dono, o bandido repassou o item de higiene para o preso do chuveiro ao lado, que repassou a outro, mais outro e mais outro. De mão em mão, de corpo em corpo, o sabonete de Daniel simplesmente derreteu até desaparecer.

A direção do CDP considerava Daniel um preso vulnerável, pois ele aparecia excessivamente na televisão. Mas não havia cela especial – conhecida como "seguro" – para acomodá-lo. Com isso, ele era constantemente ameaçado de morte nos pavilhões. Angustiado, voltou a ter ideação suicida. A tentativa ocorreu logo após ele testemunhar uma briga violenta dentro da cela, bem no início da manhã. Três presos dormiam dividindo o mesmo colchão. Um deles ficou excitado e encoxou o colega por trás sem querer. Houve uma confusão generalizada no ambiente. O detento pivô do barraco tentava explicar ao colega que a ereção matinal não vinha acompanhada de desejo sexual. Ninguém quis saber e ele levou uma facada na virilha. Quando viu o excesso de sangue, Daniel se lembrou do momento em que matava Manfred e vomitou no chão da cela, respingando restos de comida nos demais presos. Irritados, eles empurram o piloto de um lado para o outro até o jogarem num espaço privado, onde havia um vaso sanitário cercado por uma cortina de plástico. Aos prantos, Daniel se sentou na latrina. Em seguida, tentou arrancá-la do chão. A peça estava fortemente chumbada no concreto. Daniel olhou as paredes, o teto e fixou a visão na janela alta com grades espessas. Depois, tirou a calça e prendeu uma das pernas do tecido jeans no ferro da janela. Na outra ponta ele fez um nó e apertou no pescoço. Um dos presos afastou um pouquinho a cortina e percebeu o movimento suicida de Daniel. Depois de observar, saiu calado para o piloto se matar em paz. Com uma das pernas da calça amarrada na grade e a outra no pescoço, ele pulou do vaso sanitário. O peso do seu corpo pendurado na corda improvisada provocou uma esganadura. Daniel se debateu, embolando-se na cortina de plástico, que despencou com o cano de sustentação. Com a queda, todos os presos viram o namorado de Suzane agonizando. Três deles correram para tentar salvá-lo. O suicida estava com os olhos revirados, o rosto esverdeado e babava quando foi retirado pelos colegas.

Daniel desmaiou e só foi acordar numa maca, na enfermaria do CDP. O pescoço estava tomado por hematomas escuros. Uma algema prendia o seu pulso direito ao ferro lateral da cama. Um médico se aproximou com uma lanterna clínica. Usando os dedos, o profissional arregalou os olhos do paciente e mirou a luz forte em sua pupila:

— Tente olhar para o foco da lanterna – pediu.
Daniel mexeu o globo ocular para acompanhar o feixe de luz. Ou seja, sua atividade cerebral estava perfeita.

— O que houve? Por que você tentou tirar a própria vida, rapaz? – perguntou o profissional da saúde.

— Minha jornada acabou, doutor. Eu matei uma pessoa a pauladas por causa de uma vagabunda. Eu vou ser condenado e passar o resto da vida preso. Prefiro a morte!

— Para de falar bobagem. Encare os seus erros de frente, por mais terríveis que eles sejam. Assuma o que você fez e pague sua penitência com dignidade. Não leve mais sofrimento à sua família — aconselhou.

Arrasado, Daniel se levantou da cama e ficou em pé. Seu pulso continuava preso à algema e à maca. Nadja e Astrogildo invadiram o local esbaforidos. Ao ver o filho vivo, ela o agarrou aos prantos. O piloto abraçou a mãe usando apenas um dos braços. Nervosa, Nadja perguntou ao médico como estava a saúde do filho. "Ele teve sorte. Os exames mostram que não houve ruptura das vértebras cervicais e a medula espinhal foi preservada", diagnosticou. Só de pensar na morte do caçula, Nadja teve um princípio de desmaio. Daniel chorou ao ver a mãe sucumbindo. Astrogildo levantou a esposa do chão com auxílio das enfermeiras. Daniel também tentou ajudar, mas a algema o impediu. Astrogildo segurou o rosto do jovem fortemente com as duas mãos. "Meu filho, pelo amor de Deus. Não faça mais isso com você. Não faça mais isso com a sua mãe. Não faça isso com a nossa família", suplicou o pai. Um policial soltou uma das algemas da cama e prendeu nos pulsos de Daniel, por trás. No caminho para a cela, o assassino perguntou ao agente de segurança penitenciária que o conduzia: "Será que a Suzane ficou sabendo que tentei me matar?"

* * *

No primeiro contato com o advogado Denivaldo Barni logo após a reconstituição do crime, Suzane aproveitou para cobrar o seu processo penal para ler na cadeia. Na banca de advogados de defesa da jovem estava o filho de Barni, Denivaldo Barni Júnior, que era perdidamente apaixonado por ela desde o dia do crime. Ele jura que não, mas confeccionou um álbum de fotos de Suzane, de criança até aquele momento. Foi Barni Jr. quem levou ao presídio a cópia do processo criminal de quase 700 páginas na época. Nessa fase, Suzane não tinha contato com outras presas. Sozinha, fumando maços e maços de cigarro, começou a devorar a papelada durante o dia e acabou varando a noite. Entre um apenso e outro, a presidiária adormecia. Já era madrugada quando despertou de um cochilo com o som apavorante dos pés de guapuruvu, carnaúbas e paus-ferro. Ao ouvir o chacoalhar dos galhos e alguns estalos de madeira quebrando, teve a impressão de que as árvores estavam caminhando ao seu encontro. A aflição aumentou com um assobio agudo saído do bosque, acompanhado do farfalhar dos morcegos e do canto das corujas que sobrevoam o presídio durante a alvorada.

Sem conseguir dormir, a assassina aproveitou a luz artificial vinda da grade da janela externa, no alto da parede, para avançar na leitura do processo. Na página 590, começou o horror. A assassina se deparou com as fotos dos cadáveres dos pais, deformados pelas pauladas dadas por Daniel e Cristian. Olhou com apuro cada imagem e sucumbiu vencida pelo sono profundo mais uma vez. Momentos depois, Suzane acordou pela enésima vez naquela noite – o ruído das árvores foi quebrado por um estampido metálico no meio do breu. Assustada, a jovem abriu os olhos e percebeu pela penumbra uma mão feminina com anéis grandes destrancando lentamente o ferrolho da porta de sua cela. A escuridão a impedia de identificar quem tentava entrar. Num ímpeto de coragem, levantou-se. A porta foi se abrindo bem devagarinho. O ranger ecoava no silêncio sombrio da galeria. Quando a grade ficou escancarada, Suzane teve um sobressalto. Viu o vulto de uma mulher de cabelos ondulados na altura dos ombros entrando no cubículo de costas, a passos curtos. O espectro usava um vestido esvoaçante branco e longo. Pela roupa, Suzane reconheceu sua mãe. Marísia estava com o mesmo vestido usado quando a filha a viu saindo de casa, no momento em que desistiu temporariamente de matá-la por causa de um abraço. Determinada, a presidiária tocou nos ombros do fantasma para virá-lo de frente. Suzane fez uma pergunta:

— Mãe, como a senhora está?

— Não sei lhe dizer, filha!

— Onde está o papai?

— Espere um pouco, filha. Ele está a caminho – respondeu Marísia, sem mostrar o rosto.

— Eu tenho tanta coisa para dizer à senhora! Nem sei por onde começar.

— Por que você fez isso, filha? Por quê? – interrogou a vítima.

— Me perdoa! Me perdoa! Me perdoa! – implorou a assassina, sem derramar uma lágrima.

Ao ouvir a invocação da filha, Marísia virou-se de frente e Suzane deu um grito. A médica estava com o rosto todo desfigurado, tal qual as fotos vistas por ela no processo. Era possível observar por entre os cabelos úmidos de sangue o buraco no crânio da médica deixado por Cristian. Como algumas porretadas acertaram a sua arcada dentária, a boca estava toda deformada. Aterrorizada, Suzane gritou ainda mais alto e desmaiou. Foi acordada do pesadelo pela agente de segurança penitenciária (aspe) Marisol Nunes Ortega, uma senhora de 40 anos, católica apostólica romana praticante e fervorosa.

— Você vai ter de aprender a conviver com os seus mortos, filha – aconselhou a funcionária.

— Quero a minha vida de volta! – pediu a detenta.

Os vivos também passaram a assombrar Suzane na PFC. Na segunda semana da fase de inclusão, a jovem passou a tomar banho de sol no pátio da penitenciária juntamente com outras detentas. O primeiro contato foi traumatizante. Uma mulher de cabelo vermelho de 28 anos, conhecida como Maria Bonita, foi a primeira a abordá-la. Baiana de Paulo Afonso, cumpria pena de 26 anos por formação de quadrilha, assalto a banco e associação ao tráfico. Mantinha o apelido em homenagem a uma conterrânea famosa, a primeira-dama do cangaço, Maria Bonita (1911-1938), bandoleira, mulher do lendário Virgulino Ferreira da Silva, o Lampião.

A Maria Bonita da penitenciária feminina trabalhava para o PCC. Tinha 1,80 de altura, falava baixo quando queria algo e gritava quando precisava impor respeito. Andava rebolando o bumbum avantajado. Tinha o hábito de manter as unhas das mãos pintadas de vermelho--sangue, afiadas e pontiagudas para cortar o rosto das suas rivais do TCC. Na estrutura montada pelo PCC dentro da cadeia feminina, Maria Bonita exercia a função de assessora de Quitéria Silva Santos, de 36 anos na época, simplesmente a rainha da penitenciária. Durante as visitas íntimas, a criminosa costumava receber de um namorado comandos da cúpula da facção para repassar à Quitéria. No pátio, a cangaceira aproximou-se de Suzane. Educadamente, pediu-lhe um cigarro. A jovem encarou a detenta e passou o maço inteiro.

— Pode ficar com todos – disse Suzane.

— Quero apenas um – insistiu Maria Bonita, devolvendo o maço.

— Diga logo o que você quer! – ordenou a parricida.

Suzane: assassina e manipuladora

— Você sabe que não vai durar aqui dentro, né, amorzinho? As bolachas [lésbicas] não perdoam quem mata pai, mãe, filho... Já estão todas de olho em você! – disse Maria Bonita.

Calada, Suzane deu vários tragos fortes no cigarro, jogou a bituca no chão e amassou com o sapato. Virou-se para Maria Bonita e usou a estratégia da voz infantil:

— Eu não tenho medo, querida.

— Tem, sim, dá para ver na sua cara, sua vagabunda! Você é um cookie [lésbica refinada] lindo. Mas olha... [deu um trago no cigarro], se não quiser ser assassinada, posso proteger você do mundo mau. Basta dormir comigo – propôs Maria Bonita, passando as unhas agudas feito pontas de prego carinhosamente na bochecha da pretendente.

Suzane não disse sim nem não. Ficou muda, como se tivesse dúvida. De longe, a temida Quitéria observava o galanteio de Maria Bonita sobre a novata. Com um olhar fulminante, ordenou que a cangaceira do PCC se aproximasse. As duas discutiram. Como Maria Bonita não havia feito o combinado, Quitéria sentou uma sequência de três bofetadas no rosto da subordinada e seguiu até Suzane. Sem ao menos dizer "bom-dia", a rainha da penitenciária repassou um pedaço de papel com dados bancários à jovem:

— Olha aqui, putinha, é o seguinte: você vai morrer aqui dentro em uma semana. Para evitar que isso aconteça, mande o seu advogado depositar imediatamente 5.000 reais de luvas nessa conta e 1.800 reais [em valores da época] todo mês até o quinto dia útil. É o pedágio que o Comando cobra para proteger gente fina feito você. Pagou, você vive. Não pagou, CPF cancelado. Simples assim! Entendeu? – em seguida, a bandida saiu sem se despedir.

Não faltavam motivos para temer Quitéria na cadeia. Ligada à alta cúpula do PCC, a traficante participou da fundação do comando. Era uma mulher sem estudos, estúpida e violentíssima. Cumpria pena de onze anos por homicídio. Baixinha, falava pelos cotovelos e sempre em voz alta, irritando as agentes penitenciárias e até mesmo as presas do PCC. Como todo autoritário em posição de comando, faltava-lhe paciência para ouvir a base. Quitéria mantinha o hábito de tossir de forma purulenta, cuspindo nacos de catarro amarelo-esverdeado pelas paredes e pelo chão, perto das colegas. Sem higiene, a líder passava até três dias sem tomar banho. Mas nem era a nojeira de Quitéria o que mais incomodava as detentas. Seu passatempo preferido era sentar bofetadas na cara das presas. Às vezes, dava um tapa na cara de uma mulher por uma bobagem qualquer e repetia o gesto alegando que o sopapo anterior não havia feito um barulho bom. As mais subservientes já sabiam a hora de apanhar e ofereciam o rosto antecipadamente. Havia dias em que Quitéria dava tantos tabefes que chegava a se queixar de dores no ombro e no pulso. Essa tortura era reprovada até pelas suas aliadas mais próximas. Vingativa, Maria Bonita guardava rancor da líder sem noção na geladeira. "A batata dessa escrota tá assando", anunciava a cangaceira para as amigas.

A maior rival de Quitéria na PFC era a traficante Aurinete Félix da Silva, a Netinha, de 48 anos na época, líder do TCC na penitenciária feminina. Netinha também havia participado da fundação do PCC ao lado do seu finado companheiro, César Augusto Roriz Silva. No entanto, ao ser capturada pela polícia, tinha uma ficha corrida tão comprida que um cálculo feito por alto resultava em uma pena de, no mínimo, 100 anos. Para encolher o tempo na cadeia, Netinha resolveu fazer delação premiada, entregando inclusive crimes do poderoso chefão do PCC, Marco Willians Herbas Camacho, o Marcola. Conseguiu o benefício. Por causa da delação, o marido de Netinha foi assassinado com uma lança feita de madeira na Penitenciária de Avaré, a 262 quilômetros de São Paulo. Com isso, Netinha passou a ser jurada de morte por dois motivos: por ter dado com a língua nos dentes e por ter entrado na facção rival. A incumbência de executá-la estava nas mãos de Quitéria e seu bando. Mas era raro encontrar Netinha dando pinta no pátio da penitenciária.

Suzane tentava sobreviver na cadeia em meio a essa guerra travada entre o PCC e o TCC. A experiência no sistema penal a fortalecia, mas também a tornava vulnerável. De tanto ser importunada, a parricida foi se queixar da vida no colo quentinho de Marisol. Falou do convite para dormir com Maria Bonita em troca de proteção e da ameaça de morte recebida de Quitéria. Marisol pediu a Suzane que ficasse longe das mulheres do PCC.

Nas penitenciárias, a religião é um aspecto importante. A maioria dos presos entra católica ou sem nenhuma religião. Lá dentro, há uma verdadeira guerra santa. Pastores de igrejas evangélicas fazem visitas diárias na tentativa de cooptar os presos sem crença. Em abordagens agressivas, também tentam convencer católicos a pastar em seu rebanho. A Pastoral Carcerária da Igreja Católica, por sua vez, tem presença marcante em todas as grandes cadeias do país. A entidade desenvolve trabalhos sociais, cristãos, e atua principalmente no enfrentamento às violações de direitos humanos e da dignidade humana, práticas comuns dentro do cárcere.

Na Penitenciária Feminina da Capital, cabia a Marisol engrossar o número de fiéis católicos. Quando Suzane contou ter recebido uma cantada de Maria Bonita, a agente logo frisou que sexo lésbico era pecado. A jovem pediu ajuda da agente para registrar uma queixa de ameaça contra Quitéria na direção do presídio, mas Marisol cortou o plano.

— Você está louca? Presidiárias como você são alvo fácil das facções. Nunca registre queixa contra elas. Também não peça para o seu advogado fazer depósito algum para o PCC. Esqueça o mundo lá fora. Você tem de se impor aqui dentro para conquistar respeito. Livre-se dessa imagem de menina frágil e assuma uma postura firme, de poder. Enfrente as bandidas com a sua maior arma, a inteligência, pois essas bandidas são estúpidas! – aconselhou Marisol.

* * *

Assim que Suzane foi presa, Rinalva procurou Miguel, irmão de Marísia, para saber como deveria proceder, já que na casa dos Richthofen havia restado apenas Andreas como morador. Miguel tentou convencer o garoto a passar uma temporada em sua casa, mas ele bateu o pé, insistindo em morar sozinho na mansão. Entre os argumentos do adolescente de 16 anos constava que dali a dois anos seria maior de idade e passaria a ser dono da casa e de outros bens deixados pelos pais, avaliados na época em 10 milhões de dólares.

Miguel passou a bancar a moradia do garoto, e Rinalva foi mantida na mansão para dar assistência a ele. A convivência da empregada com Andreas foi amistosa nos primeiros dias. O jovem, no entanto, encarnou o papel de patrão exigente e passou a implicar com a sua única funcionária. Reclamava do excesso de sal na comida, da limpeza e até de camisetas que desejava usar, mas estavam no cesto de roupas para passar. A gota d'água ocorreu no terceiro mês de convivência com Rinalva. Ela estava em casa com seus familiares, assistindo à novela *Mulheres Apaixonadas*, da TV Globo, quando recebeu um telefonema de Andreas. Ríspido, acusou-a de furto.

— Dona Rinalva, cadê o perfume importado que estava no meu quarto?

— Eu vi em cima da cômoda – respondeu a empregada.

— Não está mais lá. Será que ele bateu asas e voou? - ironizou.

— Se não está mais lá, não saberia dizer por onde ele anda.

— Como não?

— Não sei se você sabe, mas estou no meu horário de descanso – rebateu Rinalva.

— Não me importa! Amanhã, quando voltar da escola, quero esse perfume no mesmo lugar. Entendeu? Caso contrário, eu vou à delegacia dar queixa de furto e a senhora será presa. Nem preciso lhe contar que de delegacia eu entendo, né? - ameaçou o rapaz, fazendo alusão à quantidade de depoimentos que havia dado à delegada Cíntia Tucunduva durante as investigações da morte dos pais.

— Pois então vá à delegacia! Agora, se você me fizer uma acusação sem provas, quem vai à delegacia sou eu, seu fedelho! Aí meto um processo por danos morais no seu rabo! - encerrou Rinalva, áspera, batendo o telefone na cara do projeto de sinhozinho.

No dia seguinte, a empregada passou na casa de Miguel e pediu as contas. No período em que teve estômago para trabalhar na mansão dos Richthofen após o crime, Rinalva recebeu três cartas de Suzane contando os perrengues na prisão com as mulheres do PCC e pedindo notícias do irmão. Semianalfabeta na época, ela pedia para uma irmã ler as cartas, mas nunca as respondeu. Com a demissão de Rinalva, Andreas

Suzane: assassina e manipuladora

foi obrigado a morar com o tio Miguel, que havia cortado relações com Suzane desde a confissão de ter mandado matar os pais. Antes de se mudar, o adolescente foi até o quarto de Suzane, pegou o ursinho de pelúcia da irmã no qual estava escondida a Beretta calibre 22 que ganhou de Daniel e a levou para a casa do tio. O primeiro conflito entre Miguel e Andreas ocorreu mais tarde, justamente por causa dessa arma. O segundo embate entre tio e sobrinho foi travado porque o garoto decidiu visitar a irmã na penitenciária. Miguel se negou a levá-lo. Andreas resolveu pedir esse favor à Amanda. Quando recebeu um telefonema do garoto, lembrou-se do apelo da amiga para cuidar de Andreas como se ele fosse seu irmão e resolveu levá-lo à penitenciária num domingo pela manhã. Para conseguir uma senha, os dois tiveram de madrugar numa fila com mais de 500 pessoas.

Amanda e Andreas ficaram em pé por mais de três horas. Uma senhora na fila puxou conversa, dizendo ter viajado 500 quilômetros para visitar a sua melhor amiga, assaltante profissional de bancos. A mulher não parava de falar. Entediada, Amanda começou a prestar atenção no que ela dizia:

"Não existe fila mais humilhante do que essa. A gente em pé aqui até o diabo dizer chega, castigada pelo frio. Pra quê? Para visitar assassinas, traficantes e toda sorte de criminosas. Mas sabe por que estamos aqui? Porque amamos incondicionalmente. E não existe maior prova de amor do que essa. Amor em estado bruto. Eu amo a minha amiga como se ela fosse minha irmã. Por isso estou aqui...", pregava a mulher de cerca de 50 anos.

Amanda ficou reflexiva ao ouvir aquele sermão e tentou preparar o espírito de Andreas para o encontro com a assassina dos seus pais. Afinal, o garoto iria enfrentar o ambiente pesado de uma prisão pela primeira vez.

— Andreas, essa visita pode fazer mal a você. Quer desistir?

— Nem pensar! Não vai me fazer mal, não. Pode deixar! Eu não tenho raiva da minha irmã.

— Tem certeza?

— Sim. Eu perdi o meu pai, a minha mãe e o meu melhor amigo [Daniel]. Agora só tenho a Suzane. Vou ficar ao lado dela – anunciou.

Quando chegaram à sala de inspeção, onde os visitantes são revistados, Andreas e Amanda foram separados. O garoto foi revistado por um homem e ela por uma mulher. Os dois tiveram de tirar a roupa e se agachar. Andreas não estranhou, pois o tio já havia advertido quão humilhante era visitar uma pessoa presa na cadeia. Amanda ficou incomodada com a ordem de se acocorar nua diante do espelho.

— Isso é mesmo necessário? – quis saber a estudante de Direito.

— Não, garota! Não é necessário. Você pode não se submeter a esse vexame. Basta dar meia-volta e cancelar a visita – sugeriu a agente penitenciária, irônica.

Amanda enfrentou a revista íntima, mesmo contrariada. Ela carregava um bolo de chocolate com recheio de morango feito com carinho pela sua mãe, dona Estelita, para dar de presente à amiga. Como a iguaria estava dentro de uma caixa de papelão, a agente pediu que Amanda abrisse a embalagem. Ao puxar as abas da caixa, só era possível ver a parte de cima do bolo, coberto com ganache amargo, onde se lia a frase bíblica "A fé move montanhas" escrita com chantili. Sem retirar o produto da caixa, a agente meteu a mão com toda a força e remexeu o bolo molhado com os dedos até virar um mingau empapado impossível de ser fatiado. No final, a agente lambeu os dedos com pedaços da cobertura e devolveu à visitante. "De-li-ci-o-so. Depois me passa a receita", sacaneou.

Indignada, Amanda pegou a caixa, encontrou-se com Andreas no pátio e caminhou até Suzane, que estava sentada em um banco, sozinha, fumando e lendo. Estava tão ansiosa que nem sequer abriu o presente. Abraçou o irmão por muito tempo e agradeceu à amiga por ter levado Andreas para visitá-la. O garoto fez questão de deixar claro que o tio o proibiu de vê-la. Os três falaram de vários assuntos, exceto do crime. Era como se a tragédia não tivesse acontecido. Andreas passou para a irmã uma carta escrita por Daniel. Em um dos trechos, o piloto dizia manter na cadeia uma luta diária para preservar a sanidade mental, assumia ter atentado contra a vida três vezes e que também vinha sendo assombrado pelos fantasmas do casal Richthofen. Suzane não se comoveu, guardou a carta no bolso e começou a falar das ameaças recebidas dentro da cadeia e da necessidade de sair dali para provar a sua inocência:

— Eu não posso ficar aqui por muito tempo. Não posso! Não Posso! Não posso! Aqui tem muitas traficantes perigosas. Elas repetem todos os dias que vão me matar! Uma delas tem lâminas no lugar das unhas! Além do mais, preciso de advogados bons e eles são caros. Ou seja, preciso de dinheiro – avisou Suzane.

— O tio Miguel disse que você vai apodrecer aqui dentro sem nada, pois não terá direito à herança – argumentou o irmão.

— E o que você acha disso? Ele está certo? Eu mereço morrer aqui dentro? Mereço?

Andreas abaixou a cabeça e não respondeu. Amanda quebrou o clima pesado abrindo a caixa com o bolo destruído. Suzane olhou e riu, explicando que as agentes metem a mão nas comidas para ver se tem arma branca ou celular no recheio. Os três comeram o bolo amassado descontraídos. No final da visita, Suzane perguntou a Andreas sobre a Beretta dada a ele por Daniel:

— Onde você escondeu essa arma?

— Dentro do seu ursinho de pelúcia!

— Tire de lá sem o tio Miguel perceber e dê um sumiço nela. Se a polícia encontrá-la, vão achar que você está envolvido no crime – advertiu a assassina.

Suzane implorou para Amanda e Andreas voltarem no próximo domingo, pois precisaria de um favor importante. E ainda aconselhou a amiga a levar um creme e não um bolo, pois a consistência da sobremesa se manteria mesmo depois de remexida pelas agentes. Assim que Amanda e Andreas saíram da cadeia, Suzane recebeu a visita dos advogados Denivaldo Barni e de seu filho, Barni Jr. Os dois também levaram um bolo de presente, que por sinal não estava destruído. Suzane deixou o presente de lado e foi logo falando de negócios:

— O meu tio não vai me deixar receber a herança.

— Imaginei que isso aconteceria. Convença o Andreas a impedi-lo.

— Como faria isso?

— Consiga dele uma carta escrita de próprio punho dizendo que é contra a sua exclusão da herança – sugeriu o advogado.

— Já havia pensado nisso... – concordou Suzane.

No meio da semana, Andreas acatou a ordem da irmã. Foi até o quintal da casa de Miguel e começou a cavar um buraco perto de um pé de limão. Ao ser flagrado pelo tio, o adolescente disse que estava fazendo uma cova para enterrar um dos seus cachorros, que havia morrido supostamente intoxicado por material de limpeza. Miguel ficou desconfiado, mas não fez nenhuma repreensão. Deixou o sobrinho trabalhando freneticamente com uma pá. No dia seguinte, porém, Miguel foi até o local e revolveu a terra. Para sua surpresa, não havia cachorro na cova. Miguel encontrou a Beretta sepultada e um estojo de balas. Pressionado pela família, Andreas confessou que ganhara a arma de presente de Daniel quando fizera 15 anos. Para se livrar da Beretta e incriminar ainda mais Suzane e Daniel, Miguel levou a arma até o Ministério Público e contou a história repassada pelo sobrinho.

No domingo seguinte, conforme o combinado, Andreas e Amanda voltaram à penitenciária. O irmão de Suzane, dessa vez, seguia calado. Amanda tentava puxar conversa, mas ele não interagia. Na fila de espera, a senhora tagarela fazia novamente apologia à amizade verdadeira para quem quisesse ouvir:

"A minha amiga presidiária é uma assaltante e assassina que matou cinco. Quando a conheci, era mulher honesta. Hoje, é bandida perigosa. Uma pessoa pode perfeitamente ser amiga de uma assassina. Isso é uma escolha. Eu escolhi o errado e por isso estou aqui nessa fila degradante à espera de uma senha para me agachar nua para as agentes verem se carrego um telefone celular no rabo. Vou fazer uma pergunta a vocês: nós gostamos e desgostamos das pessoas por fatores alheios à nossa vontade? Não! Tudo na vida é uma escolha. Várias portas se abrem à sua frente e você escolhe em qual entrar..."

A mulher falava tão ininterruptamente que mal fazia pontuação. Mas Amanda não desejava que ela se calasse. Só parou de ouvir o sermão quando chegou a sua vez de entrar no presídio.

Amanda não seguiu o conselho de Suzane e levou dessa vez dois bolos recheados e duas garrafas de refrigerante de dois litros cada uma. Ao passar na inspeção, não esperou a ordem para tirar a roupa. Foi logo se despindo e agachando-se três vezes diante do espelho. A mesma agente que havia destruído o bolo no fim de semana anterior em busca de objetos pegou as caixas e abriu para ver o que tinha dentro. Quando se preparava para meter a mão e destroçar a iguaria, Amanda interrompeu:

— Um bolo é para a Suzane. O outro é para você.

— Para mim? – espantou-se a agente.

— Isso mesmo! Um bolo é seu. Fique também com uma garrafa de refrigerante!

— Que gentil da sua parte. Muito obrigada!

Com o mimo, a agente ficou sorridente! Foi Barni quem deu essa dica à Amanda. A funcionária fechou as caixas e devolveu um dos bolos à amiga de Suzane sem encostar o dedo. Guardou o outro no armário com a garrafa de Coca-Cola para o lanche da tarde com as colegas. Amanda seguiu até o pátio, onde Suzane a aguardava com um caderno e uma caneta na mão. Andreas, dessa vez, parecia entupido de perguntas e antes mesmo de cumprimentar a irmã, disparou à queima-roupa:

— Por que você fez isso? Por que você matou os nossos pais? Por quê? – perguntou com a voz embargada, trêmulo de emoção.

Em silêncio Suzane estava, em silêncio permaneceu por um longo tempo. Cabisbaixa, começou a chorar de soluçar. Parecia um pranto fingido. Ao testemunhar cena de tamanho constrangimento e intimidade familiar, Amanda resolveu dar uma volta pelo pátio da penitenciária para deixar os dois à vontade. Suzane passou a mão no rosto como se enxugasse as lágrimas. Mas não havia lágrimas. Ela começou a falar. Contou para o irmão que estava sendo ameaçada de morte pelas mulheres do PCC. O adolescente não se comoveu e insistia nas respostas da irmã para as motivações do crime. Suzane então começou a velha história de que foi manipulada por Daniel. Disse não ter matado Manfred e Marísia, jogando a responsabilidade do duplo homicídio para os irmãos Cravinhos. "Eu nem entrei naquele quarto. Eu juro, juro, juro!". Andreas abraçou a irmã, numa cena dramática, mas sem lágrimas de ambos. No ápice da emoção, Suzane repassou ao irmão o caderno e a caneta azul e pediu que escrevesse uma carta naquele momento. O adolescente aceitou. Suzane então começou a ditar, enquanto o irmão ia escrevendo:

*"Querida Su, estou morrendo de saudades. Você sabe que eu não tenho vindo te visitar porque o tio Miguel me proibiu de te ver. Eu sou contra isso. Também sou contra que você seja excluída da herança. Isso foi ideia dele e da doutora Cida [advogada do Miguel]. Eu continuo do seu lado. **Eu te amo**. Do seu irmão, Andreas".*

Depois de refletir um pouco, Suzane pediu para o adolescente riscar o "eu te amo". "Você jamais diria isso", observou ela. O irmão obedeceu e substituiu o "eu te amo" por "um beijo".

Suzane arrancou a página do caderno e guardou a carta no bolso, expressando alegria. Em depoimento, Andreas disse ter escrito aquilo sob efeito de forte chantagem emocional. Amanda voltou a tempo de flagrar a ambivalência de Suzane ao manipular as emoções de Andreas, mas não teceu nenhum comentário. Os três comeram bolo de chocolate com refrigerante. Um bolo cortado em fatias e não amassado, frise-se.

Enquanto lanchava no pátio, Amanda olhou ao redor e enxergou o maior número de criminosas que a sua vista pôde alcançar. Lembrou-se das palavras da senhora na fila da penitenciária dizendo ser possível escolher as pessoas que entram e saem de sua vida. Ali, olhando para aquele pátio repleto de bandidas recebendo visitas de gente inocente, incluindo crianças, em pleno domingo de sol, Amanda prometeu a si mesma afastar-se de Suzane e do imbróglio da família Richthofen e suas camadas de desavenças, cizânia, rixa e discórdia. Nunca mais ela pisou naquela clausura. Cumpriu a promessa com afinco e desapareceu da vida de Suzane para sempre. Não escrevia nem respondia mais às cartas enviadas pela amiga. Andreas, dando-se conta de como a irmã era insidiosa, também decidiu cortar relações e não foi mais lá. "Ela manipula até a nossa alma", disse ele ao tio. Mas o conceito de Andreas sobre a irmã mudava como as fases da Lua.

Ao ser confrontado pelo Ministério Público ainda sobre a arma enterrada no quintal, Andreas deixou claro estar ao lado de Suzane. "Nunca quis obstruir as investigações nem o processo que investiga a morte dos meus pais. Mas também não quero prejudicar a minha irmã. A prisão me custa muito sofrimento. Vou ajudá-la no que for preciso, pois esse é o meu dever como membro da família", declarou após escrever a carta ditada por Suzane. Em seguida, o adolescente repassou aos membros do Ministério Público o ursinho de pelúcia com um rasgo no ventre, por onde havia retirado a Beretta presenteada por Daniel. A compaixão de Andreas por Suzane não duraria muito tempo. Convencido pelo tio, ele rompeu definitivamente com a assassina. "Andreas, você não é mais criança. Abra seus olhos para a realidade. A Suzane matou os seus pais para ficar com a herança. Quem faz isso por dinheiro é capaz de qualquer coisa. O herdeiro será você. Mas se você morrer, quem ficará com tudo será ela. Uma coisa já está clara: Suzane é assassina e manipuladora", teria dito o tio Miguel. Com essa verdade jogada na cara, Andreas rompeu definitivamente com a irmã. Passou a ter medo dela.

Sem visitas do irmão e da melhor amiga, Suzane passou a fazer amizades no cárcere. A primeira a se aproximar foi Maria Cecília Santiago, de 40 anos, a Ciça. As duas eram colegas de cela. Assim como a jovem, a detenta dizia "ter matado para se libertar". Suzane logo se identificou. O crime de Ciça escandalizou a cidadezinha de Monte Aprazível, no interior de São Paulo. Ela era mãe solteira de Tatiana, de 6 anos, quando conheceu o padeiro Chico do Pão. O casal engatou um namoro e cinco anos depois estavam dividindo o mesmo teto. Chico era mulherengo e essa característica irritava Ciça. Na rua, ele chegava a dar em cima de mulheres da vizinhança até mesmo na frente da companheira. Ciça fazia vista grossa porque, à noite, era na cama dela que ele se refestelava para fazer amor.

Tatiana completou 14 anos quando Ciça e Chico comemoravam bodas de algodão. Aplicada, a garota costumava fazer grupos de estudos em casa com outras meninas da sua idade. Certa vez, Ciça pegou o caderno escolar da filha e na contracapa se deparou com uma mensagem escrita dentro de um coração pintado com canetinha colorida, onde se lia: *"Pode haver centenas de obstáculos, mas nada fará o meu amor por você morrer"*. A mensagem não tinha destinatário. Ciça acreditou na possibilidade de a filha estar apaixonada por um colega de escola. Um mês depois, a mãe pegou novamente o caderno de Tatiana e viu outra declaração, dessa vez explícita: *"Chico, meu amor, te amo tanto que chega a doer"*. Em um diálogo franco com a filha, Ciça ouviu da garota um balde de honestidade. A enteada estava perdidamente apaixonada pelo padrasto. A menina ainda deixou claro que Chico não sabia de nada. O padeiro foi chamado para a conversa. Defendeu-se argumentando sempre ter olhado a adolescente como se sua filha fosse. Para se livrar da relação triangular, a mãe mandou Tatiana à casa da avó, no município vizinho de Votuporanga. Ciça deu a seguinte justificativa para se livrar da filha: "*Ela era uma mulher feita, com os peitos duros e a vida toda pela frente. E eu era uma mulher de meia-idade chegando à velhice. Entre o amor pela minha filha e a necessidade de ter um homem em casa, fiquei com a segunda opção*".

No dia 24 de junho de 2001, um domingo, três meses depois de Tatiana ter sido despachada, Chico fez uma festa de São João no quintal de casa para amigos do trabalho e chamou toda a vizinhança. No cair da noite, foi acesa uma fogueira de dois metros de altura. Comida típica e bebida à vontade. Ciça e Chico embriagavam-se e dançavam felizes. Por volta das 20h, Tatiana chegou à festa com um grupo de amigas. A adolescente estava de mãos dadas com um jovem de 17 anos. A mãe mandou a filha dar meia-volta e regressar para a casa da avó, mas Chico interferiu:

— Para com esse ciúme bobo! A sua filha tá namorando! Veio acompanhada...

— Eu a proibi de pisar aqui! – esbravejou Ciça.

Tatiana acabou ficando. Cecília, de longe, observava a filha bebendo quentão e dando uns beijos no rapaz. Ficou aliviada. Passou a ficar preocupada com as olhadas de Chico para uma sirigaita risonha, dançarina profissional. Por volta das 23h, havia dez gatos pingados na festa e todos alcoolizados. Perto de meia-noite, a bebida acabou e Ciça se prontificou a ir até o bar da esquina pegar cerveja. No caminho de volta para casa ela encontrou uma amiga e as duas ficaram proseando. Quando se deu conta, já era quase 1h da madrugada. Correu para casa.

A fogueira ainda estava incandescente quando Ciça passou pelo quintal. Pôs a bebida na geladeira e seguiu até o quarto. Lá, flagrou o marido transando com Tatiana na cama do casal. Os três estavam muito bêbados.

Ciça correu até a cozinha e pegou a maior faca que encontrou na gaveta. Voltou ao quarto e parou por um instante, consumida pela dúvida:

quem deveria morrer? Numa fração de segundo, escolheu assassinar a filha. Saltou sobre a cama e cravou a faca nas costas da menina. *"Na hora, pensei: ela tinha o meu sangue. Não podia fazer isso com a própria mãe"*, justificou Ciça em 2016.

Golpeada, Tatiana caiu da cama nua, com a faca enterrada nas costas. A poça de sangue encharcou o tapete bege do chão do quarto. A vítima ainda se debateu antes de morrer.

Chico ficou apavorado com a fúria da mulher e correu enrolado em um lençol pela rua, pedindo para os vizinhos chamarem a polícia. Em nenhum momento Ciça socorreu a filha. Sentou-se na beirada da cama, aos prantos, à espera dos policiais. Na delegacia, confessou o crime. No Tribunal do Júri, recebeu uma pena de 30 anos de cadeia.

O crime bárbaro não desfez os laços entre Ciça e o padeiro. Ele nunca abandonou a companheira na prisão. Por cinco anos a criminosa o recebia, mas deixava claro sentir ódio no coração. Anos mais tarde, aconselhada por Suzane, Ciça esqueceu a filha, perdoou Chico e se casou com o seu amado no pátio da penitenciária. Os dois planejam renovar votos de casamento tão logo ela conquiste a liberdade, prevista para 2024. No regime semiaberto, quando tem direito às saidinhas, é para a cama quente do marido que Ciça corre.

* * *

Geralmente, quem mata o pai e a mãe consegue de uma só vez romper os laços afetivos com a totalidade dos parentes, de todas as ramificações, tanto de primeiro quanto de segundo grau. Os primos cortam a relação porque perderam os tios. Os tios viram as costas porque tiveram os irmãos assassinados. Os avós perdem os filhos. Ou seja, não sobra ninguém. Foi assim com Suzane, que passou a receber apenas visita de advogados depois que o irmão e a melhor amiga desapareceram. Sozinha na cadeia, estreitou laços afetivos com Marisol, a agente de segurança penitenciária. Foi a funcionária quem conseguiu uma vaga de trabalho para Suzane no Posto de Saúde da cadeia. Sua tarefa era abrir prontuário para as prisioneiras antes das consultas com o médico João Paulo Oliveira.

João, de 25 anos na época, acabou se tornando confidente de Suzane. Foi para ele que a assassina se abriu pela primeira vez depois do crime. Em alguns momentos, a jovem chorava seco, segundo dizia, de arrependimento. Em outras ocasiões, o pranto ocorria por saudade de Daniel. João e Marisol passaram a ser o porto seguro de Suzane na PFC. Todas as vezes que a agente via Suzane deprimida, a levava à capela da penitenciária. Luterana, a jovem torceu o nariz para os sacramentos católicos, como batismo, crisma e principalmente confissão dos pecados. No entanto, aos poucos, foi encontrando conforto na nova experiência religiosa. Na capela da penitenciária, a jovem começou a rezar para Santa Rosália. Com a imersão no catolicismo, Suzane ganhou de Marisol dois presentes para marcar a transição religiosa: uma Bíblia e um terço.

— Você sabe rezar o terço? – perguntou a agente.

— Não! Nem quero aprender! O terço concede uma dignidade à Maria, que não tem fundamentação bíblica. No luteranismo, ela não é uma intercessora junto a Jesus – justificou Suzane.

— Minha filha, aqui na prisão, você chegará mais perto de Deus no catolicismo.

— Será?

— Comece aprendendo a rezar o terço.

— Então me ensine, por favor!

— Antes de mais nada, você precisa saber que o rosário é uma tradição milenar da Igreja Católica. Você tem de purificar o seu coração para compreender o valor de uma oração e se perdoar – aconselhou.

Atenta e vulnerável espiritualmente, Suzane pegou o terço e passou a acompanhar a oração declamada por Marisol com credulidade. Didática, a agente pediu que a amiga acompanhasse o movimento com os dedos no rosário enquanto rezava. "Comece segurando pela cruz, recitando a oração do Credo. Depois você reza um Pai-Nosso, seguido de três Ave-Marias. Recite também Glória ao Pai e ao Filho." Suzane acompanhava a aula de terço como se a salvação da sua alma dependesse desse rito. Marisol falou como a matemática fazia parte da liturgia: "Veja que o terço possui cinco dezenas. A cada dezena contempla-se um mistério, seguido de um Pai-Nosso e dez Ave-Marias. Ao concluir as cinco dezenas, você faz os agradecimentos", explicou.

Confusa, Suzane achou complicado rezar o terço inteiro, mas fechou os olhos e conseguiu fazer o primeiro ritual, conhecido como "oferecimento". Marisol deixou a nova pupila sozinha na capela e pediu que ela refletisse sobre a vida, pedisse perdão a Deus e lesse os salmos 103: 10-12. Abriu a Bíblia e leu em voz alta: "Ele não nos trata segundo os nossos pecados, nem nos castiga segundo as nossas iniquidades. Porque, assim como o céu está elevado acima da Terra, assim é grande a sua misericórdia para com aqueles que o temem. Tanto quanto o oriente está longe do ocidente, tanto tem Ele afastado de nós as nossas transgressões".

Marisol ficou observando Suzane orando de longe, emocionada. A agente vibrou com o recrutamento da noviça famosa e acreditava piamente que estava livrando a alma da criminosa do inferno. No entanto, mal a funcionária saiu da capela, o diabo entrou para atormentar a ovelha novata. Maria Bonita invadiu o recinto religioso acompanhada de três bandoleiras. Na casa de Deus, debochada, a cangaceira travou o seguinte diálogo com Suzane:

— Rezando pra que, garota? Você acha mesmo que tem salvação?

— Todo mundo merece uma segunda chance – argumentou Suzane, ajoelhada.

— Acorda pra morte, sua putinha! Você é uma assassina impiedosa! Matou os próprios pais! Sua alma é do demônio faz tempo! O diabo está só esperando você ser assassinada para cair de boca!

Sem demonstrar medo, Suzane levantou-se. Calmamente, pôs a Bíblia sobre um banco de madeira e encarou Maria Bonita:

— Não me lembro de ter pedido a sua opinião! Afinal, o que você deseja?

— O seu advogado não transferiu o dinheiro para a conta do PCC. Você sabe quantas presas já foram mortas aqui dentro por causa de dívidas com o Comando? – ameaçou Maria Bonita, mostrando uma faca artesanal grande, afiada e toda enferrujada, feita na cadeia usando lâmina, madeira, adesivo epóxi e arame.

Jamais uma presa novata com apreço pela vida daria calote no PCC. A cobrança dessa dívida geralmente acaba em morte nos presídios dominados por facções. Corajosa e desobediente, Suzane se aproximou da oponente e peitou Maria Bonita dentro da capela:

— Eu não tenho medo de você nem das suas capangas.

Maria Bonita apontou a faca para Suzane e já se preparava para golpeá-la quando Quitéria entrou às pressas e cochichou por uns segundos ao pé do ouvido da subordinada. Ao escutar o segredo, a presa de unhas afiadas guardou a arma branca na calcinha e aproveitou o ambiente religioso para se ajoelhar aos pés de uma imagem de Santa Rosália, evocando com os braços para o alto:

— Obrigado, Nossa Senhora! Era esse salve que tinha pedido aos céus!

Em seguida, as traficantes saíram da capela cantarolando e pulando de tanta alegria. Da porta, Maria Bonita virou-se para Suzane e deu um riso cínico, deixando um enigma no ar. Duas das características indeléveis da personalidade de Suzane são a agressividade camuflada e o excesso de coragem para enfrentar situações de perigo. Isso explicaria a audácia da jovem de aparência frágil ao confrontar a gangue do PCC dentro da capela.

No dia seguinte, ao acordar, Suzane recebeu uma correspondência de Daniel. Ao ver o envelope, ficou tão emocionada que nem sequer teve apetite para tomar o café da manhã. A carta, no entanto, não trazia boas notícias. Daniel terminava o namoro em apenas uma página. Em determinado trecho, escreveu: "Como fui idiota! Como fui usado por você! Espero do fundo do coração que você morra na cadeia e que a sua alma carbonize no inferno, sua manipuladora do caralho". Estarrecida, Suzane escreveu uma dezena de folhas de papel dizendo amá-lo para sempre. A carta de Suzane nunca teve resposta e ela assumiu o status de solteira. Partiu para a guerra. Seu primeiro ataque ocorreu no Posto de Saúde onde trabalhava como atendente. Suzane passou a dar em cima de João Paulo. Certo dia, o médico levou um pastel de queijo para a parricida, que retribuiu a gentileza com um beijo no rosto. Complementou fazendo poses sensuais e dizendo sonhar em um dia poder agradecer à altura por aquele gesto de carinho. João percebeu o xaveco e riu. Suzane investiu mais um pouco usando a sua tradicional voz infantil:

— Você tem namorada?

— Não. E você?

— Também não – respondeu ela, sorridente.

Atrevida, a jovem aproveitou que João estava em sua estação de trabalho e foi lá, maliciosamente, tirar uma dúvida sobre o prontuário de uma detenta. Para seduzi-lo, amarrou os cabelos para trás e se pôs bem próxima, repousando a sua mão direita sobre a do médico, na mesa, entrelaçando os seus dedos nos dele. João retribuiu a investida, apertando suavemente a mão da jovem. A cena romântica foi interrompida com a chegada fortuita da próxima paciente. Era Maria Bonita, sangrando, implorando por um curativo em seu rosto, onde havia um corte superficial desferido por Quitéria. A cangaceira do PCC era amiga de longa data de João. Os dois entraram em uma ala reservada do Posto de Saúde e conversavam com cumplicidade, enquanto ela recebia atendimento. Excluída, Suzane espumava de ciúme. A assassina quase não se conteve quando os dois passaram a falar baixinho. A "consulta" estava demorando demais e Suzane adentrou na sala, percebendo que a conversa entre os dois era íntima e pessoal. Maria Bonita saiu esbaforida, com esparadrapo na bochecha, deixando Suzane e João a sós.

— Você faz parte da facção? – quis saber Suzane, já com a voz de mulher.

— Tá louca? Claro que não! – rebateu o médico, visivelmente apreensivo.

— O que tanto você falava com essa traficante?

— Vou te contar algo sobre a cadeia, garota. Informação exclusiva aqui vale mais do que ouro. Pode valer uma vida! – ensinou o médico.

Atenta aos conselhos de João, Suzane se encantava com tamanha atenção a ponto de não perceber a sutil aflição do rapaz. O médico era um homem bonito. Alto, cabelos castanhos, corpo atlético e tatuagens aparentes no braço. Educado e sempre bem-humorado, era querido tanto pelas presas do PCC quanto pelas do TCC. Por causa da intimidade do médico-galã com Maria Bonita, testemunhada há pouco, Suzane resolveu se declarar para não perdê-lo para a cangaceira de garras afiadas. Ela modulou a voz mais uma vez e falou bem menininha:

— Acho que estou me apaixonando – insinuou Suzane.

— Jura? Por quem?

— Por um homem de branco.

— Não diga! – ironizou o médico, desligando o computador.

— Mas não sei se serei correspondida...

Enquanto a parricida falava, o médico olhava para o relógio a todo momento e arrumava as coisas do posto às pressas. João percebeu o jogo de sedução e resolveu dar o toco em Suzane pelas entrelinhas, enquanto trancava gavetas e esvaziava um armário onde estavam armazenados álcool, medicamentos e instrumentos cirúrgicos para primeiros socorros. João estava nervoso, mas disfarçava. Houve uma provocação da parte dele:

— Será que esse homem é quem estou pensando?

— Se o homem que você está pensando for bonito e divertido, é ele, sim – disse Suzane com voz anasalada.

— Então sou eu! – abreviou João, pondo em sua mochila todas as seringas e os instrumentos cortantes do Posto de Saúde.

— Tenho chance? – perguntou a detenta com um fiapo de voz.

João parou, fechou a mochila e puxou todos os fios de equipamentos elétricos da tomada. Em seguida, ficou cara a cara com Suzane.

— Você é linda. Tem rostinho angelical. Mas a possibilidade de termos algo além de uma amizade é nula. Primeiro, porque isso é contra as regras da penitenciária. Eu não posso me envolver com detentas. Segundo, porque, assim como você, eu gosto de homens.

As palavras do médico cortaram o coração de Suzane. Quando João assumiu ser gay, a jovem estava em pé. Impactada com a notícia, procurou a primeira cadeira vazia e sentou-se para não cair no chão, fingindo um pequeno desmaio. Já estava ensaiando uma careta de choro quando João correu para ampará-la. No lugar de palavras de conforto, o médico preferiu dar à amiga um choque de realidade, ao fazer um prognóstico devastador:

— Suzane, esquece essa bobagem de namoro. Preste atenção ao que eu vou te dizer e guarde esse segredo só com você, pois a sua vida a partir de agora depende dele. Amanhã vai estourar uma rebelião violenta aqui na penitenciária. Eu não posso fazer nenhum tipo de alerta, entende? O PCC vai se rebelar e você será usada como refém!

Maria Bonita alertou João como uma prova de amizade, para que ele não pusesse os pés lá no dia seguinte. Mas nem deu tempo de o médico repassar mais detalhes. Quando ouviu as palavras "rebelião" e "refém", pronunciadas na mesma frase dentro de uma penitenciária apinhada de traficantes sanguinárias, Suzane teve vertigens. De cara, lembrou-se com arrepios do arsenal de facas em poder das mulheres do PCC e das ameaças de morte que vinha sofrendo diariamente. Até a tosse cavernosa de Quitéria lhe veio à cabeça. Mesmo zonza, a parricida concluiu ter sido essa a mensagem repassada à Maria Bonita quando estavam na capela. Com medo de morrer, Suzane pegou o terço do bolso, soltou um "nossa senhora!" e desmaiou de verdade nos braços de João.

CAPÍTULO 7

A VIDA NA ESCURIDÃO

Bailarinas, uma pedra de gelo, um palhaço e um duende

Na ambiência do cárcere, os criminosos fazem as suas próprias leis. Apesar de essas regras não estarem escritas em nenhum papel, elas são cumpridas à risca. Os presos condenam à pena de morte e executam a sangue frio dentro da cadeia, na primeira oportunidade, estupradores, pedófilos, sequestradores que assassinam reféns depois de receber o dinheiro do resgate, filhos que matam os pais e pais que matam os filhos. Quem tem dívida com facções criminosas também é executado. A Secretaria de Administração Penitenciária (SAP) atribui aos criminosos fadados à morte o termo "detento vulnerável". Suzane já estava com a sentença de morte assinada pelas mulheres do PCC, mas a direção da Penitenciária Feminina da Capital (PFC) havia recebido recomendações vindas do gabinete do governador de São Paulo, Geraldo Alckmin na época, determinando um cuidado especial com a garota. Principalmente porque ela era considerada uma "presa de mídia", ou seja, sua simples presença na cadeia jogava luz sobre o sistema penal. Além disso, seu pai, Manfred von Richthofen, foi um alto funcionário da Dersa. Para garantir sua proteção, a direção da PFC acomodou Suzane em uma cela com outras seis detentas autoras de crimes passionais, de comportamento exemplar. A galeria em que essas presas ficavam era chamada de "gaiola do bem".

Fazia parte de uma estratégia vital de sobrevivência ter uma amiga fiel na cadeia. A escudeira, de preferência, deve ser da mesma cela. Assim é possível uma cuidar da outra, inclusive enquanto dormem. A primeira e única criminosa aliada de Suzane durante a sua passagem pela PFC foi Sofia, uma detenta educadíssima de 28 anos. Os gestos delicados e o rosto bonito renderam a ela o apelido de "Bonequinha de Luxo", dado pelas agentes de segurança penitenciária. Como as presas não abrem a vida pessoal para as colegas no primeiro contato, Suzane só conheceu a intimidade de Sofia depois do quarto mês de convivência, quando ouviu uma história de amor sofrida. Goiana de Anápolis, a Bonequinha foi prostituta dos 12 aos 21 anos na rodovia Belém-Brasília. Sua clientela era formada preferencialmente por caminhoneiros. Na primavera de 1997, a garota de programa subiu na boleia da carreta de Eduardo, de 33 anos, carinhosamente chamado de Dudi. Foi amor à primeira vista, daqueles inexplicáveis no campo racional, como ela mesma definiu. Certa vez, Sofia e Dudi fizeram um programa especial num motel de beira de estrada. Cansada do dia pesado de trabalho, a garota adormeceu nos braços do cliente. Quando acordou, por volta do meio-dia, viu que Dudi havia deixado um bilhete de despedida junto com uma nota de 50 reais, dizendo que a noite tinha sido incrível.

Por causa do carinho incomum na relação envolvendo sexo e dinheiro, o rapaz passou a habitar os pensamentos de Sofia dia e noite. Um mês depois do encontro especial, o cliente reapareceu e pediu a acompanhante em casamento. A ex-prostituta passou em casa, pegou uma sacola com roupas e sapatos e subiu no caminhão do noivo. Foi morar no município natal do amado, Atibaia, interior de São Paulo. Dudi era romântico, do tipo que manda flores. Passava quinze dias na estrada fazendo frete em seu próprio caminhão do Porto de Santos para capitais do Centro-Oeste e sempre voltava com um ramalhete nas mãos. Sofia virou dona de casa dedicada e engravidou do primeiro filho, o pequeno José.

A vizinha da casa ao lado se chamava Edileusa, uma mulher solteira, amarga e fofoqueira de 50 anos. Todas as vezes em que batia na porta era para pedir açúcar ou falar mal da vida alheia. O repertório de maledicência da víbora parecia infinito. Sofia também era amiga de Marilene, uma ex-garota de programa de 23 anos moradora da rua de trás. Ela havia trocado a calçada pela atividade de diarista tão logo engravidou. Sofia se identificava com a história de vida da amiga, muito parecida com a sua. Para ajudá-la, Sofia a contratou para fazer faxina em sua casa de quatro cômodos uma vez a cada 15 dias. As duas praticamente haviam engravidado na mesma época. Para os íntimos, Marilene contava "ter pego barriga" de um cliente casado. O pai misterioso prometeu bancar o filho bastardo, mas deixou claro que faria um exame de DNA e jamais abandonaria a esposa. Quando Edileusa, a amiga fofoqueira, viu Marilene lavando roupa na casa de Sofia, o seu veneno saiu com uma porção de vulgaridade:

— Como você teve coragem de botar essa puta dentro da sua casa, um lugar sagrado? Seu marido vai passar a vara nela!

— Deixe de ser maldosa, dona Edileusa. Ela está grávida. Precisa trabalhar.

— Homem é tudo igual, minha filha! Se eu fosse você, ficaria de olho. Só estou dizendo isso porque sou uma mulher boa – advertiu a vizinha.

Sofia não deu ouvidos à maldade de dona Edileusa. Dudi continuava romântico mesmo depois de três anos de casamento e nem sequer sabia o nome da diarista, fazia ele questão de frisar.

Em um final de semana de sol, Dudi ensinou Sofia a dirigir sua carreta, uma Scania de cabine branca modelo 360 trucada 6x2, uma das mais belas e potentes da época. Ao dirigir aquele veículo imenso pela Rodovia Fernão Dias, Sofia sentiu uma sensação autêntica de poder e nostalgia, pois o pai e o avô foram caminhoneiros e costumavam levá-la com os irmãos para passear nas carretas. Sofia gostou tanto da experiência que resolveu tirar carteira de motorista para dirigir veículos pesados e passou a sonhar em ser caminhoneira profissional. "Outro dia eu vi uma reportagem na TV sobre mulheres que levam cargas por todo o Brasil sem perder a feminilidade. É isso que eu quero para a minha vida", decidiu. Dudi aprovou a ideia, mas pediu para a esposa, grávida de quatro meses na época, esperar o filho nascer e completar 10 anos.

No sábado, 22 de julho de 2000, pela manhã, Sofia chamou Marilene para fazer uma faxina e ajudá-la a preparar um jantar especial para Dudi, prestes a chegar de uma longa viagem de trabalho. Por telefone, a diarista falou de enjoos e avisou não estar disponível. Sofia comprava legumes na feira para o jantar quando encontrou Edileusa por acaso. Solícita, a fofoqueira se ofereceu para ajudar na faxina e nos preparativos da refeição. À tarde, enquanto varria o chão da cozinha da amiga, Edileusa fazia perguntas inconvenientes a Sofia:

— O que você fazia da vida quando conheceu o seu marido?

— Eu era vendedora – disse Sofia, enquanto cortava cenoura com uma faca de cozinha.

— Vendia o quê? – insistiu Edileusa.

— Cosméticos – mentiu a ex-garota de programa.

De vassoura na mão, Edileusa aproximou-se de Sofia, que já passava a faca afiada nos tomates. Fulminante como uma metralhadora, a fofoqueira estufou o peito e disparou uma rajada de verdades na cara daquela de quem se dizia amiga:

— Todo mundo aqui na cidade sabe que você era garota de programa, assim como a Marilene é até hoje. Você é prostituta, né? Fala a verdade. Só estamos eu e você aqui!

Chocada, Sofia parou de cortar os legumes, fincou a faca na tábua de madeira, posta sobre a pia, e começou a sentir tremores. Continuou a ouvir Edileusa falando sem parar:

— Olha, eu não tenho nada contra. Juro por Deus. Cada um vende o que tem. Agora vou te contar uma novidade: o seu lindo marido, para quem você está preparando esse jantar, tem um caso com a Marilene muito antes de você aparecer na vida dele.

Incrédula e fora de si, Sofia largou os legumes pra lá, pegou a faca e avançou sobre Edileusa.

— O que a senhora está falando?

— Quer saber mais? É dele o filho que aquela puta carrega na barriga.

— A senhora está mentindo! – repetia Sofia, soltando a faca no chão.

— Ah, estou? Então vai hoje à noite, às 23h em ponto, no quilômetro 61 da Fernão Dias. Vai lá, se tiver coragem. Vai e você verá com os seus próprios olhos.

— Quero que a senhora saia da minha casa agora, sua cobra!

Dona Edileusa largou a vassoura, tirou o avental com uma sensação de dever cumprido, pegou a faca do chão e a pôs sobre a pia. Em seguida, saiu desejando "bom jantar". Fria, Sofia terminou de preparar a salada e cozinhou macarrão com almôndegas para Dudi, que chegou em casa por volta das 18h. Ele estacionou a carreta num terreno baldio ao lado e jantou tranquilamente com a esposa por volta das 19h. Duas horas depois, o caminhoneiro tomou um banho, vestiu uma roupa limpa e passou Seiva de Alfazema no pescoço. À Sofia, o marido disse que iria visitar um amigo em Mairiporã, cidade vizinha, para falar de uma carga a ser transportada de São Paulo para Imperatriz, no Maranhão. Desconfiada, Sofia se prontificou a acompanhá-lo. Dudi concordou de pronto e ela ficou imediatamente aliviada, pois era a prova de que o marido falava a verdade. Resolveu deixá-lo ir sozinho. Ele pegou o carro do casal, um Fiat Uno, e saiu. Sofia estava se preparando para dormir, por volta das 22h, quando Edileusa, intrometida, bateu à sua porta. Pediu um café. Na sala, a vizinha perguntou:

— Cadê o seu marido?

— Está em Mairiporã. Por quê?

— Com quem? – quis saber a fofoqueira.

— Com um amigo.

— Sei...

— Eu me ofereci para ir junto e ele se prontificou a me levar. Se fosse um encontro amoroso, desistiria de ir...

— Deixa de ser ingênua, menina. Você é mulher rodada! Vai lá no quilômetro 61 e tira a prova dos noves. Não durma com essa dúvida.

Vai lá! Não lhe custa nada. Vai lá e descubra se eu sou uma mentirosa ou se você é uma idiota.

Irritada, Sofia expulsou Edileusa de casa e voltou para a cama. Não conseguiu dormir. Angustiada, trocou de roupa, pegou a chave da carreta do marido e partiu para a Rodovia Fernão Dias.

Na estrada, Sofia tinha tanta pressa de chegar ao quilômetro 61 que acelerou a carreta. Com a carroceria vazia e um eixo suspenso, a jamanta desenvolvia mais velocidade. Rapidamente o velocímetro marcou 110 quilômetros por hora.

No ponto indicado por Edileusa, Sofia viu Dudi e Marilene abraçados em pleno acostamento. Possuída por uma agitação violenta, ela teve frieza para desligar os faróis e fúria para acelerar o caminhão com toda a força disponível no pé direito. No ponto exato, Sofia jogou a carreta em alta velocidade sobre o casal.

Dudi escapou da morte por pouco, dando um salto com impulsão de goleiro para o matagal. Marilene não teve esse reflexo e foi atropelada de forma tão violenta que o seu corpo desmembrou em dois, amassando a parte da frente do caminhão do marido e manchando a lataria branca de sangue. A cabeça da vítima se desprendeu e ficou presa na grade protetora do motor.

Ré confessa, a ex-prostituta foi condenada a 36 anos de prisão. Ela pariu o filho José na penitenciária. A tragédia não separou o casal. Pelo contrário, uniu ainda mais. Dudi cria o filho sozinho e nunca deixou de visitar a esposa na cadeia.

Ao ouvir a história trágica de Sofia com riqueza de detalhes, Suzane chorou de emoção. A aprendiz de caminhoneira deixou claro ter matado a amante do marido por amor e fazia questão de frisar: faria tudo novamente, se preciso fosse.

— É incrível você ter perdoado o seu marido. Queria ter o espírito evoluído assim – comentou Suzane.

— Quem ama sempre perdoa – filosofou Sofia.

Suzane adorava falar dos seus sentimentos com a confidente de cela. Quando ouviu da colega pregação tão comovente sobre amor e perdão, a jovem vislumbrou o dia em que seria perdoada pela família, principalmente pelo irmão Andreas. Naquela época, antes de enfrentar o Tribunal do Júri, a presidiária repetia às amigas da "gaiola do bem" ter mandado matar os pais por amor a Daniel. À Sofia, confidenciou que, se Cristian não tivesse cometido a estupidez de comprar a moto, ela e o namorado jamais seriam presos. "Meu maior arrependimento foi deixar esse estúpido entrar naquele quarto!", reiterava. No meio de assassinas cruéis, suas colegas de cadeia davam razão a ela.

Sofia e Suzane ainda conversavam na cela sobre a vida quando ouviram uma explosão vinda do pátio da penitenciária e uma sucessão de gritos de guerra ecoando pelas galerias. Assustada, Suzane saiu às pressas pelo corredor.

A explosão vinha de um botijão de gás incendiado para simbolizar o início da rebelião planejada pelo PCC. Para escapar da morte, Suzane improvisou um capuz usando um lençol rasgado e escondeu a cabeça. As presas do comando faziam festa no pátio pedindo, paradoxalmente, paz, justiça e liberdade. Rebeladas, aproveitaram para beber como se fosse suco a tradicional maria-louca, uma aguardente de alto teor alcoólico, comum nos presídios, feita clandestinamente nas celas com cascas de frutas cítricas, fermento em pó, milho, açúcar e água. Dependendo do preparo, essa bebida alcança teor alcoólico de 70%. Apavorada, Suzane correu com a cabeça coberta até o posto médico, onde trabalhava com João. No caminho, passou por uma infinidade de mulheres armadas e bêbadas, todas encapuzadas. Ninguém conseguiu reconhecer ninguém. Ao chegar na porta do posto médico, Suzane encontrou Marisol.

— Minha filha, corre e se esconde que o PCC está atrás de você – advertiu a aspe.

— Me ajuda! O João falou para eu me esconder no almoxarifado.

Marisol abriu o depósito de materiais de limpeza e Suzane entrou nele. Escondeu-se de cócoras dentro de um armário de ferro estreito. Em seguida, a agente fechou o móvel com dois cadeados. Ao sair do almoxarifado, ainda trancou a porta. A agente pôs todas as chaves dentro do cesto de lixo do posto médico, na pia. Quando estava saindo da sala de João, a carcereira foi abordada por Maria Bonita, armada com uma faca e uma marreta. A cangaceira encostou a ponta da lâmina no abdome de Marisol, pressionando-a:

— Onde está a Suzane, sua vaca?

— Não sei.

— Chega de mentiras! – gritou Maria Bonita, endemoniada.

— Acho que ela está na cela com a Sofia – despistou Marisol.

Com a ajuda de outras seis presas, Maria Bonita imobilizou a carcereira e a arrastou pelos corredores rumo à "gaiola do bem". Ao chegarem à cela de Suzane, as presas do PCC se revoltaram por terem sido enganadas pela agente e resolveram levá-la ao pátio da penitenciária, onde estava concentrado o comando da rebelião. Cerca de 50 presas haviam capturado outras cinco agentes e todas foram feitas reféns. As detentas pegaram 12 cilindros de gás industrial e puseram lado a lado no meio do pátio. Marisol foi a primeira a ser amarrada a um deles. Quando estava presa no artefato explosivo, Quitéria surgiu, plena, com uma faca em punho. Tossiu e deu as três tradicionais cuspidas nas agentes. Uma das gosmas verdes acertou em cheio o rosto de Marisol. A líder interrogou as agentes:

— Onde está aquela loira assassina?

— Eu não sei – respondeu uma delas.

Quitéria se dirigiu a Marisol e perguntou mais uma vez pela detenta famosa. A agente repetiu não saber. A líder do PCC na cadeia sentou uma bofetada em Marisol e repetiu a pergunta: "Onde está Suzane?". A agente manteve a resposta dada anteriormente e levou mais dois tapas. Ao perceber que Marisol era resistente à tortura física, Quitéria pegou um litro de álcool e despejou ao redor das reféns enquanto gargalhava. Uma das agentes entrou em pânico e suplicou para Marisol entregar a jovem e salvá-las. Marisol se recusou. Quitéria deu uma hora para ela pensar, ameaçando matá-las carbonizadas.

A rebelião já durava dez horas e Suzane permanecia trancada no armário do almoxarifado, com dificuldade para respirar por causa do ar rarefeito e estava fraca, sem comer e beber água. Para não morrer de sede, ela tirou a calça e fez xixi diretamente no armário. Em seguida, bebeu a própria urina.

As presas do PCC fizeram uma verdadeira operação pente-fino para localizá-la, mas não tiveram êxito logo de cara. Helicópteros da imprensa e da Polícia Militar sobrevoavam a penitenciária. Na pauta repassada ao governo, as detentas pediam melhorias nas instalações do presídio, mais frutas no café da manhã e banho quente. Mas as reivindicações eram de fachada. O PCC se rebelou mesmo para matar Suzane e Aurinete, a líder do TCC, a facção rival. A primeira deveria morrer por causa do crime cometido e para dar visibilidade ao PCC; a segunda, por ser considerada traidora.

Esperta, Aurinete conseguiu escapar com a ajuda da direção da penitenciária logo após a explosão que deu largada ao motim. Ela foi acomodada no parlatório e retirada de lá por uma viatura da polícia. Quando Quitéria e seu bando perceberam que a rival já estava fora da cadeia, o foco era capturar Suzane. Elas fizeram um mutirão para encontrá-la. Maria Bonita voltou ao posto médico com uma gangue de 40 presas bêbadas e munidas de marretas e facas. Depois de abrirem à força todas as portas do lugar, as bandidas suspeitaram do almoxarifado ao lado. Correram para lá. A porta de madeira foi arrombada com facilidade. Dentro do depósito, começaram a martelar com selvageria o armário de ferro onde Suzane se escondia. A cada pancada, a porta do móvel entortava lentamente. Com 100% de certeza de que Suzane estava ali dentro, as sanguinárias do PCC passaram a rolar o armário pelo chão até levá-lo ao pátio da penitenciária. Debilitada por inanição, debatendo-se e abalada psicologicamente pela iminência de ser assassinada, Suzane começou a passar mal. Teve forças para ouvir a voz assustadora de Maria Bonita:

— Eu sei que você está aí dentro, sua cadela! Vou cortar a sua garganta! – ameaçou a detenta de garras afiadas.

Quando viu o armário com a sua pupila dentro rolando pelo chão de cimento, Marisol começou a rezar em voz alta. Finalmente, Maria Bonita conseguiu fazer furos na parede do móvel de ferro. Por uma das fendas foi introduzida a ponta de uma mangueira metálica de um lança-chamas caseiro. Num ímpeto, Suzane puxou a mangueira com força bruta para dentro do armário até arrancá-la da base, deixando o lança-chamas inoperante e as bandoleiras ainda mais furiosas.

— Você vai pagar caro por isso! – ameaçou Quitéria.

A tropa de choque da Polícia Militar, posicionada na entrada principal da PFC, passou um aviso ao comando da rebelião por megafone. Se em uma hora o motim não acabasse, a penitenciária seria invadida por homens armados. Maria Bonita percebeu que só abriria o armário se usasse as chaves. Ela correu até Marisol, que ainda estava amarrada ao botijão de gás, e perguntou pelo molho. A carcereira manteve-se irredutível. Irritada, Quitéria jogou álcool na cabeça das reféns e acendeu um palito de fósforo, ameaçando incendiá-las.

— Marisol, salve a sua vida. Diga onde está a chave do armário – implorou Maria Bonita, compadecida com a aspe.

— Eu não sei onde está! – reiterou a agente, aos prantos.

Havia dezenas de presas alcoolizadas e armadas em volta das agentes, que ainda estavam amarradas aos botijões de gás. Duas carcereiras chegaram a urinar de tanto medo. As detentas gritavam palavras de ordem contra a opressão carcerária. Marisol estava encharcada de álcool e começou a rezar pela própria vida. O tumulto generalizado provocou um empurra-empurra. Quitéria soltou uma gargalhada medonha e anunciou a morte de Marisol. Maria Bonita ficou com dó e interveio pela última vez:

— Marisol, pelo amor de Deus, por que a senhora vai morrer no lugar daquela assassina? Basta dizer onde está a chave do armário e estará a salvo. Onde está a chave? – insistiu a cangaceira.

Como se quisesse morrer, Marisol permaneceu calada. De repente, no meio da confusão, Quitéria parou de rir e soltou o fósforo aceso no chão. O palito apagou na queda. Subitamente, a rainha da cadeia ajoelhou-se com a boca aberta e caiu calada no chão, no meio da multidão. As detentas gritavam, eufóricas. Maria Bonita percebeu que Quitéria havia sido atingida violentamente com uma facada na jugular. Como estavam com o rosto encoberto, era impossível identificar a autora daquele golpe certeiro. Ainda mais no meio da balbúrdia. A facada foi tão forte que a lâmina ficou inteiramente cravada, deixando somente o cabo curto e fino do lado de fora do pescoço, expelindo um jato de sangue.

Odiada pelas mulheres do PCC e do TCC, a presa de riso frouxo e catarro no peito ainda agonizava no chão, tentando arrancar a faca do próprio pescoço. Houve festa ali mesmo para comemorar a morte da rainha da penitenciária. Ainda estrebuchando no chão de cimento, Quitéria levou um tapa no rosto de uma detenta qualquer. Começou um coro frenético de "bate mais!", "bate mais!", "bate mais!". Impulsionada pela pressão social, outra presa se abaixou para dar mais uma bofetada na bandida. Quitéria passou a levar inúmeros chutes, bofetadas e cuspidas das inimigas. A apatia dos espectadores daquela cena chocou Marisol, que assistia a tudo imobilizada. Maria Bonita, que ainda tinha no rosto a marca de um ferimento feito por Quitéria no dia anterior, entrou na fila e desferiu com gosto uma bofetada sonora na ex-líder. Ainda debochou: "Não ouviu o barulhinho, né? Vou dar mais duas!".

A gênese do linchamento só encerrou quando o Batalhão de Choque invadiu a penitenciária, soltou as reféns e arrombou o armário onde estava Suzane, pondo fim à rebelião. Apesar de ter sido massacrada, Quitéria foi levada com vida para o hospital, mas morreu tão logo deitou-se num leito da Santa Casa de Misericórdia. Suzane e as seis agentes também receberam atendimento médico dentro da penitenciária. A assassina chegou a tomar soro fisiológico na veia para se reidratar.

No dia seguinte à rebelião, a Secretaria de Administração Penitenciária fez uma varredura na PFC e encontrou mais de 100 facas. Para evitar outro motim, as detentas com posição de liderança do PCC, incluindo Maria Bonita, foram transferidas para cadeias do interior de São Paulo. Ao chegar à cela, ainda debilitada, Suzane foi consolada por Sofia. Mal ela se deitou para descansar na cama de concreto, uma agente abriu a porta e mandou Suzane arrumar suas coisas, pois seria transferida imediatamente. A jovem teve uma crise de pânico e ficou abraçada a Sofia. A amiga deu seus últimos conselhos motivacionais à presa famosa:

— Suzane, se você se entregar à tristeza, vai morrer nesse purgatório. Não deixe isso acontecer. Acorde todos os dias, passe um batom, mantenha as suas unhas limpas e pintadas. Esteja sempre bonita...

— Eu tenho medo de ser abandonada nesse inferno! – confessou Suzane.

De todas as angústias que assolam as mulheres presidiárias, o abandono dos familiares é a maior delas. Ser esquecida na cadeia chega a ser desgraça pior do que a morte. E elas não escapam dessa desventura.

Em todos os presídios femininos, a maioria das detentas cumpre pena sozinhas, rejeitadas pelos esposos, filhos, pais e irmãos. Ao receber visita do marido todos os finais de semana, Sofia era a exceção confirmadora da regra. As suas cinco colegas de cela, incluindo Suzane, não recebiam visitas de parentes havia mais de dois anos.

Ao ser levada a uma sala no prédio da administração da PFC, Suzane recebeu a notificação da transferência para o Centro de Ressocialização Feminino (CRF), no município de Rio Claro, a 175 quilômetros da capital. A um funcionário, a jovem pediu para se despedir do médico João Paulo e de Marisol, o que foi negado. O médico, por sinal, foi denunciado por agentes de segurança carcerária por não ter avisado da rebelião e por ter protegido Suzane, ao indicar o almoxarifado como esconderijo. João também foi acusado de ter dado proteção a outras detentas.

* * *

No dia 27 de agosto de 2004, Suzane deu entrada no CRF, um verdadeiro luxo em se tratando de casa penal. O centro de ressocialização em nada lembra uma penitenciária. Não havia celas nem mesmo no regime fechado. Os muros eram baixos e as detentas passeavam livres pelo pátio e corredores na maior parte do dia. Mas não era fácil conseguir uma das 120 vagas oferecidas na cadeia de Rio Claro, localizada numa rua com o sugestivo nome de Saudade. A Secretaria de Administração Penitenciária fazia uma seleção rigorosa entre as candidatas ao paraíso. Tinham mais chances de cumprir pena por lá criminosas com bom comportamento e quem trabalhava com afinco, como era o caso de Suzane. O local tinha oito alojamentos. Suzane dormia numa das camas mais altas do alojamento de número 3. Um ventilador de teto alivia o calor insuportável que as criminosas sentem no verão. Elas também usam armário individual e assistem à TV. "Aqui, a principal diferença é o tratamento que elas recebem. Oferecemos cama, chuveiro quente e comida boa", definiu Maura Batista da Cruz, diretora da unidade em 2018. Suzane gostou da nova moradia e não queria sair de lá por nada neste mundo.

No entanto, mal começou a usufruir o conforto da cadeia-modelo, a jovem recebeu uma notícia desagradável, porém esperada. O Ministério

Público a denunciou à Justiça juntamente com os irmãos Cravinhos por duplo homicídio, com três qualificadoras: motivo torpe, meio cruel e impossibilidade de chance de defesa às vítimas. Ao receber do seu advogado-pai-postiço, Denivaldo Barni, a estimativa de pena entre 24 e 64 anos, Suzane ficou desesperada. Usando do pouco que aprendeu na faculdade de Direito, a assassina pediu a seus advogados que dessem um jeito de eliminar a qualificadora "motivo torpe" para reduzir a sentença. No seu universo particular, Suzane pensava assim: seus pais só morreram porque se puseram contra o namoro dela com Daniel, ameaçando-a de privação da herança. Partindo dessa premissa, segundo a sua cabeça, o motivo não teria sido torpe (desonesto, sórdido, indecoroso). Ainda de acordo com a teoria de Suzane, ela só participou do crime para se libertar da vida sufocante e opressora que levava.

Os argumentos, lógico, não foram comprados pelo Ministério Público, que rebateu: "O namoro com Daniel era o centro nervoso de todo o rompimento do equilíbrio familiar. A perspectiva da deserdação e da pobreza, ainda que remota, fez o casal atuar decisivamente para a morte de Manfred e Marísia. A piegas chorumela de Suzane não passa de um arremedo de argumentação. Ela pretende com algum verniz de falsa erudição inverter as responsabilidades ao concluir que só atuou na morte dos autoritários pais para se libertar do jugo que lhe impunha o distanciamento de seu amado. Com isso, a ré quase concluiu que, se Manfred e Marísia fossem a favor do romance, eles não teriam morrido", assinalou o promotor de Justiça Roberto Tardelli.

Na época em que Suzane estava no CRF de Rio Claro, a unidade prisional era comandada por Irani Torres e Andressa Inácio. Por ser considerada presa vulnerável, a jovem passou a gozar de privilégios, como entrar e sair dos gabinetes da direção quando bem entendia. Lanchava e tomava chá das cinco com as funcionárias. No auge da intimidade com a diretoria, Suzane passou a usar a Internet em um computador instalado na administração do presídio, com anuência das servidoras públicas. Abusada, a detenta lia notícias no site do UOL e trocava mensagens com advogados e amigas ex--presidiárias postas em liberdade. A gota d'água foi um perfil no Orkut feito por ela na época em que morava no CRF, denunciado posteriormente à Justiça.

A poucos meses do julgamento, o casal que matara por amor parecia inimigo, pois Suzane e Daniel acusavam-se mutuamente. A jovem se dizia manipulada por Daniel. Ele, por sua vez, sustentava que fora Suzane quem planejara a morte dos pais. Segundo a tese do piloto, ele só executou o plano porque, além de manipulado, estava cego por ela. Daniel também se defendia do crime alegando que era assombrado por espíritos. Quatro meses antes de serem submetidos ao Tribunal do Júri, Suzane, Daniel e Cristian tiveram uma audiência preliminar com o juiz Alberto Anderson Filho. Esse encontro é de praxe e serve para o juiz ouvi-los em depoimento e decidir oficialmente pela formação do Júri. No dia dessa prévia, Daniel e Cristian foram os primeiros a chegar ao Fórum da Barra Funda e postos numa cela de custódia no segundo andar. Suzane apareceu logo em seguida. Algemada, foi acomodada em uma cela em frente, distante cerca de seis metros dos seus cúmplices. Pela primeira vez, Suzane e Daniel ficaram frente a frente desde a prisão, ocorrida três anos antes. O trio de assassinos permaneceu sob a vigilância de dois policiais militares armados. Suzane e Daniel ficaram cerca de meia hora se olhando em silêncio. Mesmo em lados opostos, o ex-casal, segundo testemunhas, travou o seguinte diálogo:

— Como você está? – perguntou Suzane.

— Você destruiu a minha vida, sua vadia! – acusou Daniel.

— Eu? – desdenhou Suzane.

— Silêncio nessa porra! – gritou um dos policiais.

Depois da carraspana, os dois tentaram continuar a lavagem de roupa suja falando baixinho:

— Me desculpa, Su. Estou sem perspectivas. Minha vida acabou! – falou Daniel.

— Você disse que o seu amor por mim iria até o infinito, mas me mandou uma carta mostrando o contrário – falou Suzane.

— A carta é de mentira, sua boba. Escrevi orientado pelo meu advogado. Eu ainda te amo. Mas olha, nós só vamos nos livrar dessa e ficar juntos se dissermos no tribunal que o seu pai estuprava você, entendeu? – explicou Daniel.

— Eu mandei calar a boca, caralho! – gritou o mesmo policial.

Suzane e Daniel ficaram mais uns minutos em silêncio e passaram a falar mais baixo ainda.

— Meu pai nunca fez isso. Não vou contar uma mentira dessas – argumentou.

Desobediente e revoltado, Cristian, que estava sentado de cabeça baixa, levantou-se e começou a gritar:

— Você mesma disse isso, sua cretina. Foi assim que você nos convenceu a matar os seus pais, sua psicopata manipuladora!

Por causa do barraco no fórum, os três foram postos em corredores separados para evitar comunicação até o encontro com o juiz.

Após a audiência preliminar, Suzane voltou para o CRF, e os irmãos Cravinhos, para o Centro de Detenção Provisória de Belém II para aguardar o julgamento. Na semana seguinte, a jovem finalmente recebeu uma notícia boa: alegando que a cliente não oferecia risco à sociedade, seus advogados – liderados por Denivaldo Barni – conseguiram junto ao Superior Tribunal de Justiça (STJ) um *habeas corpus* permitindo à Suzane a graça de aguardar o julgamento em liberdade. O benefício foi concedido por três votos a dois, pela 6ª Turma do tribunal superior. A corte considerou "insuficiente" a fundamentação apresentada nas ordens de prisão expedidas contra Suzane. A assassina confessa ficou livre, leve e solta por nove meses. Usando basicamente o argumento "se ela pode, nós também podemos", os irmãos Cravinhos conseguiram soltura por onze semanas.

Suzane estava usando o computador da direção do CRF, por volta do meio-dia, quando leu em primeira mão na Internet ter conseguido o direito de sair da prisão. Imediatamente, soltou um grito histérico de alegria e correu saltitando feito uma gazela pelo corredor até o alojamento, acreditando que bastava arrumar as suas coisas, dar um "até logo" e partir. Irani chamou a jovem em seu gabinete e esclareceu não ser bem assim. Para sair, a diretora precisava receber da Justiça o alvará de soltura, previsto para chegar só no dia seguinte via fax.

Segundo funcionárias do CRF, assim que Suzane saiu da sua sala, Irani se deu ao trabalho de ligar para todos os veículos de comunicação considerados importantes e convocou uma coletiva para o dia seguinte, para apresentar Suzane no pátio da prisão. Em seguida, ainda segundo relatos de colegas, a diretora marcou hora no salão para fazer cabelo e unha. Foi a uma butique comprar roupa nova e fez até uma limpeza de pele para aparecer bonita na televisão. Irani nega veementemente que tenha feito ritual de beleza. Na manhã do dia seguinte, 28 de julho de 2005, um batalhão de jornalistas aguardava a presa famosa no portão da penitenciária, fazendo tumulto. Desavisada, Suzane saiu e deu de cara com centenas de repórteres e uma infinidade de flashes de máquinas fotográficas. Assustada, resolveu voltar. Irani, maquiada como se fosse a um baile e com cabelos escovados, enfrentou os jornalistas para pedir paciência, anunciando uma entrevista coletiva com Suzane para as 17 horas.

— Quem avisou a imprensa? – quis saber Suzane.

— Eu, lógico! A gente tem de aproveitar a mídia que você atrai para ter visibilidade – teria argumentado Irani.

Vestida com um moletom vermelho com estampa do coelho Pernalonga, Suzane disse não ter concordado com o aviso de pauta feito à imprensa, mas – pelo sim, pelo não – também resolveu passar uma escova no cabelo e um batom vermelho para enfrentar os fotógrafos e cinegrafistas. O aglomerado de jornalistas na porta do CRF atraiu populares. Na hora em que Suzane ia começar a dar entrevista ao lado de Irani, populares começaram a gritar "Assassina! Assassina! Assassina!" em coro, forçando o portão externo de acesso ao centro de ressocialização. Com medo, Suzane bateu o pé dizendo que não daria entrevistas. Irani teria insistido, conforme consta num processo movido pela criminosa contra o Estado:

— Ou você aparece [para a imprensa], ou vou abrir o portão e jogá-la na rua! – teria dito Irani.

Sem saída, Suzane enfrentou os repórteres, mas não respondeu às perguntas. A assassina entrou no carro da Polícia Militar e partiu rumo à casa do advogado-pai-postiço, Denivaldo Barni, no bairro do Morumbi, onde ficou hospedada durante a sua liberdade provisória.

Presa ou livre, Suzane recebia cerca de cem cartas por semana de fãs e de homens interessados em namorá-la. Controlador, Denivaldo Barni filtrava as correspondências que a jovem deveria ler e as que iriam parar na lata de lixo. Enciumado, o advogado-pai-postiço, cujo apelido era Barni Pai, não repassava as missivas escritas por jovens apaixonados, enviadas de todo o canto do país. Em liberdade, Suzane aproveitou para responder a essas cartas. Uma das que chegaram às mãos de Suzane quando ela ainda estava presa foi escrita pela advogada Luzia Sanchez, de 31 anos na época. Luzia viu a presidiária na TV pela primeira vez ainda na fase de investigação. Antes mesmo de ela ser apontada oficialmente como suspeita pelo crime, a advogada intuiu ser Suzane a mandante do crime. Após a prisão, Luzia resolveu escrever uma carta prestando solidariedade à assassina órfã de pai e mãe. Para surpresa da advogada, Suzane respondeu com outra correspondência, dizendo levar uma vida vazia na cadeia e lamentou estar num oceano de depressão tão fundo que parecia não ter fim. As duas trocaram tantas missivas que se tornaram amigas.

Posta em liberdade, Suzane costumava passar finais de semana na casa da nova amiga. Ela também recuperou o tempo perdido fazendo programas triviais. Foi ao cinema, passeou no parque e mergulhou no mar de Ubatuba, litoral norte de São Paulo, vestindo um biquíni cor-de--rosa. Também preencheu o tempo livre participando das reuniões com a sua banca de advogados para definir a estratégia de defesa no julgamento. Em um desses encontros, no apartamento de Barni, a jovem teve de falar com detalhes sobre a relação com Daniel desde o primeiro encontro até o dia do crime. Ao dizer que ainda o amava e narrando como perdeu a virgindade com o ex-namorado, Barni Jr., filho do Barni, levantou-se da mesa e saiu batendo a porta, demonstrando incômodo e ciúme. Suzane percebeu o desconforto e parou de falar. Os demais advogados pediram a ela que continuasse a narrativa, usada com detalhes no tribunal.

Crente de que seria inocentada pela Justiça, Suzane disse aos advogados precisar imediatamente de dinheiro para "recomeçar a vida" fora da cadeia. Para angariar fundos para a sua "filha", Barni teve a ideia de entrar com dois processos de danos morais contra o governo de São Paulo, pedindo indenizações num total de 950 mil reais na época. Ao fazer o cálculo do valor pedido, Barni teria levado em conta o alto padrão de vida da sua filha-cliente. Na primeira ação, Suzane pedia 190 mil reais alegando ter ficado traumatizada com o terror vivido durante a rebelião na Penitenciária

Feminina da Capital. Segundo seus argumentos, o Estado foi omisso e negligente ao não lhe garantir proteção durante o motim.

Na outra ação, Suzane acusava a direção do Centro de Ressocialização de Rio Claro de tê-la exposta feito um "animal exótico" a jornalistas, causando constrangimento e danos irreversíveis à sua imagem. Nessa ação, ela foi mais ambiciosa: queria embolsar 760 mil reais dos cofres públicos. Suzane afirmou ter sido coagida por Irani a dar entrevista, caso contrário seria jogada à multidão feroz que gritava "Assassina!", postada do lado de fora da cadeia para posterior linchamento. Suzane perdeu os dois processos em todas as instâncias. Ao negar indenização pelas intempéries da rebelião, o desembargador Evaristo dos Santos argumentou não ter como falar em dano moral indenizável para Suzane e tampouco em responsabilidade civil do Estado, pois ela esteve o tempo todo em local seguro indicado justamente por dois funcionários públicos, o médico João Paulo e a agente de segurança carcerária Marisol Ortega. Já o desembargador Ricardo Feitosa negou indenização à Suzane no caso da entrevista ao concluir que ela mentiu, em se tratando da ameaça de linchamento. Para o desembargador, ao decidir espontaneamente participar de um crime de enorme repercussão, Suzane escolheu por livre-arbítrio ser exposta à mídia. "Não é possível que a sua imagem tenha sofrido abalo maior em virtude das imagens e fotografias feitas na saída da cadeia", observou o desembargador.

Ainda no período de liberdade, sem dinheiro, Suzane começou a cobrar da família a sua parte na herança. Prontificou-se a ser inventariante do espólio deixado pelos pais. A primeira providência foi fazer uma lista de tudo que havia dentro da mansão dos Richthofen. Suzane etiquetou móveis, eletrodomésticos, tapetes, almofadas e até talheres e xícaras, alegando que toda a louça da casa era importada. Com receio de ser furtada, a jovem fotografou os quadros da parede. Indignado com a ousadia da sobrinha, tio Miguel resolveu entrar com uma interpelação. Suzane telefonou para Andreas, com 17 anos na época, para tentar sensibilizá-lo da sua penúria. A assassina ligou para o telefone fixo da casa do tio Miguel e seu irmão atendeu, mas o garoto ficou mudo durante quase toda a conversa:

— Andreas, aqui é a Suzane.

— [Silêncio]

— Eu sei que você está aí. Olha, estou sem dinheiro para pagar os advogados. Eu serei condenada e passarei 70 anos na cadeia se eu não tiver uma boa defesa. Me ajuda!

— [Silêncio]

— Por favor, meu irmão. Vamos acelerar o processo de partilha da herança.

— [Silêncio]

— Já mandei fazer um levantamento de tudo que temos para dividir.

— [Silêncio]

— Fala comigo, por favor.

— [Silêncio]

— Eu te amo! Eu te amo! Eu te amo!

— [Silêncio]

— Vamos nos encontrar para falar sobre a herança, por favor!

— [Silêncio]

— Vou passar aí na casa do tio Miguel hoje à noite...

Ao ouvir o anúncio dessa visita, Andreas resolveu falar com a irmã:

— Eu tenho medo de você! Escutou? Medo! – respondeu, batendo o telefone na cara de Suzane.

O pânico de Andreas pela irmã não ocorria à toa. Tio Miguel se empenhou em fazer a caveira de Suzane para o garoto. O argumento era o seguinte: ela mandou matar os pais para ficar com metade da herança. Por essa lógica, ela poderia também matar o irmão para ficar com tudo sozinha. Essa ameaça se tornaria mais evidente agora, com o desejo da família de excluí-la do testamento. Andreas, então, passou a ter medo de ser assassinado.

Quando estava na cadeia, Suzane trocava cartas com a avó paterna, Margot Gude Hahmann, de 80 anos na época. Em uma dessas correspondências, a idosa disse perdoar a neta por ter assassinado Manfred, filho caçula de Margot. A avó morava sozinha em um apartamento avaliado em 1 milhão de reais e chegou a ir à Justiça deixar registrado não ter nenhum ressentimento de Suzane. A neta aproveitava a liberdade para fazer visitas à avó. Nesses encontros, Suzane se queixava de Miguel, que é tio por parte de mãe. Margot achava um absurdo impedir o acesso da neta à herança. Usando uma câmera Polaroid, aquela que revela a imagem tão logo é batida, Suzane fez diversas fotos de rostinho colado com a avó e as levou consigo.

No dia seguinte, Andreas, ao descer do ônibus escolar, viu um carro de vidros escuros nas proximidades da casa do tio Miguel. Ele andava pela calçada e o carro se aproximava. O garoto acelerou os passos e o veículo aumentou a velocidade para alcançá-lo. Andreas correu e o carro avançou, freando bruscamente em sua frente. Suzane, rindo, abaixou o vidro e revelou-se ao volante. O garoto a ignorou e entrou em casa. Sozinho, foi até a cozinha pegar um copo de água para se recompor do choque. Ao se aproximar da geladeira, Andreas sentiu calafrios. Suzane havia entrado na casa e pregado com ímã na porta da geladeira uma foto sua com a avó Margot. Em pânico, o adolescente ligou para o tio e os dois foram a uma delegacia de polícia registrar um boletim de ocorrência alegando que Andreas estava sendo ameaçado pela irmã. Suzane ficou então proibida, por uma ordem de restrição, de entrar em contato com o irmão.

Na semana seguinte, Andreas entrou na Justiça para excluir Suzane definitivamente do testamento, alegando que a jovem matou os pais por motivos financeiros. O adolescente venceu a ação e acabou herdando sozinho todo o patrimônio dos pais. O caso envolvendo a disputa pelo espólio do casal Richthofen serviu de modelo para uma mudança na legislação. Em 2017, foi sancionada a Lei 13.532, dando poder ao Ministério Público para excluir do rol de herdeiros quem comete homicídio doloso ou tentativa de homicídio contra vítimas que deixam bens para os assassinos. Antes, a exclusão só ocorria se algum membro da família se manifestasse nesse sentido, e a ação se arrastava por anos na Justiça. Hoje, o impedimento é imediato.

A defesa de Suzane era toda custeada por Denivaldo Barni. Uma das últimas reuniões de advogados feitas na casa dele antes do julgamento dividiu a sua banca de defensores. Levando em conta que a imprensa mostrava Suzane como ambiciosa e um fator de risco para Andreas, Barni sugeriu uma entrevista da filha-cliente para o *Fantástico*, da Rede Globo, e outra para a revista *Veja*. Ele alegava que a ré precisava ser humanizada diante da opinião pública. Parte dos advogados, entre eles Mário Sérgio de Oliveira, defendia que a imagem da acusada fosse poupada da exposição. Afinal, Suzane já havia surgido nos programas policiais da TV Record pulando ondinhas no mar, tranquilamente, enquanto esperava pelo julgamento. Barni venceu e agendou a entrevista. No dia da gravação, Suzane vestiu uma roupa infantil cor-de-rosa com estampa da Minnie, calçou pantufas em forma de coelhinhos, desgrenhou os cabelos e pôs três calopsitas domesticadas nos ombros para passar uma imagem de garotinha frágil e desprotegida. Barni orientou a filha-cliente a chorar durante a conversa com a repórter Fabiana Godoy, na tentativa de sensibilizar os telespectadores do programa. A primeira gravação foi feita na sala do apartamento de Barni. Conforme combinado anteriormente, a jovem não falaria sobre o crime. Limitou-se a mostrar à jornalista fotos da família e dos amigos. Na entrevista, a assassina disse estar arrependida e sonhava poder voltar aos 15 anos de idade para não se envolver com Daniel.

A entrevista no *Fantástico* foi ao ar no dia 9 de abril de 2006. Na conversa, ela joga toda a culpa pelo assassinato dos pais no ex-namorado. "Você acha que se não tivesse conhecido o Daniel nada disso teria acontecido?", perguntou a repórter. "Não! Nada disso! Nada disso! Nada disso!", respondeu Suzane, com 22 anos na época. "Como era a sua relação com o seu namorado?". "Ele sempre me dava muita droga, muita droga, muita droga! Ele me mandava usar muita droga. Era cada vez mais e mais e mais. Isso foi acabando comigo. Ele falava: 'se você me ama, usa. Se me ama, faz aquilo.' E eu ia..." Em alguns momentos, Suzane respondia às perguntas segurando a mão de Barni. Volta e meia, interrompia a gravação para cochichar com os advogados, que lhe passavam instruções. Em um intervalo de meia hora, a acusada chorou forçadamente onze vezes e fingiu até um desmaio.

No dia seguinte, a repórter do *Fantástico* ligou para Barni argumentando que precisava complementar a entrevista, pois só emplacaria a reportagem na revista eletrônica dominical se Suzane falasse do crime. O segundo encontro com a ré ocorreu na casa da amiga Luzia Sanchez, no município de Itirapina, a 213 quilômetros de São Paulo. Dessa vez, Suzane vestia uma blusa clara com estampa de ursinho e já não estava mais tão falante como na ocasião anterior. A equipe técnica do programa instalou um microfone na blusa dela pouco antes da entrevista começar. Fabiana Godoy perguntou sobre o crime e a acusada ficou incomodada. Suzane pediu um tempo e se distanciou da repórter para pegar orientações de Barni. Irritado, o advogado mandou Suzane chorar e encerrar a entrevista. Mesmo longe das câmeras, o microfone da TV Globo captava toda a conversa entre o advogado e a cliente:

— Começa a chorar e diz "não quero falar mais!" – orientou Barni.

— Eu não vou conseguir – avisou Suzane.

Enquanto Barni orientava Suzane, Luzia chegou ao local. Mesmo sendo filmada, a jovem mudou o temperamento em fração de segundo. Ao ver a amiga, Suzane soltou um grito e saiu galopando feito uma adolescente para cumprimentá-la com beijinhos e abraços apertados. A câmera e o áudio do *Fantástico* captavam tudo. No minuto seguinte, a assassina resolveu encerrar a entrevista voltando a aparentar tristeza e fragilidade. Com voz infantil e olhar fixado no chão, argumentou:

— Eu não quero mais. Eu não quero mais. Eu não quero mais. Ontem eu passei super, super, supermal depois da entrevista. Todas as vezes que eu tento falar sobre isso, sinto uma dor muito forte. Não aguento mais lembrar daquele maldito de novo... – disse Suzane, referindo-se a Daniel.

À repórter Juliana Linhares, da revista *Veja,* Suzane concedeu uma entrevista às vésperas do julgamento. A matéria de capa destacou a rejeição familiar e o destino incerto da assassina. "Repudiada pela família, com medo de sair às ruas e manipulada por advogados, a jovem que participou do assassinato dos pais está mais perdida do que nunca." Ao ser questionada sobre quais lembranças tinha dos pais, Suzane respondeu como se não tivesse participado do crime: "Meu pai é muito lindo. Minha mãe também. São os melhores pais do mundo. Esses dias, estava na cozinha e senti meu pai me abraçando por trás [...]. Dói muito falar deles. É tudo muito triste. Queria voltar naquele dia e apagar tudo". Sobre o futuro, a jovem especulou: "Entreguei tudo para Deus. Seja o que Ele quiser".

Não foi só Suzane que deu entrevista para comentar o caso enquanto estava em liberdade. Ao vivo na rádio Jovem Pan, em janeiro de 2006, Daniel e Cristian já tinham falado feito celebridades sobre como mataram o casal Richthofen. Descontraída, a dupla disse ter decidido executá-los só depois de Suzane revelar a eles ser estuprada pelo pai desde os 14 anos. Os criminosos também afirmaram na entrevista que Manfred e Marísia eram alcoólatras. Eles confirmaram que o assassinato foi ensaiado com tiros.

Logo após a desastrosa entrevista, o Ministério Público pediu à Justiça a revogação da liberdade dos irmãos Cravinhos, argumentando que eles estavam manchando a reputação das vítimas e fazendo do crime um espetáculo midiático. No dia 24 de janeiro de 2006, os dois voltaram à cela do Centro de Detenção Provisória Belém II para aguardar o julgamento. O MP aproveitou a queixa registrada por Andreas na delegacia contra Suzane para também pedir o seu retorno ao cárcere. No dia 11 de abril de 2006, a jovem voltou ao alojamento número 3 do Centro de Ressocialização de Rio Claro.

Considerado o julgamento mais importante do ano de 2006, o Tribunal do Júri foi constituído no dia 17 de julho e durou cinco dias. A banca de advogados de Suzane era composta por seu pai-postiço-tutor Denivaldo Barni, Eleonora Nacif, Mário de Oliveira, Mário Sérgio de Oliveira e Mauro Otávio Nacif. A defesa dos Cravinhos era formada pelos advogados Geraldo Jabur e Gislaine Haddad Jabur. A acusação ficou a cargo dos promotores Roberto Tardelli e Nadir de Campos Júnior. Para defender os interesses de Andreas, tio Miguel contratou o hoje famoso advogado Alberto Zacharias Toron para dar assistência à acusação. Nesse caso, a família Richthofen, ou o que sobrou dela, tinha interesse em condenar Suzane para que ela se tornasse legalmente indigna à herança.

No banco dos réus, Suzane sentou-se no meio, ladeada por Daniel e Cristian. Eles se acusaram mutuamente, conforme o esperado. Em comum, os três – aos prantos – disseram ter agido sob efeito de drogas e se diziam completamente arrependidos. Depois de falar de forma prolixa como era sua vida e em que circunstâncias conheceu Daniel, Suzane respondeu a algumas perguntas do juiz Alberto Anderson Filho:

Deixa eu lhe fazer uma pergunta a respeito dos fatos propriamente ditos, que é o que mais interessa aqui. O Daniel e o Cristian usaram luvas?

Sim!

A senhora também pôs luvas?

Era a minha casa.

A pergunta não é essa. A senhora pôs luvas?

Não. Posso falar de uma outra coisa?

Sobre o fato em si?

Não. Quero falar da minha avó Margot. Olha, Excelência, quero deixar uma coisa bem clara aqui. Eu nunca, nunca, nunca, em momento algum, fiz qualquer tipo de ameaça ao meu irmão. Dizem que eu voltei a ser presa por causa dessas ameaças. Mas é mentira. Eu sempre amei o meu irmão. Todas as conversas que eu tive com ele depois que meus pais morreram foram pacíficas. Outra coisa: sabe aquela entrevista polêmica que eu dei ao *Fantástico*? Disseram que eu estava vestida feito criança, com o cabelo no rosto, cercada de passarinhos... Eu quero explicar isso.

Não é necessário, até porque essa entrevista não consta nos autos a pedido da sua defesa.

Mesmo assim, eu quero falar porque eu acho que a minha imagem ficou muito...

Não podemos falar de algo que não está nos autos.

Suzane se recusou a responder no tribunal às perguntas da acusação e dos advogados dos irmãos Cravinhos. No entanto, ela não conseguiu escapar dos questionamentos dos jurados. A primeira a interrogar foi Cleide Clares. No ritual do Tribunal do Júri, essas perguntas foram encaminhadas ao juiz, que as repassou à ré:

A senhora declarou que fazia uso contínuo de entorpecentes até o dia do fato. Como interrompeu o uso, já que estava dependente?

Logo que fui presa, conheci a Marisol, uma pessoa muito católica. Ela me falou uma coisa linda: "Su, agora, seus pais estão vendo tudo o que acontece com você. Eles vêm lá de onde eles estão. Você já decepcionou eles com tudo o que você fez de errado. Não decepciona eles de novo.

Por favor! Nunca mais chegue perto de nenhuma droga". Depois desse conselho, eu nunca mais pus nenhuma droga na boca.

Mas a senhora fez algum tratamento, usou alguma medicação? Como enfrentou a abstinência?

Não fiz tratamento. Me curei com a força de vontade de não mais decepcionar os meus pais. Lá na cadeia me ofereceram drogas, sim. Não vou mentir. Mas nem cheguei perto.

Em que momento a senhora viu pela primeira vez as barras de ferro usadas na execução do crime?

Foi quando eles estavam dentro de casa. Eles entraram com essas barras de ferro horrorosas segurando com as mãos. [...] Aí eu subi as escadas. Fui lá em cima ver se meus pais estavam dormindo. Quando eu desci, eles subiram com essas barras de ferro. Cruzei com eles na metade do caminho. Desci assustada, apavorada, confusa, sem saber direito o que estava acontecendo. Não sei, não lembro. Foi horrível, horrível, horrível. Era uma sensação estranha, um aperto no peito. Não sei.

Como a senhora acha que os irmãos Cravinhos se beneficiariam do crime?

Olha, na época achava que era tudo por amor, que eu era a pessoa mais importante. Hoje, tenho certeza de que estava enganada. Eles fizeram tudo por dinheiro. O Daniel não estava contente com o que eu dava. Ele queria mais e mais. Ele queria tudo, tudo, tudo. Queria tudo o que os meus pais levaram uma vida inteira para construir. O Daniel me falava que não queria ser empregado. Queria ser patrão. Queria chegar na vida por cima.

No tribunal, Daniel deu detalhes do crime ao responder às perguntas do juiz. Mas o assassino mentiu para proteger o irmão. Disse que ele matou o pai e a mãe de Suzane:

O senhor disse que golpeou o Manfred e depois Marísia?

Sim, senhor.

A dona Marísia acordou enquanto o senhor acertava o Manfred? Ela se movimentou?

Eu percebi que ela se mexeu para os lados, como se estivesse se virando. Ela não falou nada, não se mexeu. Aí eu avancei sobre ela. Na hora, me deu um desespero. Fiquei com medo que as coisas não dessem certo, que a Suzane brigasse comigo por eu não conseguir fazer as coisas do jeito que ela queria.

O senhor usou o mesmo bastão para acertar o Manfred e a Marísia?
Sim, senhor.

Logo após os golpes foram utilizados toalhas úmidas e um saco plástico. Quem aplicou isso nas vítimas?
A Suzane pediu para eu fazer isso porque ela não queria que o Andreas visse o que tinha acontecido. Aí eu pedi o pano, as sacolas e a jarra com água ao meu irmão. Mas quem pegou tudo foi a Suzane. Eu me arrependi depois de olhar o final. Não gostei do resultado. O senhor não imagina o tamanho da minha emoção. Eu me ajoelhei e rezei sem parar.

O Cristian não fez nada?
Não, senhor.

A Suzane disse que o senhor dava drogas a ela.
Isso é mentira. Ela já fumava maconha e cigarro antes de me conhecer. Eu não usava drogas e passei a usar depois que eu a conheci. [...] No primeiro ano de namoro, ela já veio com a ideia de matar os pais. Pra ela, a vida já estava perdida. A todos os lugares que a gente ia ela falava que os pais não prestavam, vislumbrava como seria a vida com os pais dela mortos.

Em seu depoimento, Cristian sustentou a mentira do irmão. Disse que não teria participado do crime. No entanto, orientado por advogados, ele voltou ao tribunal e confessou ter matado Marísia. O réu chorou quase todo o tempo em que apresentou a versão. Pediu desculpas por ter mentido anteriormente e falou que "voltava atrás" pelo amor que tinha à família, ao irmão, aos amigos e ao filho.

Para massacrar a trinca de assassinos diante do Júri, o promotor Tardelli fez uma metáfora: "Suzane e Daniel montaram uma empresa para matar Manfred e Marísia. As ações dessa empresa tinham cotas iguais. Suzane era a mais organizada. É inteligente e se expressa bem. [...] Daniel é o mais emotivo. Apaixonado e descontrolado. Foi o casamento perfeito. O cérebro e a coragem". O momento mais tenso foi quando o promotor Nadir fazia as considerações finais e elevou o tom da voz para, aos berros, acusá-los definitivamente. Apontando o dedo bem próximo do rosto de

Daniel, o acusador vociferou: "Você bateu, bateu e bateu! O que o senhor fez é abjeto, nojento e repugnante! Matar alguém, seguir a um motel e pedir a suíte presidencial! Isso é nojento! É asqueroso!" Daniel e Cristian verteram lágrimas e Suzane manteve-se firme com o rosto seco.

Um momento específico do julgamento fez defesa, acusação, juiz, plateia e jurados se emocionarem. Nadja Cravinhos, mãe de Daniel e Cristian, subiu ao púlpito para depor como testemunha de defesa. Falou como criou os filhos com dignidade, amor e muito carinho. No meio do testemunho, Nadja, que é artesã, falou com a voz embargada: "Eu me sinto de luto e muito triste em relação à tragédia que se abateu sobre as duas famílias envolvidas". No momento final, surpreendeu a todos ao pedir o que mãe nenhuma pediria para um filho: a condenação. "Essa justiça é necessária. Dói muito em mim, mas é necessária. Só peço a Deus que essa justiça imposta pelos homens seja na medida certa."

Nadja teve o pedido atendido. Suzane e Daniel foram condenados a 39 anos e seis meses de prisão em regime fechado por duplo homicídio qualificado. Cristian pegou 38 pelo mesmo crime. Nos cinco dias de julgamento, o juiz Alberto Anderson Filho passava de manhã cedo numa igreja para rezar e pedir aos céus equilíbrio à sua alma e serenidade na condução daquele júri de fortes emoções.

Após a pronúncia da sentença, o promotor Tardelli comemorou:

"Suzane e Daniel nunca se arrependeram do que fizeram. A prova disso é o comportamento do casal após o crime, fazendo festas e levando uma vida normal. São dois jovens que agiram de forma egoísta e ambiciosa. Mataram sem piedade. O Cristian se uniu ao casal por estupidez, pelo dinheiro e pela ganância – o maior defeito da alma humana".

Ao anunciar a decisão do Júri, o juiz fez o seguinte relato sobre a condenação de Suzane:

1. Em relação à vítima Manfred Albert von Richthofen, por unanimidade, foi reconhecida a materialidade do delito e, por maioria, a coautoria do homicídio.

Por maioria de votos, negaram que a ré tivesse agido em inexigibilidade de conduta diversa, bem como, também por maioria, negaram que tivesse agido sob coação moral e irresistível.

Por maioria de votos, reconheceram a qualificadora relativa ao motivo torpe e, por unanimidade, reconheceram as qualificadoras do recurso que impossibilitou a defesa da vítima e do meio cruel e, ainda, por maioria, as atenuantes existentes em favor da acusada.

2. Vítima Marísia von Richthofen: por maioria, foi reconhecida a materialidade do delito de homicídio e, também por maioria, reconheceram a coautoria, sendo negada a tese da inexigibilidade de conduta diversa, por maioria de votos, assim como a tese relativa à coação moral e irresistível.

Por maioria de votos, reconheceram a qualificadora relativa ao motivo torpe e, por unanimidade, reconheceram as qualificadoras do recurso que impossibilitou a defesa da vítima e do meio cruel e, ainda, por maioria, as atenuantes existentes em favor da acusada.

3. Por maioria de votos, foi reconhecida a coautoria do crime de fraude processual e também as circunstâncias atenuantes existentes em favor da acusada.

No final do julgamento, o juiz também explicou como foi calculada a pena de 39 anos de Suzane:

Pelo homicídio praticado contra Manfred Albert von Richthofen, atento aos elementos norteadores do artigo 59 do Código Penal, considerando a culpabilidade, intensidade do dolo, clamor público e consequências do crime, incidindo três qualificadoras, uma funcionará para fixação da pena-base, enquanto as outras duas servirão como agravantes para o cálculo da pena definitiva. Assim, fixo a pena-base em 16 anos de reclusão, à qual aumento 4 anos, totalizando 20 anos de reclusão. Reconhecida a presença de circunstâncias atenuantes, que no caso deve ser considerada a menoridade à época dos fatos, reduzo a pena de 6 meses, resultando em 19 anos e 6 meses de reclusão.

Pelo crime no tocante à vítima Marísia von Richthofen, atento aos elementos norteadores do artigo 59 do Código Penal, considerando a culpabilidade, intensidade do dolo, clamor público e consequências do crime, incidindo três qualificadoras: uma funcionará para fixação da pena-base, enquanto as outras duas servirão como agravantes para o cálculo da pena definitiva. Assim, fixo a pena-base em 16 anos de reclusão,

Suzane: assassina e manipuladora

à qual aumento 4 anos, totalizando 20 anos de reclusão. Reconhecida a presença de circunstâncias atenuantes, que no caso deve ser considerada a menoridade à época dos fatos, reduzo a pena de 6 meses, resultando em 19 anos e 6 meses de reclusão.

Pelo crime de fraude processual, artigo 347, parágrafo único do Código Penal, fixo a pena em 6 meses de detenção e dez dias-multa, fixados estes no valor mínimo legal de 1/30 do salário mínimo vigente no país à época dos fatos, devidamente corrigido até o efetivo pagamento.

Com efeito, a ré participou de dois crimes de homicídio, mediante ações dirigidas contra vítimas diferentes, no caso seus próprios pais. Além desses, também praticou o crime de fraude processual.

Assim, as penas somam-se, ficando a ré SUZANE LOUISE VON RICHTHOFEN condenada à pena de 39 anos de reclusão e 6 meses de detenção, bem como ao pagamento de dez dias-multa no valor já estabelecido, por infração ao artigo 121, §2º, inciso I, III e IV (por duas vezes) e artigo 347, parágrafo único, c.c. artigo 69, todos do C. Penal.

Torno as penas definitivas à míngua de outras circunstâncias.

Por serem crimes hediondos os homicídios qualificados, a ré cumprirá a pena de reclusão em regime integralmente fechado e a de detenção em regime semiaberto, primeiro a de reclusão e finalmente a de detenção.

Estando presa preventivamente e considerando a evidente periculosidade da ré, não poderá recorrer da presente sentença em liberdade, devendo ser expedido mandado de prisão contra a ré SUZANE LOUISE VON RICHTHOFEN.

Após o trânsito em julgado, lancem-se os nomes dos réus no rol dos culpados.

Nada mais!

CAPÍTULO 8

UM BONDE PARA TREMEMBÉ

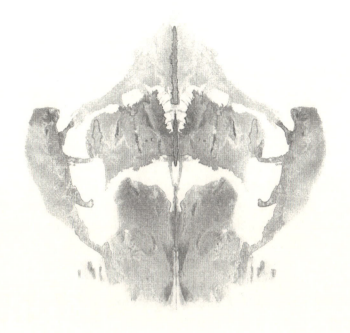

Fantasia de carnaval, uma montanha, uma cabeça de boi e uma pomba

De volta para a cadeia, condenada, Suzane foi jogada feito um saco de batatas num camburão da Polícia Militar estacionado no pátio do Fórum da Barra Funda. Deitada, algemada e tremendo de frio, a jovem vestia um casaco azul-celeste com listras brancas e tinha os cabelos repicados na altura dos ombros. Os policiais fizeram questão de deixar a porta traseira da viatura aberta para expor a assassina à imprensa. Depois de cinco minutos de holofotes, flashes e filmagens, a barca – como são chamados os carros oficiais de transporte de presos – partiu pela Rodovia dos Bandeirantes com sirene ligada por 180 quilômetros rumo ao Centro de Ressocialização de Rio Claro.

Ao chegar à moradia-paraíso, a jovem foi hostilizada pelas presas porque tinha gozado de privilégios em sua primeira passagem pelo local e por causa da natureza do crime cometido. E também pelos funcionários, já que as regalias anteriores da criminosa famosa vazaram para a imprensa, provocando o afastamento de parte da direção do presídio. Como punição, Suzane foi transferida para a Penitenciária Feminina de Ribeirão Preto, a 320 quilômetros da capital. Lá, mergulhou no inferno pela segunda vez.

Inaugurada em 2003, a nova moradia de Suzane era tão "luxuosa" quanto a cadeia de Rio Claro. Não havia superlotação e a calmaria reinava. A Secretaria de Administração Penitenciária (SAP) de São Paulo escolheu justamente essa unidade prisional para ser transformada em modelo de ressocialização do nordeste do estado. Focou na humanização da pena e na oferta de trabalho e educação, além de projetos voltados para a saúde mental e cursos. Tudo para devolver a mulher presa ao convívio social. Lá, todas trabalhavam, fosse em empresas parceiras do presídio, fosse na manutenção dentro da unidade, como limpeza, cuidados com a horta e reformas. Eram oferecidos cursos profissionalizantes voltado para aptidões diversas, como empreendedorismo, finanças e até marketing. A penitenciária mantinha ainda um espaço com hortifrútis orgânicos cultivados pelas detentas. Os produtos eram usados nas refeições das criminosas e dos funcionários.

As qualidades da Penitenciária de Ribeirão preto não foram suficientes para fazer Suzane sorrir. Ao chegar, ela cumpriu os ritos de inclusão. Ficou sozinha na cela destinada ao regime de observação por dez dias. No início, não conseguia comer nem as refeições com legumes orgânicos cultivados pelas colegas. Quando foi solta no pátio para o primeiro banho de sol, estava esquálida e abatida. Nesse contato inicial com as outras presas após o julgamento, Suzane percebeu ter sido transformada em celebridade. Sua imagem estava em todos os jornais, revistas e, principalmente, na televisão. Esse tipo de exposição dá prestígio ao criminoso dentro das penitenciárias. As demais detentas e até as agentes de segurança olhavam para Suzane como se ela fosse artista. Elogiavam a sua beleza. "Você é muito mais bonita pessoalmente. As fotos não te valorizam", disse uma carcereira. Os elogios não eram capazes de reanimar a estrela da cadeia. Ela estava deprimida com o castigo pesado de 39 anos de reclusão. A sentença-base, a bem da verdade, era de 18 anos. Mas os agravantes do crime (meio cruel, motivo torpe e ausência de chance de defesa às vítimas) fizeram a pena mais do que dobrar. Nessa época, seus advogados tentavam reanimá-la, prometendo conseguir em instâncias superiores da Justiça um novo julgamento. No entanto, é mais fácil a Irmã Lúcia revelar o terceiro segredo de Fátima do que anular a sentença de um réu confesso no tribunal do júri. Sem esperança e deprimida, Suzane sentou-se numa soleira e passou a olhar o céu azulado, quando foi abordada por uma presa:

— Veja só quem veio comer farelo com os porcos! Seja bem-vinda, querida! – ironizou.

— Nossa Senhora! – assustou-se Suzane, levantando-se rapidamente.

A interlocutora era Maria Bonita, a cangaceira sinistra de garras afiadas. Por causa do seu envolvimento na rebelião na Penitenciária Feminina da Capital, a traficante havia sido transferida para Ribeirão Preto. Nessa época, meados da década de 2000, a vigilância interna das galerias era feita pelas próprias detentas. Poderosa, Maria Bonita era uma das novas "seguranças" do presídio. Ela carregava todas as chaves das celas de um bloco onde ficavam 30 presas do regime fechado. Desde que chegara à unidade, a bandida havia feito seis cursos, incluindo os de segurança, primeiros socorros, jardineiro e pedreiro. Foi nesse período que a bandoleira ganhou a confiança das colegas e da administração – graças a tantas regalias, ela conseguiu gerenciar de dentro da penitenciária uma pequena quadrilha especializada em sequestro relâmpago e extorsão.

Egressa da Bahia, Maria Bonita chegou a São Paulo com a família em 1990, aos 14 anos. O pai conseguiu emprego de gari na prefeitura da capital, enquanto a mãe vendia cosméticos de porta em porta. Para ajudar no sustento do lar, a filha começou a trabalhar honestamente como faxineira numa empresa especializada em serviços gerais. Aos 16, conheceu um assaltante de supermercados e se apaixonou por ele e, principalmente, pelo universo perigoso do rapaz, sempre metido em tiroteios e fugindo da polícia. Aos 18, Maria Bonita já se intitulava "cangaceira urbana" e figurava na lista dos bandidos mais perigosos de São Paulo. Aos 21, levou um tiro na perna disparado por um segurança de banco durante um assalto, mas conseguiu escapar. A mãe e uma vizinha enfermeira fizeram os curativos. Curada, ela mesma resolveu se afastar da família para não colocar os pais em perigo. Um ano depois, Maria Bonita foi cooptada pelo PCC junto com o namorado. Na facção, o casal intensificou a atividade criminosa, praticando inclusive sequestros. Sua casa caiu em 2000, quando ela tinha 24 anos, denunciada anonimamente à polícia. O namorado foi para a penitenciária de segurança máxima de Presidente Venceslau, enquanto ela foi parar na Penitenciária Feminina da Capital, onde tentou matar Suzane.

Respeitada dentro da Penitenciária de Ribeirão Preto, Maria Bonita foi eleita "presidente da cadeia", gíria para definir quem "governa" ou "pilota" a prisão. Nesse cargo, a bandoleira adorava exibir o molho com cerca de 30 chaves preso à cintura. Na hora que quisesse, ela conseguia abrir as portas do almoxarifado e até da despensa de alimentos. No entanto, a sua autoridade ia muito além dessas coisas miúdas. Maria Bonita tinha poder de decidir quem deveria viver ou morrer dentro do confinamento, administrando um tribunal do crime intramuros. A líder nunca estava sozinha. Por onde andava, era sempre acompanhada por um grupo de seis seguidoras, formando à sua volta um eficiente escudo de proteção. Ai de quem a encarasse no pátio da cadeia. Suas seguranças eram detentas violentas, envolvidas com tráfico e latrocínio. Como tinha conexão com assassinos perigosos do mundo lá fora, Maria Bonita era temida até pelas agentes de segurança penitenciária, chamadas pelas detentas de "pé de porco". Certo dia, uma carcereira tentou repreender a "presidente" da cadeia em público porque ela tinha ameaçado uma rival com uma enxada na horta. No dia seguinte, a bandoleira chamou a funcionária num canto e lhe repassou um papel contendo anotações. "Pela ordem, sua funça? [Tudo bem com a senhora?]. Leia essa pipa [bilhete] com molejo [atenção]. Nela tem o

Suzane: assassina e manipuladora

ninho [endereço] da sua família e até o nome da escola do seu piá [filho homossexual]. Pense duas vezes antes de me fazer passar vergonha no meio das baratas [colegas de cela]. Caso contrário, pego um *graham-bell* [telefone], passo um fio para os meus *parças* pularem a fogueira [espancar] da sua filha, copiou?". Depois desse recado, nunca mais a carcereira ousou levantar a voz para a presidente da cadeia.

Suzane não precisou de muito tempo para perceber a dimensão do poderio da sua velha rival. Sem a menor cerimônia, Maria Bonita resgatou das profundezas da calcinha um celular minúsculo. Fez uma ligação pressionando um único botão e engatou o aparelho numa engenhoca feita de arame, prendendo-o perto do ouvido, sob a cabeleira cheia de cachos cor de fogo. O truque deixou as suas mãos livres. Falando baixinho, Maria Bonita misturou as gírias da cadeia com as usadas em conversas por rádio amador:

— QAP? Me dá um *break*? [...] Não posso comer barbante porque estou debaixo do sol. [...] Vou modular rápido: o batom tá aqui na minha frente! [...] Ela dorme no seguro, mas tem um peixe nosso lá no aquário! [...] O batente tá agendado, copiou? [...] Beleza, fica com PX-D Maior. Câmbio, desligo!

Traduzindo, Maria Bonita passou a seguinte mensagem por telefone:

"Estás na escuta? Posso falar? [O interlocutor pediu um momento] Não posso esperar porque estou na hora do banho de sol. Vou falar rápido: a Suzane está aqui na minha frente! Ela dorme num pavilhão especial, mas tenho uma amiga na mesma cela. O trabalho tá agendado, entendeu? [...] Beleza, fica com o diabo. Até mais!"

Quando a cangaceira desligou "o radinho", como os presos chamam os aparelhos celulares traficados para dentro do presídio, Suzane tentou negociar. Começou fazendo uma sondagem:

— Você ainda trabalha para o PCC? – perguntou.

— Pedi demissão! Agora presto serviços diretamente para o Satanás, o pai das trevas! – debochou Maria Bonita, gargalhando e mostrando as garras vermelhas.

— Olha, meus advogados têm muito dinheiro. Eu topo pagar uma certa quantia a você em troca de proteção.

— Topa mesmo? Não me diga! Se enxerga, sua puta! Você está na miséria. Foi deserdada. Matou os pais para ficar com o dinheiro e acabou sem um real na bolsa! Pensa que não leio jornal aqui dentro?

— Eu posso te pagar! Juro! Juro! Juro! Juro por Deus! Quanto você quer para me deixar em paz?

— Jura por Deus? – ironizou a detenta satânica.

Irredutível, Maria Bonita não abriu canal para negociação. Outras bandidas integrantes da quadrilha infernal mostraram à Suzane facas artesanais de cabos vermelhos em plena luz do dia, no pátio da cadeia. Com medo de morrer, a jovem teve coragem de formalizar à direção do presídio uma denúncia contra a cangaceira. Orientada por advogados, Suzane limitou-se a relatar só as ameaças de morte, omitindo ter visto a criminosa usando um celular e armas brancas. A queixa foi encaminhada ao Ministério Público. Semanas depois, ao ver o promotor de Justiça Eliseu José Bernardo Gonçalves andando pelos corredores da penitenciária, fazendo uma inspeção de rotina, Suzane não titubeou em abordá-lo. Lançou mão da postura infantil e da voz de menina:

— Doutor, pelo amor de Deus! Me ajude!

— O que houve, Suzane?

— Uma presa vai me matar aqui dentro!

Eliseu era promotor da Vara do Júri e de Execuções Criminais em Ribeirão Preto. Sua tarefa era fiscalizar a execução da pena das detentas e encaminhar parecer à Justiça sobre concessão de benefícios. A autoridade também apurava denúncias de maus-tratos nos presídios. Sendo assim, era comum ter audiências com as presidiárias. Dentro da unidade penal, no dia a dia, Eliseu já via Suzane com outros olhos, segundo relatos de funcionários. No dia em que a jovem falou das ameaças de morte, o promotor fez questão de estender a conversa:

— Quem quer matar você, sua linda?

— Uma presa satânica chamada Maria Bonita. O senhor sabe quem é?

—Todo mundo a conhece. Mas olha, cão que muito late não morde.

— Aqui dentro ela ameaça até as carcereiras. O senhor precisa ver! – entregou Suzane.

Suzane: assassina e manipuladora

— Por que ela quer matar você?

— Ela se diz mensageira do Satanás ou sei lá de quem. Me tire daqui, por favor. Não estou pedindo, estou implorando! – suplicou Suzane.

— Para onde você quer ir?

— Tremembé!

Na semana seguinte, Maria Bonita encontrou Eliseu na penitenciária. A cangaceira foi objetiva quando questionada por ele:

— É verdade que você vai matar a Suzane?

— Sim! – assumiu.

— Por quê?

— Porque quem mata os pais não merece viver. O senhor conhece as regras, né?

— Quem mandou você matá-la?

— Não posso falar! Aliás, todo mundo aqui na comunidade sabe que o senhor paga o maior pau por ela. Se eu fosse o doutor, tiraria ela daqui quanto antes! – sugeriu Maria Bonita.

— Quero que você pare com essas ameaças, caso contrário você será denunciada à Justiça e receberá um aumento na pena – avisou o promotor.

A cangaceira diabólica não era o único problema de Suzane na penitenciária de Ribeirão Preto. Dois anos depois de mandar matar os pais, ela passou a ser investigada pelo Ministério Público de São Paulo por causa de duas contas supostamente abertas em seu nome e de sua mãe no Discount Bank and Trust Company (DBTC), hoje Union Bancaire Privée, na Suíça. As contas haviam sido descobertas em 2003 por meio da CPI do Banestado, que identificou também uma ordem de pagamento de número 310035 no valor de 500 mil dólares para o banco JP Morgan Chase, de Nova York. De lá, o capital foi enviado para o DBTC. Na época, o procurador Eduardo Reingantz suspeitava que o dinheiro transferido para o exterior por meio de uma *offshore* tenha sido desviado da obra do Rodoanel Mario Covas, gerenciada por Manfred von Richthofen. O Ministério Público acreditava que o advogado de Suzane, Denivaldo Barni, sabia dessas contas e por esse motivo ficou colado a ela – ora feito advogado, ora feito tutor – por mais de uma década após o crime.

Outro indício que alimentava a suspeita de que Manfred operava dinheiro sujo vinha do padrão de vida da sua família, considerado elevado para um rendimento de aproximadamente 30 mil reais (do casal) em valores da época. A outra suspeita veio do fato de Suzane ter desistido com muita facilidade da herança milionária deixada pelos pais. Segundo uma tese da investigação, ela teria planejado matar os pais de olho nessa fortuna. A renúncia à herança ocorreu bem antes de a Justiça declarar a assassina como indigna do espólio de Manfred e Marísia. Denivaldo Barni chegou a depor no MP no inquérito aberto para apurar os caminhos desse dinheiro, mas nunca foi provado que as contas no exterior, de fato, pertenciam à família Richthofen. A investigação do MP foi arquivada quando o procurador Nadir de Campos Júnior, que atuou no julgamento de Suzane, surgiu no programa *Super Pop*, da Rede TV!, em 2 de março de 2015. Em entrevista à apresentadora Luciana Gimenez, ele afirmou categoricamente que a jovem mandou os irmãos Cravinhos matarem os pais de olho na fortuna oculta. Andreas, irritado com as suspeitas sobre Manfred, escreveu uma carta aberta ao procurador, publicada no dia 7 de março de 2015, no jornal *O Estado de S. Paulo*:

Prezado Dr. Nadir de Campos Jr.

É em nome do excelente trabalho do qual o Sr. participou, ao condenar a minha irmã Suzane Louise von Richthofen e os irmãos Cristian e Daniel Cravinhos, e também por toda sua história na Justiça brasileira, que me sinto compelido a abordá-lo.

Escrevo-lhe esta mensagem por vias igualmente públicas às quais o Sr. se vale para comentar o caso da minha família. Entendo que sua raiva e indignação para com esses três assassinos sejam imensas e muito da sociedade compartilha esse sentimento. E eu também. É nojento. Encare da perspectiva existencialista. No entanto, observo que o Sr. faz diversos apontamentos referindo-se a um suposto esquema de corrupção, do qual meu pai, Manfred Albert von Richthofen, teria participado e cujos resultados seriam contas no exterior em enormes montantes.

Suzane: assassina e manipuladora

Gostaria que o Sr. esclarecesse essa situação: se há contas no exterior, que o Sr. apresente as provas, mostre quais são e onde estão, pois eu também quero saber. Entendo que sua posição e prestígio o capacitam plenamente para tal. Mas se isso não passar de boatos maliciosos e não existirem provas, que o Sr. se retrate e se cale a esse respeito, para não permitir que a baixeza e crueldade desse crime manchem erroneamente a reputação de pessoas que nem aqui mais estão para se defender, meus pais Manfred Albert e Marísia von Richthofen.
Respeitosamente,
Andreas Albert von Richthofen

Desde então, o Ministério Público nunca mais se pronunciou publicamente sobre as supostas contas da família Richthofen no exterior.

* * *

Depois de ser advertida pelo promotor Eliseu, Maria Bonita passou a não ter mais acesso à Suzane no pátio da penitenciária de Ribeirão Preto. A cangaceira foi transferida de pavilhão e tomava banho de sol em horários distintos. No entanto, num procedimento de rotina para contagem geral das presas, todos os portões foram abertos e dezenas de filas indianas compridas seguiam pelos corredores. As detentas caminhavam com as mãos para trás, como se estivessem algemadas. Suzane seguia com um grupo de 40 mulheres para a área externa. A cangaceira caminhava pela galeria no sentido contrário – também em fila indiana – com outro agrupamento de criminosas. As filas andavam, faziam curvas e paravam a todo momento. A famosa lei de Murphy diz: "Se alguma coisa pode dar errado, dará". No caso de Suzane, deu muito errado. A sua fila parou bem ao lado da fila em que estava a sua antagonista de unhas vermelhas. Maria Bonita aproveitou a coincidência e deu dois passos à frente para ficar mais próxima da sua rival. Mesmo advertida pelo promotor e cercada de testemunhas, inclusive de carcereiras, Maria Bonita ameaçou Suzane mais uma vez. O prenúncio, dessa vez, beirava o terrorismo:

— O Satanás me mandou uma mensagem. Eu li, mas não respondi...

— Do que você tá falando, sua louca? – questionou Suzane.

— Não pensa que você escapou, sua vagabunda! Presta atenção no que eu vou te falar: na sua cela tem seis detentas. O Anhangá já está incorporado em uma delas. Você nem faz ideia de quem seja. À noite, quando você fechar os olhos, será para sempre! – ameaçou a cangaceira.

— E quem é Anhangá? – quis saber Suzane.

— O Satanás, sua idiota! – esbravejou Maria Bonita, arrancando risadas de quem ouviu a conversa.

Perplexa por ser ameaçada na frente de diversas testemunhas, Suzane ficou sem ação. À noite, quando a galeria foi trancada, ela fitou o rosto de cada uma das suas colegas de cela na tentativa de identificar quem, afinal, havia incorporado o tal Anhangá. A jovem passou a desconfiar de uma nigeriana radicada no Brasil chamada Latasha, de 28 anos na época. Circunspecta, a estrangeira foi condenada a 46 anos de prisão por ter jogado o filho, um bebê de dois meses, num panelão de água fervente. Sem fluência na língua portuguesa, a nigeriana não falava com ninguém. Latasha chamava atenção das colegas porque parecia dormir sem respirar, na mesma posição a noite inteira e sem fazer nenhum barulhinho, tal qual um defunto. Das suas companheiras de cela, Suzane só confiava em Celeste, a famosa Tia do Fogo, que havia conhecido quando passou pela Penitenciária Feminina da Capital. Suzane falou da ameaça de Maria Bonita, das suas desconfianças em relação à Latasha, e pediu à amiga para vigiá-la durante o sono. Celeste riu:

— Menina, para com essa bobagem!

— A Maria Bonita disse que um tal Anhangá vai encarnar em uma das detentas aqui do barraco (cela). Estou achando que vai ser no corpo da Latasha – arriscou Suzane.

— Por que justamente na pobre da Latasha, tadinha? Ela não mexe com ninguém. Passa o dia dormindo – ponderou Tia do Fogo.

— Sei lá, de todas nós, ela é a que tem o pior crime. Só pode ser ela, né? – argumentou Suzane.

— Faz o seguinte: aproveita que o promotor está com os quatro pneus arriados por você, marca uma visita no gabinete dele e insista no bonde para Tremembé – aconselhou a amiga.

— Bonde?

— Bonde, na gíria dos presídios, significa mudar de cadeia – ensinou a veterana.

Celeste era uma viúva de riso frouxo e carismática. Com 48 anos, convertida ao espiritismo dentro da cadeia, fazia atendimentos na cela em uma mesa branca. Garantia falar com os mortos. Sua credibilidade era tão grande que presidiárias de todas as religiões disputavam a tapa uma hora para entrar em contato com parentes desencarnados por intermédio da espírita. A maioria queria encontrar com suas vítimas para pedir perdão. Uma senhora de 46 anos chamada Isabel havia matado o filho de 16 porque ele era dependente químico e estava destruindo a família, vendendo até os eletrodomésticos da casa para comprar cocaína. Certa noite, a mãe acordou de madrugada com ele e dois amigos arrancando a televisão de 29 polegadas da parede da sala. Isabel tentou impedir, mas seu filho a empurrou com tanta força que ela caiu no chão. Movida por uma forte emoção, a mãe foi até o quintal, pegou um machado pequeno e deu um único golpe na cabeça do jovem, afundando a ferramenta em seu crânio, atingindo o lobo parietal, responsável pela sensação e percepção, pela informação sensorial e os campos visuais. O adolescente caiu no chão, estrebuchou e morreu meia hora depois numa poça de sangue à espera de socorro. Isabel foi condenada a 33 anos de reclusão. Na Penitenciária de Ribeirão Preto, sua maior angústia nem era a privação da liberdade. Era a falta de comunicação com o filho morto de forma trágica por ela. Numa sessão espírita com Tia do Fogo, Isabel teria finalmente falado com ele. Na conversa sobrenatural, o filho teria perdoado a mãe associando a sua morte ao seu vício. "Ele disse que está num lugar lindo, cheio de flores. Por ele, eu nem estaria na prisão. Mas não me importo em estar presa. Saber que meu filho me perdoou já é libertador", disse Isabel. Cínica, Suzane também fez consulta com Tia do Fogo para acessar a alma dos pais. "Fechei os olhos e encontrei a mamãe. Ela também disse já ter me perdoado, pois a culpa toda é do Daniel. Ele, sim, é um assassino.

O papai ainda não quis conversar. Pediu um tempo", contou a parricida sobre a sua experiência sobrenatural.

Com sobrepeso, Celeste, a Tia do Fogo, pesava cerca de 100 quilos e tinha 1,72 de altura. Mãe de três filhos adultos, trabalhava na cozinha da penitenciária e era elogiadíssima por fazer arroz de panela soltinho e pela criatividade em combinar temperos. A cozinheira lidava bem com o sobrepeso, mas adorava mostrar fotos de biquíni, feitas na época em que era magérrima, na juventude. A parede de sua cela era repleta dessas imagens. Antes de ser privada de liberdade, Celeste ganhava a vida cozinhando em um restaurante de comida brasileira. Esperta, nunca se envolveu em confusão na cadeia. Seu defeito, como costumava dizer às colegas, foi amar demais um lixo de homem. Suzane logo se identificou, pois àquela altura da vida ela ainda justificava o seu crime com a paixão cega por Daniel.

Celeste foi casada com Pascoal, um professor de Educação Física jovem, alto e aficionado por esportes. Em uma foto do casamento, era possível ver a noiva com uma cintura de pilão. O casal morava em Ribeirão Preto. Com o passar do tempo, a cozinheira desenvolveu um distúrbio alimentar provocado por alterações hormonais combinadas com excesso de cortisol no organismo. O sedentarismo e o metabolismo lento também agravaram o seu quadro clínico. Celeste passou a ganhar peso lentamente. O receio de perder o marido a fez procurar ajuda médica. Mas a compulsão por comida só aumentava. Pascoal passou a repreendê-la. No início, ele fazia alertas sutis, como se estivesse preocupado com a saúde da companheira. Depois, os avisos foram evoluindo para comentários abusivos. Quando Celeste repetia o prato no jantar, por exemplo, Pascoal dizia na frente dos filhos que a mãe estava ficando gorda feito um hipopótamo. E complementava a chacota simulando com os dois braços abertos a bocarra do mamífero de grande porte. Os meninos riam e Celeste, lógico, ficava envergonhada.

Certo dia, a família recebeu Manuella, uma sobrinha de 16 anos vinda do interior de Minas Gerais. Quando viu Celeste, a menina comentou em tom jocoso: "Nossa, tia, como a senhora engordou!".

Angustiada com a aparência, a cozinheira comia mais e mais. A princípio, Manuella passaria só uma semana, mas foi ficando, foi ficando, e a estada na casa dos tios já somava três meses. Magra, a garota usava o excesso de calor como desculpa para usar roupas curtíssimas. Ao pôr uma blusinha folgada e abrir mão do sutiã, a sobrinha foi repreendida por Celeste. Pascoal defendeu Manuella, alegando que a juventude estava mais liberal.

A adolescente de seios fartos começou a despertar a cobiça dos homens da vizinhança. O filho mais velho de Celeste, de 15 anos na época, se interessou pela prima, mas ela o rejeitou dizendo gostar de homens mais velhos, citando Pascoal como exemplo. Triste com o fora, o garoto falou para a mãe das preferências de Manuella. Celeste teve uma intuição e providenciou o retorno da sobrinha para a casa dos pais. Ela mesma arrumou a mala da jovem e a levou até a rodoviária para se certificar da sua partida. Só arredou pé do terminal quando viu o ônibus com Manuella virar a esquina. Naquela mesma noite, Pascoal não chegou para o jantar. Celeste ficou intrigada. Às duas da madrugada, a porta da sala abriu e Pascoal entrou, bêbado. O excesso de álcool emprestou ao marido uma coragem pra lá de imprudente:

— Quer saber a verdade? Eu namoro a Manuella desde o ano passado, acredita? Por isso mandei ela vir morar conosco.

— Como assim? O que você está falando?! – espantou-se Celeste.

— Isso mesmo que você ouviu! Olha, e ela nem tem culpa de nada, tadinha. Eu que dei em cima. Ela nem queria nada comigo. Insisti, insisti, insisti até que ela não resistiu – orgulhava-se Pascoal.

— Por que você está fazendo isso comigo?

— Se olha no espelho que você terá a resposta! Você está gorda, pesada, envelhecida e gasta. Uma baranga! Impossível ter desejo por um bucho feio feito você... Aí resolvi namorar uma novinha magra e bonita...

Quanto mais Pascoal botava as suas verdades ácidas para fora, mais Celeste sucumbia emocionalmente. Mal se aguentando em pé, o bêbado falava enquanto tirava a roupa no quarto do casal:

— Você nem se deu conta de que reforcei o estrado da nossa cama com chapas de aço porque a madeira não aguentava mais o seu peso.

Você parece aquela mulher que explodiu na novela de tanto comer. Você é saco de gordura. [...] Seu tempo já passou. Mas o meu, não. Estou em forma e você está feia, derrubada...

— Para com isso, Pascoal! – suplicou Celeste.

— Eu bem que implorava para você parar de comer e dar um jeito nessa barriga. *[Nesse momento, Pascoal apertou com os dedos as dobras de gordura do abdome de Celeste].* Mas você nunca me ouviu! Só fazia engordar, engordar e engordar. Agora tá aí, redonda, andando pela casa que nem um elefante.

— Por favor, para! Por favor... – implorava a cozinheira.

— Paro não! Espero que essa minha sinceridade faça você dar um jeito nessa sua vida triste! Começa fazendo uma dieta! – sugeriu.

Com as duas mãos sobrepostas na boca e os olhos esbugalhados, Celeste passou a ouvir as ofensas do marido estática, chorando em silêncio. Pascoal nunca havia encostado um dedo na companheira. Em compensação, falava absurdos para a mulher – inclusive na frente de amigos – desde que ela engordou. Antes, Celeste dizia que suportava as ofensas do marido por amor. "Ele me falava coisas horrorosas. Mas nunca tinha me traído. Mesmo depois que adquiri sobrepeso, o sexo era bom. Até que um dia ele arrumou outra...", recorda. Hoje, ela diz que nunca soube – de verdade – o que era o amor. "Estava doente", concluiu.

No fatídico dia, Pascoal, mais pra lá do que pra cá de tanta bebedeira, abriu uma gaveta da cômoda com roupas da esposa e pegou uma calçola *plus size* de cor violeta. Em seguida, ele pôs a peça íntima no próprio pescoço para zombar da coitada, comentando em tom de escárnio: "Olha para isso!" Ao fazer à esposa um anúncio embalado com mais humilhação, Pascoal assinou a sua sentença de morte:

— Eu vim arrumar as malas. Vou morar com a Manuella. Estou de mudança para Minas amanhã cedo. Se quiser vir conosco, venha. Já conversei com ela. Você é habilidosa no fogão, lava e passa roupa bem. Será a nossa empregada. Aliás, vai lá na cozinha, faz um café quente e traz um copo de água que preciso me hidratar... Vai lá, saco de banha! Mas pisa no chão devagarinho para não acordar as crianças!

Mesmo sóbria, Celeste parecia embriagada de tão desnorteada. Ela saiu do quarto de mansinho e caminhou pelo piso de madeira da casa sem fazer barulho, conforme o marido havia pedido.

Pascoal tirou toda a roupa – deixou a calçola de Celeste no pescoço – e se jogou no meio da cama de peito para cima, completamente nu, com as pernas e os braços totalmente abertos. Seu corpo fazia um X sobre o colchão. Sob forte efeito de álcool, apagou.

Nervosa, Celeste acendeu um cigarro, deu vários tragos seguidos e certificou-se de que os filhos dormiam. Obediente, foi até a cozinha. Em vez de café, pegou uma corda comprida e usou uma faca para cortá-la em quatro pedaços iguais.

No lugar da água, a cozinheira apanhou um galão com cinco litros de gasolina no depósito. Voltou ao quarto. Deu mais uns tragos e pôs o cigarro aceso em um cinzeiro sobre a cômoda. Depois, imobilizou o marido, amarrando os pés e as mãos do coitado na madeira da cama.

Celeste despejou lentamente boa parte do combustível inflamável sobre o colchão, ao redor do traidor boquirroto, encharcando a cama inteira. Ali, naquela cena, Celeste se transformou na Tia do Fogo. Pegou o cigarro, bateu as cinzas e continuou fumando.

O vapor do benzeno expelido pela gasolina acordou Pascoal da bebedeira. O marido recobrou a lucidez e tentou sair da cama. As amarras o impediram. Debateu-se. Imóvel, Tia do Fogo só olhava a angústia da vítima. Pascoal suplicou pela vida:

— Que porra é essa, amorzinho? Não me leva a mal. Tudo o que eu te falei foi da boca para fora! Me desamarra, por favor!

— Agora eu sou seu "amorzinho", né? – ironizou.

— Eu te amo! Só falei aquelas merdas da boca pra fora. Nem vou mais me mudar. Me solta! Eu serei outro homem, juro! – prometia Pascoal.

Ao narrar as próximas cenas, em 2018, Celeste chorou de soluçar e encharcar os olhos. "Como eu queria ter tido forças para parar ali. Acho que ele já havia aprendido a lição. Mas a emoção me anestesiou. As pessoas não têm noção do poder das palavras. Elas podem te enaltecer se vierem em forma de elogio. Mas elas ferem, sangram e deixam marcas profundas se forem ditas para humilhar", justificou.

Mesmo ouvindo os apelos de Pascoal, Celeste foi tomada por uma

descarga de adrenalina. Possuída, a Tia do Fogo retirou a calçola do
pescoço do marido e derramou o restante da gasolina, inclusive sobre o
seu rosto, fazendo-o fechar os olhos de tanta ardência. Ela deu a última
tragada no cigarro, soprou a fumaça para o alto e jogou a bituca sobre o
marido, que gritava. Furiosa, vociferou:

— Vai gritar no inferno, desgraçado!

Foi num piscar de olhos. A ponta de cigarro triscou o colchão e o
fogaréu explodiu até o teto, provocando um incêndio, acordando toda a
vizinhança. Com o estrondo, os filhos do casal despertaram e correram
para a rua. Tão logo pegou fogo, Pascoal se contorceu sobre o colchão,
numa tentativa eloquente de se livrar das amarras.

Ao ver a pele do marido derretendo, Celeste teve um arroubo de
arrependimento e jogou um edredom sobre ele. O esforço desesperado
da esposa para salvar o marido foi em vão. O edredom desapareceu
rapidamente em meio às chamas.

No primeiro momento, carbonizaram a epiderme, a derme e
as estruturas mais profundas da pele. Quando o fogo queimou as
cordas que prendiam Pascoal na cama, ele já estava irreconhecível.
Quando a última fagulha se apagou, toda a cama havia virado
um montueiro de cinzas. Só a lâmina de aço usada para reforçar
o estrado sobrou intacta.

Os restos mortais do professor que tanto se vangloriava da forma
física ficaram sobre essa chapa, torrados feito um carvão. Segundo o
laudo do IML, ele morreu vítima de queimadura de quarto grau, aquela
que destrói pele, músculos e até os ossos. Celeste foi condenada a 36 anos
de cadeia, e das colegas da prisão recebeu o notório apelido de Tia do
Fogo, a mulher que tudo pode.

Celeste se diz arrependida, pois os filhos a abandonaram na cadeia.
O seu rol de visitantes ficou zerado por mais de dez anos. Até que um
dia uma funcionária anunciou que um rapaz havia pedido para visitar
Tia do Fogo no próximo domingo. Ela foi às pressas à secretaria ver
o nome da pessoa. Quase desmaiou quando viu o nome do seu filho
mais velho escrito na sua lista de visitantes. Emocionada, ela não
dormiu de quarta até domingo. Parecia um zumbi de sono atrasado.

Não conseguia trabalhar na cozinha nem nas sessões espíritas. Suas colegas de cela tentavam acalmá-la. No sábado, véspera da visita, Tia do Fogo fez com carinho um bolo de morango enorme com três camadas separadas, com leite condensado. A massa era macia; já o recheio foi feito de uma combinação irresistível de mousse branca e creme belga. Ela foi ao mercadinho da cadeia e comprou refrigerantes para receber o filho no pátio da penitenciária no dia seguinte. Era incrível o carisma de Tia do Fogo na penitenciária. As mulheres – inclusive as carcereiras – apoiavam a mulher que matou um marido tóxico e abusador numa época em que essa sororidade nem estava em voga. Todo o mundo ajudava a detenta a se preparar para o grande dia. Na madrugada de sábado para domingo, Tia do Fogo cortou e fez escova no cabelo; fez as unhas dos pés e das mãos. Passou uma maquiagem leve no rosto. Queria estar bonita. "Será que ele vai me reconhecer? Meu filho tinha 14 anos quando fui presa. Agora ele tem 24. Nossa! Agora que me dei conta! Nem sei como é a sua aparência atualmente. Nunca mais vi nem por fotografia. Deve estar um homem lindo!", criava expectativas enquanto se arrumava.

Nas penitenciárias de São Paulo, só podem visitar presos na cadeia familiares de segundo grau com quem ele mantém vínculo familiar. Podem ser pai, mãe, filhos, irmãos, avós, esposa/companheira. Se o detento não tiver referências familiares, ele pode adicionar nomes de amigos. Já a entrada de crianças e adolescentes é permitida somente quando o menor de idade for filho ou neto da pessoa a ser visitada. O horário para a visita permanecer dentro da cadeia vai das 8h às 16h. Mas o parente só tem acesso ao pátio se chegar até duas horas antes do horário de encerramento. Tia do Fogo foi para o pátio com o bolo de morango às 8h. Ela levou uma canga e estendeu no chão. Ficou sentada lá. Ao meio-dia, seu filho ainda não havia aparecido. As amigas observavam Celeste de longe, parada feito uma estátua, com o olhar fixo no portão. Às 13h, o bolo já estava derretido e o refrigerante havia esquentado. Se o rapaz não chegasse até as 14h, ele não entraria mais. Às 13h50, ele finalmente entrou. Realmente era um homem lindo, forte como o pai e cheio de saúde. Ele caminhou pelo pátio no meio de outros familiares. Sua mãe fez sinal com os braços. O rapaz a viu e caminhou a passos largos. Celeste ficou tão emocionada com a aproximação do primogênito que não teve forças para se levantar do chão. Começou a chorar. Perto da mãe, o filho tirou um documento e uma caneta do bolso. Foi econômico com as palavras. Seco, ele justificou a visita:

— Eu vou me casar e preciso de dinheiro. Tem um terreno enorme na Reserva Macaúba. A propriedade está em seu nome e no do meu pai. Para vendê-lo, preciso da sua assinatura nessa procuração. Faz favor de assinar – pediu.

Em estado de choque, Celeste pegou o papel e a caneta.

— Filho, me ajude a levantar. Fiz um bolo para você!

— Obrigado, mas não posso demorar. Assine a procuração – pediu, calmo.

— Como está o seu irmão? Me fale da sua noiva! Me fale de você!

— Assine a procuração! – insistiu.

Celeste escreveu seu nome no papel, muda. O filho nem olhou em seu rosto. Muito menos a chamou de mãe. De posse do documento assinado, ele virou-se de costas sem dizer "muito obrigado" ou pelo menos "tchau" e desapareceu tão rapidamente quanto entrou. Tia do Fogo foi consolada pelas amigas e só conseguiu se recuperar do baque emocional três meses depois. Ela entendeu com o tempo que, ao jogar aquela bagana de cigarro em Pascoal, não estava matando o seu marido, mas o pai dos seus filhos. "O Pascoal era um companheiro de merda. Mas a verdade seja dita: ele era um bom pai. Meus filhos o amavam", disse em 2018.

O abandono pelos familiares era outro ponto em comum entre Celeste e Suzane. A Tia do Fogo contou à amiga ter matado o marido por um impulso causado pelas palavras violentas ditas por ele naquela noite. No entanto, ao ver Pascoal crepitando sob as labaredas, a cozinheira se lembrou de todo o sofrimento vivido desde que começou a perder as curvas do corpo. "Ele me humilhava até na frente dos meus filhos", recorda-se. A detenta só entendeu o que aconteceu depois de se converter ao espiritismo. "Meu marido cumpriu a missão dele neste plano e eu

Suzane: assassina e manipuladora

estou cumprindo a minha. Quem sabe não nos encontraremos em outras encarnações", resumiu.

Ao ouvir o relato triste da colega de cela, Suzane pegou carona na história e contou ter elaborado o plano para matar os pais motivada pela opressão familiar sofrida dentro de casa desde criança. "Eu sonhava em ser livre. Em poder viajar. Queria ter poder sobre a minha vida. Agora estou aqui, presa, abandonada", reclamou para Celeste.

De madrugada, todas as detentas do "seguro" estavam dormindo, exceto Suzane, que não pregava o olho à espera do tal Anhangá. Por volta das 3 horas da madrugada, a jovem foi vencida pelo sono e adormeceu. Celeste roncava alto na cama de baixo enquanto Suzane dormia no mesmo beliche, na cama de cima. Latasha jazia no beliche ao lado. No meio da noite, Suzane acordou e olhou em direção à cama da nigeriana. Mesmo na escuridão, percebeu que Latasha não estava mais no beliche. Suzane deu um grito de terror e acordou todas as presas do pavilhão. A detenta africana estava no banheiro da cela, urinando. Celeste deu um jeito de contornar a situação, dizendo que a amiga havia tido um pesadelo. Latasha ficou sem entender e voltou a dormir feito uma múmia em sua cripta.

Semanas depois, Suzane se maquiou, entrou em um carro da Polícia Militar e foi ao Ministério Público pela primeira vez para se encontrar com o promotor. Essa visita foi no dia 5 de janeiro de 2007. Ela queria falar das ameaças de Maria Bonita. Ao entrar no gabinete, algemada, Suzane foi cumprimentada pelo promotor com "um beijinho no rosto". Em seguida, acomodou-se em uma cadeira no lado oposto da mesa onde o promotor despachava. De Eliseu, a detenta famosa recebeu oferta de água e café. Ela aceitou os dois.

Para puxar assunto, Eliseu pediu a Suzane que falasse do assassinato dos pais. A criminosa bateu na tecla de que só fez o que fez por ter sido manipulada por Daniel e acabou "confessando" um fato nunca levado a sério pela polícia: Suzane afirmou que, além dela e dos irmãos Cravinhos, Astrogildo, o pai de Daniel e Cristian, havia participado diretamente do assassinato de Manfred e Marísia. O promotor colheu o depoimento de Suzane e já imaginava as luzes dos holofotes da mídia sobre si caso conseguisse reabrir as investigações da morte dos Richthofen. No entanto, orientada por Denivaldo Barni, a jovem se recusou a assinar o testemunho. Por causa desse depoimento, Suzane passou cerca de dez horas no gabinete de Eliseu – sempre com algemas. Preocupado, o promotor providenciou um lanche. Mais para a frente, os holofotes da mídia realmente se acenderiam para Eliseu, mas por outros motivos.

No final da audiência com o promotor, Suzane falou das suas angústias no presídio de Ribeirão Preto. Contou passar noites em claro com medo do diabo e da sua emissária, Maria Bonita. A jovem implorava por uma transferência de cadeia. Chegou ao cúmulo de reclamar das olheiras escuras e enormes estampadas no rosto. "Essa Demônia me persegue desde a Penitenciária Feminina da Capital. Sabe aquela rebelião em que quase morri? Foi ela quem organizou!", recordou-se.

Depois de ouvir com detalhes como Maria Bonita atazanava Suzane dentro do presídio, Eliseu teria afirmado à detenta poder mandá-la para Tremembé. Mas haveria uma condição *sine qua non*. Nesse momento, ele teria se levantado da cadeira e contornado a mesa para se aproximar de Suzane. A detenta perguntou qual seria essa cláusula. O promotor, então, teria levado o seu rosto para perto da moça e anunciado a tal condição indispensável: um beijo. Suzane teria se levantado rapidamente e seguido algemada de maneira sensual rumo à porta do gabinete. Momentos antes de sair, anunciou charmosamente com a sua voz de criança: "Primeiro a transferência, depois o pagamento". E escafedeu-se.

Em uma visita de rotina ao presídio, Eliseu teria dito à Suzane que a requisição da transferência dela para Tremembé já estava assinada por ele. Faltava apenas encaminhar à Justiça para sacramentá-la. Suzane ficou empolgada e pediu ao promotor que a enviasse ao fórum de Ribeirão Preto imediatamente, pois poderia morrer assassinada por Maria Bonita ainda naquele dia. Eliseu, segundo relatos de funcionárias da penitenciária, já demonstrava intimidade com Suzane ao se referir à moça com apelidos carinhosos:

— Suzi, você tem certeza que quer ir mesmo para Tremembé? Aqui posso proteger você – teria ponderado o promotor.

— Tenho certeza, sim! – sustentou Suzane.

— Olha a minha dívida, hein...

— Ainda estou neste inferno, ou seja, por enquanto não há dívida alguma – ironizou a detenta.

Foi abraçada à Tia do Fogo e pulando em círculos no pátio da Penitenciária Feminina de Ribeirão Preto que Suzane comemorou a notícia da transferência, oficializada três semanas depois do encontro com o promotor. A mudança estava marcada para dali a três dias. Enquanto celebrava, a jovem foi surpreendida. No dia 15 de janeiro de 2007, uma ambulância do Serviço de Atendimento Móvel de Urgência (Samu) foi buscá-la na cadeia. Mesmo sem estar doente, Suzane foi algemada e entrou no furgão rumo ao Ministério Público.

No gabinete de Eliseu, de número 207, as algemas de Suzane foram retiradas por um policial a pedido do promotor. Segundo relato dela, a sala onde a autoridade analisava processos de execução penal das detentas estaria transformada em boate, com som dançante e um globo de luzes coloridas conhecido como bola-maluca. A jovem não teve dúvida: estava ali para quitar a sua dívida. Em determinado momento, Eliseu teria tirado o CD de música agitada e posto um com a canção romântica de Tom Jobim e Vinicius de Moraes "Chega de saudade", cantada por João Gilberto, o pai da bossa nova. Um dos trechos dessa música diz *"Mas se ela voltar, se ela voltar / Que coisa linda, que coisa louca / Pois há menos peixinhos a nadar no mar / Do que os beijinhos que eu darei na sua boca".* Segundo Suzane, o promotor teria se declarado apaixonado nesse segundo encontro e lido diversas poesias de sua autoria. "Eu não consigo mais viver sem você. Eu sonho com você todos os dias e acordo todo melado", teria se derretido. Eliseu teria se aproximado de Suzane para dar um beijo em sua boca, mas a assassina esquivou-se. O promotor teria desafivelado o cinto e aberto a calça. Ao ver tal cena, Suzane pediu um tempo para ir ao banheiro. Ela saiu do gabinete de Eliseu, caminhou por um corredor estreito, dobrou à esquerda e atravessou pela primeira porta que viu aberta. Era justamente a sala de outro corregedor dos presídios. Lá, foi prática e objetiva. Com a voz firme de mulher adulta, anunciou:

— Quero registrar uma denúncia de assédio sexual...

Eliseu não era um homem bonito nem feio. Tinha cabelos escorridos e partidos ao meio. Usava óculos de aro grosso e estava sempre bem-vestido. Aos 45 anos na época, sendo 19 de carreira no Ministério Público, mantinha postura séria. Ele vivia uma união estável e foi abandonado pela mulher tão logo o suposto *affair* com Suzane ganhou a mídia. Repórteres ligavam de cinco em cinco minutos perguntando se ele estava apaixonado pela detenta. Eliseu negava, aborrecido. "A minha mulher acreditou em mim. Mas acabou pairando uma dúvida", comentou. O promotor foi investigado em um procedimento interno e punido com 22 dias de suspensão das atividades, algo humilhante para uma autoridade dessa envergadura. Ao optar pela sanção, a Corregedoria do Ministério Público escreveu que Eliseu "não teve uma conduta compatível com o cargo que ocupa".

A punição de Eliseu foi publicada no Diário Oficial do Estado de São Paulo no dia 15 de setembro de 2010. Ele recorreu da decisão junto ao Conselho Nacional do Ministério Público, em Brasília, mas o castigo foi mantido. Funcionários da Penitenciária de Ribeirão Preto disseram em depoimento que o promotor tinha "um certo encantamento" por Suzane. Há relatos de que ele batia fotos com a presa famosa e a chamava carinhosamente de Suzi, em referência à boneca jovem de cintura fina e pernas delineadas, da Estrela. Um promotor, colega de Eliseu, recorda-se do dia em que ele comentou numa roda de amigos achar Suzi "muito linda".

No mesmo procedimento que puniu o promotor, as acusações foram rebatidas. "Nunca a chamei de Suzi. [...] Nunca tive aparelho de som na minha sala. [...] Não havia clima romântico algum. [...] Nunca houve nada entre nós. Nossa relação foi toda profissional. [...] Nunca escrevi poesias. Nem poeta eu sou. [...] Nego tudo com veemência!". O beijinho no rosto de Suzi e o lanchinho em seu gabinete ele admite. E se justificou na época: "Eu também dava beijinhos no rosto das outras detentas. Eram beijinhos profissionais. [...] O lanche foi uma questão humanitária, pois ela estava há dez horas sem comer". A amigos, Eliseu afirmou que foi seduzido por Suzi. À revista *Veja*, em 31 de agosto de 2016, o promotor encerrou o assunto: "Prefiro ouvir falar do diabo, mas não quero ouvir o nome dessa moça". Depois desse fuzuê, Suzane pegou o bonde para Tremembé e se livrou do tal Anhangá e das garras afiadas tanto de Maria Bonita quanto de Eliseu.

CAPÍTULO 9

QUALQUER MANEIRA DE AMOR VALE A PENA

Algas marinhas, fontes luminosas, pélvis e um brasão

Dez entre dez criminosos condenados pela Justiça almejam cumprir a pena numa das quatro penitenciárias do complexo prisional de Tremembé, no Vale do Paraíba, região do interior paulista. Entretanto, não é fácil conseguir uma das 3.283 vagas oferecidas nas celas dos concorridos pavilhões. A seleção é rigorosa. O primeiro pré-requisito para passar pelo crivo é ter cometido atrocidades rejeitadas pela comunidade prisional, como estupro, executar refém, feminicídio, infanticídio, corrupção ou matar membros da própria família com brutalidade. Ser autor de crime de impacto na mídia também é garantia de um colchão no local. Advogados, médicos, pedófilos, ex-policiais, ex-promotores, jornalistas e políticos figuram na lista da clientela preferencial de Tremembé.

Um dos maiores atrativos do presídio-sensação é não abrigar membros de facção criminosa. Esse detalhe reduz para quase zero a possibilidade de extorsão, motim e rebelião. Como o sistema lá é diferenciado, 75% da população carcerária trabalha com remuneração sem pôr os pés para fora da cadeia. Nas penitenciárias de Tremembé há empregos em ateliê de corte e costura, de reforma de carteiras escolares, de usinagem e montagem de torneiras. Dentro do complexo existem vagas também para criminosos em setores de lavanderia, rouparia, marcenaria, barbearia e manutenção predial, além de serviços de pedreiro e pintor. Na cozinha e nas oficinas, assassinos manuseiam ferramentas letais, como facas, martelos, chaves de fenda e serrotes. Os presos trabalhadores recebem 1 salário mínimo mensal e mais um benefício pra lá de generoso: para cada três dias trabalhados na cadeia, é abatido um na pena.

Por abrigar réus envolvidos em casos de grande repercussão, Tremembé recebeu o inusitado epíteto de O Presídio dos Famosos. A lista de celebridades do crime que estão ou estiveram hospedados por lá incluem o médico Roger Abdelmassih (estuprou 37 pacientes); o ex-goleiro Edson Cholbi Nascimento, filho do Rei Pelé (lavagem de dinheiro e associação ao tráfico); o ex-senador e proprietário do portal Metrópoles Luiz Estevão (corrupção ativa, estelionato e peculato); o jornalista e ex-diretor de redação do Estadão Antônio Marcos Pimenta das Neves (executou a namorada Sandra Gomide com um tiro pelas costas); Gil Rugai (assassinou o pai e a madrasta); Alexandre Nardoni e Anna Carolina Jatobá (estrangularam e jogaram a pequena Isabella Nardoni pela janela do sexto andar); Lindemberg Alves Fernandes (sequestrou e matou a ex-namorada Eloá Pimentel com um tiro na cabeça e outro na virilha); Elize Matsunaga (matou o marido com um tiro na cabeça e esquartejou o corpo); além de Suzane e os irmãos Cravinhos. Por pouco, o presidente Luiz Inácio Lula da Silva não foi parar no Presídio dos Famosos. Em agosto de 2019, a Justiça de São Paulo conseguiu um beliche para o petista no pavilhão mais nobre de

Tremembé. Mas o Supremo Tribunal Federal (STF) resolveu mantê-lo na carceragem da Polícia Federal de Curitiba, onde ficou preso por 580 dias no regime fechado por lavagem de dinheiro e corrupção passiva. Lula foi liberado no dia 8 de novembro de 2019 depois de a Suprema Corte decidir ser inconstitucional a prisão em segunda instância. O petista foi eleito presidente do Brasil pela terceira vez em 2022.

Na recepção da entrada principal de Tremembé II, onde moram os presos famosos do sexo masculino, uma frase de autoria desconhecida convida à reflexão: *"Este presídio só recebe o homem. O delito e seu passado ficam nesta portaria"*. Uma regra de convivência respeitada à risca tanto na cadeia feminina quanto na masculina ilustra a mensagem subliminar contida nesse aviso. Recomenda-se nunca perguntar o que o colega de cela fez de errado. Pela etiqueta do presídio, deve partir do próprio criminoso a iniciativa de falar de si. A princípio, quando questionados, eles respondem com o número do artigo do Código Penal correspondente ao delito. Os mais comuns em Tremembé são 121 (assassinato), 148 (sequestro), 155 (furto), 157 (latrocínio), 213 (estupro) e o terrível 217 (estupro de menor). Só depois de criar intimidade e confiança os detentos relatam com detalhes as barbaridades praticadas no passado. No entanto, todo o mundo sabe da vida alheia por causa do *"corre"*, como os detentos se referem às fofocas de corredor.

Em todos os pavilhões das quatro penitenciárias, o dia começa antes de o sol nascer. Em Tremembé II, um galo se encarrega de despertar os presos com um canto nervoso ainda na aurora. Às 5h30 é feita a primeira contagem de detentos. Os agentes chamam um por um pelo nome para identificar possíveis fugas na madrugada. Logo após a conferência, recebem ainda na cela o café da manhã (pingado com pão francês e margarina). A refeição é servida pelos próprios presos. Depois, seguem para o banheiro, onde tomam a primeira ducha fria do dia. Com recomendação médica é possível usar o chuveiro especial de água quente. Quem tem emprego troca o uniforme bege pelo azul-escuro e assume o seu posto de trabalho. Quem não tem vai para a musculação em uma academia improvisada, estuda na biblioteca, entrega-se ao ócio ou namora por correspondência.

Sem contato com o mundo externo e confinados com pessoas do mesmo sexo, os presos solitários da penitenciária masculina de Tremembé criaram uma espécie de "*Tinder* raiz" para se relacionar com as mulheres da cadeia feminina, distante 5 quilômetros. Por intermédio de visitantes, os rapazes descobrem quem são as detentas solteiras e atraentes da casa penal vizinha e mandam cartas com galanteios e declarações de amor. Para agilizar a paquera, costumam anexar fotografias de corpo inteiro para enredar as pretendentes. Em média, cartas de uma penitenciária a outra levam uma semana para ser entregues pelos Correios. (Por uma questão de segurança, todas são lidas por agentes carcerários.) Se a moça gostar do rapaz, ela responde. Se não houver retorno, significa que não houve interesse, ou seja, não deu "*match*".

Em abril de 2018, Vinícius Nunes, um preso do semiaberto de 38 anos pra lá de carismático, enviou uma carta para Jaqueline Moraes, de 42, com uma foto dele tirada na praia. Há dez anos, Vinícius matara o irmão com um tiro na testa por ele ter transado com sua esposa. Magro e alto, o detento se disse interessado em Jaqueline. A presidiária era bonita, sorridente e magra nas fotos enviadas. Em uma das cartas, ela respondeu dizendo tê-lo achado "um gato" e muito gentil com as palavras. Selaram namoro por correspondência sem nunca terem ficado frente a frente.

Adeptos da leitura na cadeia, os presos de ambos os sexos acabam chamando a atenção pela qualidade do texto dessas missivas. "Nunca te vi, nem nunca te beijei. Mas a tua ausência me faz imaginar-te perfeita. [...] No retrato enviado na última epístola – recebida com muita alegria – pareces-me dona de beleza imprecisa ou, quem sabe, imprevista. [...] Se ansiedade fosse um câncer, teria morrido eu de metástase...", escreveu Vinícius à Jaqueline às vésperas do primeiro encontro.

Na saidinha seguinte, Vinícius tomou um banho longo, vestiu roupa nova e fez a barba, além de caprichar na colônia. Saiu da cadeia às 7h da manhã e seguiu apressado para o encontro da amada, condenada a 35 anos por ter assassinado o marido com 56 facadas 16 anos antes. Depois de uma hora de espera, o portão da penitenciária feminina de

Tremembé se abriu para Jaqueline sair. A detenta estava impecável em uma roupa apertadíssima e toda maquiada. Mas houve decepção por parte dele. Jaqueline "o enganou". As fotos enviadas por ela nas cartas eram muito antigas. De um tempo em que era jovem, magra e com rosto de pele macia. Bravo, Vinícius aconselhou a detenta a não mentir, pois acabava criando falsas expectativas. Jaqueline justificou não ter na cadeia fotos recentes para mostrar como estava na época daquele encontro: com sobrepeso e excesso de rugas ao lado dos olhos, conhecidas como pés de galinha. Vinícius a dispensou no portão da penitenciária e aproveitou a oportunidade para catar, ali mesmo, durante a saída das detentas, uma nova pretendente. Escolheu Marlene, uma ex-empregada de 24 anos que matou o patrão com 20 facadas, segundo ela, por tentativa de estupro. Vinícius e Marlene passaram a trocar cartas e ficaram noivos. Pretendiam se casar em 2023, quando ambos estivessem gozando do regime aberto.

Desde 2020, quando as visitas nos presídios foram suspensas por causa da pandemia, os detentos das cadeias de São Paulo passaram a se corresponder com familiares também por correio eletrônico. Para possibilitar as interações, a Secretaria de Administração Penitenciária (SAP) criou uma ferramenta on-line para atender as 176 unidades prisionais de São Paulo, permitindo aos familiares escrever até duas mensagens por semana. As cartas podem ter até 2 mil caracteres – o que dá uma página do Word no padrão Times New Roman tamanho 12 – e são enviadas para um servidor que as redistribui, por e-mail, para a unidade prisional do destinatário. Na secretaria de cada unidade, uma equipe faz a triagem tanto das cartas físicas quanto das digitais para verificar se os presos não estão articulando novos crimes com pessoas do lado de fora. A equipe de checagem trabalha com o mesmo rigor dos agentes do departamento de censura federal do Ministério da Justiça na época do regime militar. Eles leem todas as linhas, jogam no lixo as que são consideradas suspeitas e riscam termos tidos como chulos, a exemplo de palavrões. O critério é meramente subjetivo. Fotos de pessoas sem roupa ou em poses ousadas também são vetadas. Depois de passar por esse crivo, as cartas digitais são impressas e entregues aos destinatários. Quem quiser escreve de volta num papel, que então é digitado e encaminhado. Em 2021, o fluxo de correspondências eletrônicas chegou a 1 milhão de cartas. Com o fim da pandemia, as visitas retornaram e esse número caiu pela metade.

* * *

Desde que foram condenados pelo Tribunal do Júri, Daniel e Cristian Cravinhos sempre cumpriram pena juntos. Os dois irmãos eram unidos desde a infância, mas a vida enclausurada estreitou ainda mais os laços fraternos. Daniel era mais calmo, introspectivo, reservado e racional. Cristian, o inverso: extrovertido, extravagante, emotivo e destemperado. Na cadeia, esses traços da personalidade nortearam a vida de cada um. Daniel acabou fazendo poucos amigos, enquanto o irmão era extremamente popular e vivia metido em confusão.

Quando os Cravinhos estavam em liberdade, em 2005, graças ao *habeas corpus* concedido pelo Superior Tribunal de Justiça (STJ), Cristian conheceu por meio de um amigo surfista a bancária Sherminne, de 26 anos na época. Mesmo depois de voltar para a prisão, em 2006, o relacionamento continuou firme. Como prova de amor, o assassino de Marísia tatuou em seu peitoral o nome da amada. Sherminne retribuía tamanha devoção visitando o seu amor todos os finais de semana. Por volta das 4h da manhã de todo santo domingo, pegava o carro e seguia religiosamente pela Via Dutra (BR-116), percorrendo os 150 quilômetros que separam o portão da sua casa, em São Paulo, da entrada da penitenciária de Tremembé.

Sherminne trabalhava na gerênciade um banco privado. Bem--sucedida financeiramente, era uma mulher atraente. Tinha cabelos loiros cacheados e pele tratada. A executiva sempre estava bem-vestida, apesar de usar roupas curtas e decotes profundos. No trabalho e no convívio social, a bancária era educada, doce, charmosa e cortês. Quando irritada, porém, tornava-se grossa, amarga, vulgar e barraqueira. Por mais de uma década, ela conseguiu operar o milagre de manter o namoro com o assassino confesso em segredo da família e dos colegas de trabalho. Às amigas íntimas, Sherminne falava ter sido

Cristian o único amor de sua vida. Nas visitas dominicais a Tremembé, fazia questão de levar comidas sofisticadas para almoçar com o namorado no pátio da prisão. Em um desses banquetes, carregou no *jumbo* (sacola de mantimentos para os presos) uma marmita contendo lagostas douradas na manteiga feitas ao forno com azeite de manjericão e castanha-do-pará, comprada no restaurante Don Curro, um dos mais sofisticados da Rua Oscar Freire.

As extravagâncias de Sherminne pareciam sem limites. Numa visita, levou lençóis de fios egípcios e travesseiro de pena de ganso para dar conforto ao sono de Cristian. Como o casal tinha um contrato de união estável, era permitido o uso da ala destinada a encontros sexuais. Depois das refeições, Sherminne e Cristian passavam o resto da tarde trancados em uma sala fazendo sexo em Tremembé. Esses encontros íntimos eram barulhentos a ponto de chamar a atenção do agente de segurança penitenciária Firmino Júnior. Certa vez, os gemidos de Sherminne foram ouvidos pelos visitantes no pátio. O funcionário teve de interromper. Bateu na porta e advertiu Cristian, lembrando haver crianças e senhoras na área externa da cadeia.

Ao imaginar a performance sexual de Sherminne, Firmino se interessou por ela. O agente começou a provocar a bancária quando a encontrava na portaria. Certa vez, a namorada de Cristian teve o *jumbo* revistado por Firmino. Atrevido, ele abriu as marmitas e cheirou cada uma delas para se deliciar com o aroma da comida cara. Enquanto fazia a conferência, comentou:

— Às vezes me pergunto por que uma mulher bonita como você, com todo o chão da rua para andar, perde o domingo inteiro com um criminoso tão covarde que matou uma senhora enquanto ela dormia – provocou, enquanto destampava e cheirava potes de plástico com filé mignon e molho madeira.

— Quando amar de verdade, você entenderá – sentenciou Sherminne.

Após a revista, Firmino pediu a ela o número do seu telefone celular, alegando uma possível emergência com o seu namorado na prisão. Apesar de ter certeza naquele momento de que jamais teria qualquer tipo de envolvimento afetivo com o carcereiro, ela passou seu contato.

Os dois começaram a trocar mensagens. A bancária sempre deixou claro se tratar de amizade. Ficou até aliviada quando o agente passou a chorar as dores de outro amor.

Firmino era um catarinense de 28 anos. Alto e cheio de sardas no rosto, o jovem chamava a atenção das mulheres. Quando atuou na penitenciária feminina, recebia dez cartas por mês de detentas apaixonadas. Orgulhava-se de ter se formado bacharel em Direito na Universidade de Taubaté. Já escolada no ambiente prisional, Sherminne recebia as investidas do agente – e até de outros presos – e as guardava para si. A bancária conhecia o temperamento explosivo do namorado. Inteligentemente, ela previa que, num possível confronto entre o presidiário e Firmino, Cristian levaria a pior.

De forma discreta, Firmino passou a ouvir com frequência os sons emitidos pelo ato sexual de Cristian e Sherminne. Num desses encontros, ocorreu um acidente. O casal estava mantendo relação de forma violenta quando se ouviu um estalo seguido de um grito. Cristian havia fraturado o pênis durante o coito e precisou receber atendimento médico. O tratamento foi cirúrgico. Ele sofreu um rompimento na estrutura cartilaginosa que mantém o pênis ereto, conhecida como túnica albugínea. A laceração teve de ser fechada por meio de uma sutura com fios (costura) e rendeu ao paciente um mês de privação sexual. Na semana seguinte, Cristian recebeu uma das melhores notícias da sua vida no cárcere: a namorada estava grávida de uma menina. Nessa época, ele já era pai de um adolescente que o rejeitava por causa do crime e pelo relato da mãe, dando conta que Cristian havia sugerido um aborto. Quando completou 18 anos, o jovem foi até a Justiça pedir para retirar o sobrenome "Cravinhos" de todos os seus documentos. "Tenho vergonha de ser filho de um assassino. Não aguento mais ser olhado com ar de indignação quando apresento minha carteira de identidade nos lugares públicos. Não matei ninguém! Não escolhi ser filho de criminoso", justificou o rapaz. Revoltado, ele abriu mão de receber qualquer tipo de pensão ou herança. "Tenho nojo de tudo que vier desse verme", pontuou.

Antes de excluir Cravinhos do sobrenome, o jovem viveu conflitos internos. Ele pegava o telefone e ligava semanalmente para a penitenciária, na tentativa de lavar roupa suja com o pai. Cristian atendia e o filho ficava em silêncio. Em outro momento, pediu à mãe que o levasse até a cadeia. Ela se negou, lembrando de como Cristian se comportou quando descobriu a sua gravidez. Aos 18 anos, o rapaz pegou um ônibus em Maringá, onde morava, e seguiu rumo a Tremembé. No pátio da cadeia, pai e filho se encararam. Aos prantos, Cristian tentou abraçá-lo, mas o jovem recuou. Sem derramar uma lágrima, a visita disse ter ido lá só para olhar pela última vez para o rosto do pai assassino. Despediu-se, prometendo para si mesmo esquecê-lo para sempre.

Com um bebê a caminho, Cristian e Sherminne faziam planos para se casar no religioso e constituir uma família. A bancária comprou um amplo apartamento no bairro da Bela Vista, em São Paulo, e o decorou para esperar o amado migrar para o regime semiaberto. Sherminne enfrentou uma gravidez de risco e as visitas à penitenciária ficaram escassas. A partir do sexto mês, a gestante interrompeu as viagens a Tremembé e os dois passaram a se corresponder por cartas. A mulher dizia sentir muita falta do amado, e ele respondia não suportar tanta saudade. Uma das missivas enviadas pela bancária dava notícias da gravidez:

"Estou entrando no oitavo mês, amor. O médico me recomendou repouso absoluto. Sinto cólicas horrendas. Consegui antecipar a minha licença-maternidade para ficar em casa cuidando da nossa filhota. [...] Sabe que eu morro de ciúmes do meu carequinha lindo, né? Te amo. Sherminne".

Na resposta, Cristian desejou saúde à namorada e prometeu se casar tão logo saísse da clausura. Dizia-se ansioso para conhecer o mundo livre ao lado da futura esposa. Ainda brincou com a namorada. *"Ciúmes de mim? [Risos]. Estou preso aqui e você está solta aí fora. Quem deveria estar com ciúmes? Quem?"* Sem as visitas de Sherminne, Cristian sentiu uma carência afetiva nunca antes experimentada. As mágoas do detento foram choradas no divã da penitenciária, sob os cuidados da psicóloga Scheyla Maria Miranda Precioso.

Em julho de 2011, a juíza Sueli Zeraik Oliveira Armani, da 1ª Vara de Execuções Penais de Taubaté, pediu à Scheyla um perfil psicológico de Cristian para decidir se o detento merecia promoção do regime fechado para o semiaberto. Nessa fase, o condenado pode deixar a cadeia cinco vezes por ano e passar sete dias fora a cada saída. No laudo, Scheyla fez uma resenha positiva do presidiário: definiu-o como calmo, participativo, educado, simpático e inteligente. Ainda no relatório enviado à Justiça, a terapeuta escreveu palavras elogiosas do tipo "reeducando dedicado ao trabalho". Aos olhos da profissional, Cristian era generoso, pois ensinava os presos de Tremembé a tocar violão, teclado e bateria. "Ele está tão arrependido pelo crime cometido que confessou espontaneamente na época das investigações a autoria, tanto que colaborou com as investigações", ressaltou Scheyla.

No regime fechado, quem acompanhava a execução penal dos irmãos Cravinhos era o promotor Luiz Marcelo Negrini Mattos. Quando leu o relatório favorável assinado pela psicóloga da penitenciária, Mattos fez contrapontos: "É necessário mencionar a crueldade do sentenciado na prática dos delitos. O detento desferiu sucessivos golpes com um porrete contra uma vítima que estava dormindo, empregando extrema violência, produzindo sofrimento inútil e desnecessário. Em ato contínuo, o sentenciado a estrangulou, enfiou-lhe uma toalha na boca e envolveu a sua cabeça num saco de lixo. Fez isso tudo embalado pela promessa de recompensa financeira, efetivamente recebida. Trata-se, sem sombra de dúvida, de um dos mais graves crimes da história recente do país". Na sequência, o promotor descreveu todas as faltas cometidas por Cristian dentro da cadeia, como desobediência, indisciplina, envolvimento em brigas e desacato. A Justiça só foi conceder o regime prisional mais brando ao preso dois anos após o promotor assinar esse parecer.

Os irmãos Cravinhos debutaram em Tremembé no dia 22 de julho de 2006. Cristian tinha 30 anos e seu irmão, 25. Eles ficaram na mesma cela do regime fechado por 7 anos e progrediram juntos para o semiaberto no dia 21 de fevereiro de 2013, quando completaram um sexto da pena. No novo regime, passaram a sair da cadeia em datas especiais. Na primeira saída, na Semana Santa, Daniel preferiu ficar sete dias em casa com a mãe, Nadja.

Cristian saiu da cadeia diretamente para o apartamento de Sherminne,

Suzane: assassina e manipuladora

para ficar junto da filha de 5 anos na época. A criança sempre o visitou na cadeia, mas a mãe omitia da menina inocente que o pai era presidiário. Quando a menina questionava por que só o encontrava aos domingos e longe de casa, Sherminne dizia uma meia-verdade à filha: "O papai trabalha dirigindo um trator". O trator em questão era usado por Cristian para levar ferramentas para o trabalho na jardinagem da penitenciária. Em um domingo de visitas, ele chegou a fazer uma foto com a filha nesse veículo. Como nem de longe o semiaberto de Tremembé lembra uma penitenciária, a mentira colava com facilidade.

Saindo esporadicamente da cadeia, Cristian logo se cansou de bancar o pai de família exemplar no apartamento de Sherminne e foi para a casa da mãe, alegando ter uma demanda reprimida por liberdade. Na segunda noite de alforria, encontrou-se com Marco Terremoto, um velho amigo de xilindró. Os dois foram parar em uma boate em Campinas, violando o regime semiaberto, pois eles não podiam deixar a cidade-domicílio – no caso, São Paulo. Na boate, os dois beijaram várias mulheres.

Desconfiada, Sherminne ligou à noite para a mãe dos Cravinhos. Ao descobrir que o namorado estava na rua, a barraqueira teve uma síncope:

— Como assim não está em casa, dona Nadja? São 11 horas da noite!

— O Cristian está na vida, minha filha!

— Com que vagabunda ele saiu? – quis saber Sherminne, possessa de ciúme.

— Não faço a menor ideia. Aliás, a minha preocupação nem é essa. O meu filho pode perder o benefício do semiaberto, caso seja descoberto – observou Nadja.

— Quero mais é que o Cristian se foda e volte para a prisão, caralho! – esbravejou a bancária, batendo o telefone na cara da sogra.

Cristian e Terremoto se conheceram no Centro de Detenção Provisória (CDP) Belém II, em 2004, dois anos antes do julgamento dos irmãos Cravinhos. Com 53 anos, 1,90 de altura, forte, usuário de maconha e dono de uma ficha criminal assustadora, Terremoto foi guarda civil municipal (GCM) de São Paulo na década de 1990. Nas horas vagas, atuava como assassino de aluguel. Já havia executado a sangue frio dez pessoas em troca de dinheiro.

Na penúltima vez que foi contratado para matar, Terremoto levou a vítima (um homem de 38 anos endividado com um agiota) a um terreno deserto em São Bernardo do Campo e o executou sem dó. O coitado implorava de forma histérica pela vida. A gritaria irritou o assassino. O bandido passou fita crepe na boca da vítima e o amarrou sentado no caule de uma árvore. Em seguida, sem qualquer piedade, Terremoto pegou um martelo de pedreiro, aqueles usados para quebrar pedras na construção civil, e golpeou a cabeça da vítima seis vezes, perfazendo buracos no crânio, por onde saltava massa encefálica. O sujeito resistia a tamanha violência e levou mais vinte marteladas, deixando a cabeça totalmente destruída.

Terremoto foi pego pela polícia tempos depois ao incendiar um cliente inadimplente do mesmo agiota. Por essas e outras barbáries, foi condenado a 76 anos de cadeia. Apesar da frieza quando estava matando a trabalho, acredite, Terremoto era boa-praça, sorridente, delicado e gentil com os amigos na cadeia e fora dela. Charmoso, fazia sucesso com as mulheres quando estava na balada.

A casa noturna escolhida pela dupla para comemorar a saidinha era um *point* de jovens em busca de diversão. Dinheiro não era problema para Cristian. Com o consentimento do restante da família, sua avó lhe deixou uma herança de pouco mais de 800 mil reais. O dinheiro foi dividido com o irmão quando eles ainda estavam no regime fechado.

Na casa noturna, Cristian e Terremoto beberam cerveja e se acabaram de tanto dançar. O assassino de aluguel foi o primeiro a beijar uma mulher de cerca de 30 anos. Cristian também era bastante paquerado em baladas. A noite estava no meio quando ele mirou numa mulher na faixa dos 20 anos. Embalada pelo álcool, a pretendente não fez cerimônia no *approach*. Começou a dançar perto dele e sorriu para cumprimentá-lo. Cristian devolveu a saudação com outro sorriso. A garota então se aproximou e falou ao pé do ouvido dele:

— Sem a menor dúvida, você é o homem mais interessante deste lugar.

— Você sabe quem eu sou? – advertiu ele.

— Claro. Você é o famoso Cristian Cravinhos!

Com mais um pouco de conversa, Cristian e a tal garota se beijaram e foram parar em um motel. Quando chegou em casa, por volta das 10h da manhã do dia seguinte, o presidiário foi advertido pela mãe. Nadja manteve a serenidade, já mostrada no Tribunal do Júri, quando pediu a condenação da prole, sete anos antes:

— Isso são horas de chegar em casa?

— Quero aproveitar a liberdade, mãe. Logo mais terei de voltar para a cadeia.

— Espelhe-se em seu irmão, que não sai de casa nem para ir à padaria comprar pão...

— Mãe, eu estraguei a minha vida por causa do Daniel, lembra? Ele me implorou para matar a mãe da namorada dele. Agora a senhora vem me pedir para me espelhar nele? Faça-me o favor! [...] Não me impeça de viver – argumentou Cristian.

— Meu filho, a sua pena acaba só em 2041 e ainda estamos em 2013. Lembre-se do que você fez no passado e veja essas saídas provisórias como algo extraordinário, um milagre. Não deboche da Justiça, filho. Não cometa esse tipo de estupidez!

Nadja ainda dava sermão quando Cristian caiu bêbado no sofá da sala com a roupa de balada. Decepcionada, ela se trancou no quarto. Daniel ouviu toda a conversa entre a mãe e o irmão e chorou na cozinha. O jovem carregava uma culpa colossal por ter arrastado Cristian para um crime cujos únicos beneficiados seriam ele e Suzane. Apesar da intimidade, os irmãos Cravinhos nunca lavaram essa roupa suja. Daniel cobriu o irmão com um edredom e ficou perto dele por horas. Para se livrar das censuras de Nadja e dos ataques histéricos de Sherminne, Cristian passou a morar sozinho no apartamento deixado pela avó, em Moema, mas fazia as refeições diariamente na casa da mãe, no Campo Belo. No almoço de domingo de Páscoa, Nadja falou reservadamente a Daniel que Cristian ainda não estava preparado psicologicamente para viver do lado de fora da cadeia. A matriarca estava coberta de razão, pois o destino dele foi sendo costurado com linhas inconsequentes a partir daquele ponto.

O regime semiaberto é a primeira porta de entrada para a liberdade definitiva do presidiário e funciona como um teste. Sua função é permitir ao detento o retorno à sociedade de forma regrada. Com isso, o apenado tem a oportunidade de conseguir um emprego e restabelecer vínculos afetivos com familiares e amigos. As saídas intermediárias têm regras rigorosas. O preso só recebe o benefício se provar arrependimento pelo crime cometido, se tiver vínculo familiar e bom comportamento na cadeia, além de fornecer endereço fixo à Justiça. Fica obrigado a estar recolhido entre 20h e 8h da manhã e proibido de frequentar bares, boates e casas de jogos ou sair dos limites da cidade-domicílio.

Imprudente, Cristian nunca respeitou as normas de nenhum regime prisional. Um funcionário da Justiça ligava, pelo menos uma vez, no telefone fixo para verificar se ele realmente estava em casa após as 20 horas. No início, Cristian esperava o telefonema para ganhar a rua no horário proibido. Esperto, instalou no aparelho da residência um dispositivo conhecido como "siga-me". O apetrecho desviava a ligação do telefone fixo para o seu celular. Com esse truque, passou a ludibriar a Justiça.

O período de sete dias que os presos de Tremembé passam em liberdade no regime semiaberto é conhecido como "saidinha". Em outros presídios do país, esse período varia. Na Papuda, em Brasília, por exemplo, o preso do semiaberto sai todos os dias para trabalhar, mas volta para dormir na cadeia. No caso dos Cravinhos, eles deixaram Tremembé 25 vezes, totalizando 175 dias de liberdade esporádica. Em suas saidinhas, Daniel raramente botava o nariz para fora de casa. Ele morria de vergonha de encarar as pessoas na rua e só perdeu esse medo quando migrou para o regime aberto. Ainda preso, conheceu a biomédica Alyne Bento no pátio da cadeia. A garota visitava frequentemente um irmão criminoso envolvido com roubo de carros de luxo. Os dois começaram a namorar durante as visitas dominicais e noivaram em uma cerimônia feita em Tremembé. Segundo laudos psiquiátricos anexados em seu processo de execução penal, Daniel sofria de depressão severa quando passou a desfrutar do regime semiaberto. Já Cristian sempre aparentou felicidade e tinha fome de viver. Seu espírito aventureiro o fez comprar, em uma dessas saídas provisórias, uma moto Yamaha modelo MT-09 ABS por 40.000 reais na época.

Depois de fazer as pazes com Sherminne, Cristian passeava com a namorada pelas ruas de São Paulo na moto envenenada. A cumplicidade do casal fez a relação prosperar. Os dois frequentavam bares, boates e shoppings. Com receio de perder o namorado, Sherminne começou, aos poucos, a abrir mão do perfil discreto mantido no início da relação. Cristian nunca quis viver à sombra. Extravagante, usava jaquetas de couro preto brilhoso, cordões e pulseiras grossas de prata reluzente. Frequentava com a moça restaurantes caros e movimentados para provar a sua capacidade de voltar a viver em sociedade. Volta e meia era abordado por um garçom ou mesmo um popular perguntando se, de fato, era um dos irmãos Cravinhos. Ele fazia questão de se identificar como tal e deixava claro estar pagando a sua dívida com a sociedade em grande estilo. Em casa, dizia à mãe que na rua era celebridade. Seu maior sonho era ser entrevistado no programa *Roda Viva*, da TV Cultura.

Em 2017, os irmãos Cravinhos entraram na Justiça com pedido para migrar para o regime aberto, no qual o sentenciado passa a cumprir pena integralmente fora da cadeia. No último ano do semiaberto, Cristian sofreu um revés emocional na prisão ao experimentar uma forma de amar inédita, segundo definiu. Começou em fevereiro de 2015, com a entrada em Tremembé do detento Rafael de Pádua do Amaral, um homossexual conhecido como Duda, um jovem de 26 anos, 1,79 de altura e 79 quilos distribuídos num corpo bonito.

A vida de presidiário de Duda começou na madrugada do dia 26 de setembro de 2006, quando entrou pela primeira vez num camburão juntamente com outros quatro criminosos presos em flagrante no Baixo Augusta, centro de São Paulo. O jovem fingia fazer programas vestido de mulher. Na verdade, sua missão na noite era roubar clientes incautos. "Eu me montava para assaltar à noite. Era um disfarce. Não me identificava como travesti porque de dia me vestia com roupas de cafuçu. Gosto do artigo masculino", frisou. Montado, Duda tinha cabelos compridos, ondulados, repicados e fixados com spray. Ele debutou no xilindró com figurino de festa. Vestia short jeans curtíssimo, camiseta preta colada, brincos de argola dourada. Nos pés, um par de sapatos de salto emprestava a ele uma altura de respeito. Duda carregava bolsa de mão toda trabalhada no brilho. Com essa indumentária, assaltou um homem ao lado de quatro amigas, à mão armada. No entanto, a vítima também estava armada e reagiu com disparos de uma pistola. Os tiros não acertaram os assaltantes, mas Duda e duas garotas de programa foram capturados.

Duda sonhava em ser ator. Ao entrar no prédio centenário do 8º DP, começou a delirar com as artes cênicas. Imaginava-se em uma cena de filme. Sentia no fundo da alma "ter nascido para viver numa prisão". Lunático, contemplava as paredes e o teto do antigo casarão de estilo eclético que abrigava 80 presos provisórios naquela época. Conseguia ver glamour naquele cenário pesado, hostil e deprimente. Fichado, Duda estava algemado quando atravessou o corredor amplo de acesso aos pavilhões do presídio.

Na cela de inclusão, foi obrigado a abandonar a maquiagem, cortar o cabelo bem curto, aparar as unhas, retirar o esmalte e vestir roupas masculinas. No cárcere da 8ª DP, não há uniforme. Ele optou pelo básico: bermuda e camiseta branca. Condenado por assalto à mão armada, pegou 2 anos, 9 meses e 16 dias. Mas conseguiu o benefício de recorrer da sentença em liberdade. O Ministério Público recorreu da pena branda e a apelação foi julgada em menos de três meses. Com isso, a sentença de Duda foi refeita e dobrada. Os quase três anos se transformaram numa pena de seis anos em regime fechado. Pela decisão do juiz, a sentença deveria ser executada imediatamente. Ou seja, Duda teria de voltar para a cadeia no mesmo dia. Apesar da sensação de ter nascido para viver numa prisão, sentida ao adentrar na 8ª DP, ele preferia viver em liberdade. E fugiu.

A Polícia foi à casa de sua mãe, dona Ana Clara, mas Duda não estava mais lá. Havia se mudado para uma pensão no bairro da República e passou a viver a vida como se não devesse nada à Justiça. Conseguiu emprego na casa noturna Danger Dance Clube, tradicional reduto gay, no Centro de São Paulo. Era o *hoster*, aquele funcionário encarregado de dar as boas-vindas aos clientes e verificar se o nome deles está na lista. Na boate, conheceu seu futuro marido, Heitor da Silva. Dos amigos e até mesmo do patrão, Duda nunca escondeu ser foragido, mas resolveu omitir essa detalhe do namorado, com medo da reação dele. Heitor era bem de vida e acabou casando com Duda um ano depois de conhecê-lo. Mudaram-se para Pindamonhangaba, interior de São Paulo, e foram morar num casarão de quatro suítes e piscina. Nessa época, Duda descobriu que preso anônimo feito ele com crime leve nas costas não era procurado de forma recorrente pelas autoridades. No seu caso, a polícia foi apenas uma vez no endereço fornecido no processo. Como ele não estava lá, ficou por isso mesmo. Duda viveu como fugitivo por oito anos. Nesse período, viajou a passeio para as praias de Pernambuco e Bahia, abriu um salão de beleza, trabalhou muito, frequentava festas, boates, movimentou conta bancária, obteve cartão de crédito. Ou seja, estava longe de levar uma vida sossegada. No *réveillon* de 2014 para 2015, sua sorte mudou.

Duda e o marido viviam a vida intensamente. Tudo era motivo de festa. A entrada do ano novo foi celebrada com 100 pessoas em casa. A mãe ajudou nos preparativos. Era uma comemoração de família, mas Duda convidou apenas dois dos seus três irmãos. Ailton Júnior, o caçula, não era bem-vindo. Duda achava-o invejoso e recalcado. Certa vez, sorrateiramente, Júnior chegou a dar em cima do marido de Duda, causando um problema doméstico. Heitor resolveu contar com detalhes a investida do cunhado, mas houve quem duvidasse da história. Ainda nos preparativos, Duda teve uma conversa séria com a mãe:

— Mãe, não quero que o Júnior venha.

— Meu filho, é ano novo. Deixe as desavenças no passado.

— Ele tem energia ruim. Não quero começar o ano com ele aqui em casa.

— Por favor, Duda. Deixa ele vir. Ainda estamos no espírito natalino. Faça isso por mim.

Mãe e filho se abraçaram e Júnior foi liberado para o *réveillon*. No dia 31, todo o mundo começou a beber pela manhã. À tarde, boa parte dos familiares já estava embriagada. Heitor pedia para Duda conter a bebedeira, muito embora ele também tomasse intensamente espumante e vodca. O som rolava nas alturas e Júnior fazia uma mistura explosiva: alternava cerveja, vodca e fumava pasta de crack, além de engolir pílulas de ecstasy. À noite, ele deixou seu copo de bebida cair no chão. Bêbado e possuído pelas drogas, Júnior começou a causar:

— Quem derrubou a minha bebida?

— Você mesmo, filho – disse a mãe, juntando os cacos de vidro.

— Limpa esse chão direito, sua vaca leiteira!

— Para com isso, Júnior. Olha os convidados.

— Que se fodam os convidados! – berrou o jovem.

Júnior continuou xingando a mãe e as pessoas em volta com todo tipo de palavrão. Duda e o marido levaram o parente inconveniente para o quarto, na ilusão de que ele dormisse. Preocupada, Ana Clara foi cuidar do filho. Júnior estava ainda mais violento. Numa discussão com a mãe, sentou-lhe uma bofetada tão forte que arremessou a senhora ao chão. Duda e alguns convidados presenciaram a cena e tentaram conter o Júnior. No entanto, o rapaz conseguiu se desvencilhar. Ora se debatia no chão descontrolado, ora esmurrava quem se aproximasse. No auge de uma luta corporal, Júnior foi jogado de encontro ao guarda-roupa. O puxador metálico e pontiagudo da porta central cortou o seu supercílio, jorrando sangue para todos os lados, deixando uma mancha vermelha na sua roupa branca.

Ana Clara, mesmo com a marca da bofetada em seu rosto, tentou socorrer o filho. Ele a empurrou mais uma vez e saiu às pressas pela janela. Desapareceu pelas ruas do bairro. De certa forma, a saída de Júnior trouxe paz ao ambiente. Como ainda não havia dado meia-noite, Heitor e Duda resolveram continuar com a festa. A confusão logo foi esquecida. A família de Duda e seus convidados soltaram fogos de artifício no quintal e brindaram a virada do ano dançando axé music. Por volta da 1h da manhã, a campainha da casa tocou. Era a polícia, certamente chamada pelos vizinhos. A luz vermelha do *rotolight* da viatura varava o vidro da janela da sala, estourando na parede branca como se fosse um pisca-pisca natalino. Ana Clara diminuiu o volume do som e recepcionou os agentes na calçada, do lado de fora:

— Há uma denúncia de que houve briga aqui – introduziu calmamente um policial militar.

— Ah! É verdade, seu guarda. Teve sim. Mas era discussão de família e está tudo resolvido – justificou ela, bem tranquila.

— Podemos entrar para olhar?

— Claro. Entrem!

Três guardas da Polícia Militar passaram pelo portão, caminharam por uma calçada de pedras redondas e pararam no meio do caminho, antes de chegar até a porta da sala, que estava fechada. Foragido, Duda ficou misturado entre os convidados com as pernas bambas. Fazia tempo que não se deparava com os homens da lei. Da área externa da casa, os policiais pediram que não deixassem o som da festa com volume muito alto e sugeriram desligar os equipamentos antes das 5h da manhã. Os agentes decidiram dar meia-volta e sair. No portão, se depararam com Júnior, que chegou da rua de surpresa. Ele estava todo de branco, sujo de sangue e lama e com o rosto ferido. Com uma das mãos, apertava o supercílio para tentar conter a hemorragia.

— Boa noite, policiais!

— O que houve com o seu rosto? – perguntou um dos PMs.

— Meu irmão Duda tentou me matar.

Ana Clara quis esclarecer, assumindo a culpa pelo ferimento:

— Não! Nada disso. O Júnior é meu filho. Estava agitado e tentei contê-lo. Aí ele bateu com a cabeça no guarda-roupa. [...] Entra, meu filho. Vamos fazer um curativo nesse corte.

Júnior não arredou pé e disse em tom enfático, meio alterado:

— Não é verdade! Minha mãe mente para proteger o meu irmão. Foi o Duda quem tentou me matar. Ele é foragido da Justiça há muito tempo. É condenado por assalto à mão armada. Entrem lá e peguem ele.

Ao ser denunciado pelo irmão, Duda começou a tremer. Os policiais pediram sua carteira de identidade. Duda subiu as escadas calmamente dizendo que ia buscar o documento, mas não voltou. Do quarto, desceu pela janela para tentar ganhar o quintal, mas escorregou embriagado. Os policiais perceberam a fuga e saíram atrás dele. O foragido pulava cercas e muros tentando alcançar a mata. Combalido pelo álcool, caiu numa trilha e foi apanhado, algemado e levado novamente para a cadeia. Duda foi parar em Tremembé, onde começou a cumprir pena. Por carta, Heitor rompeu o relacionamento.

No *Presídio dos Famosos,* Duda deu entrada primeiramente na cela de inclusão, onde viveu uma das experiências mais traumáticas da vida. O cubículo, onde teve de passar 30 dias isolado para adaptação, ficava em frente à cela de Francisco das Chagas, um senhor de 60 anos preso por ter matado a mulher com uma única facada no pescoço, a pedido da própria vítima. Ela estava em estado terminal por causa de um câncer que começou no peritônio e se espalhara por todo o corpo. Chagas havia contraído dívidas para tentar salvar a mulher com tratamentos caros dentro e fora do país. O casal havia vendido o carro, um terreno e até a casa onde moravam na Mooca para honrar empréstimos bancários. Segundo contou, o combinado com a esposa era matá-la e se suicidar logo em seguida para se encontrar com ela no paraíso. O homicida foi preso pelos enfermeiros logo depois de matar a mulher e levado a uma delegacia. Estava aguardando julgamento em Tremembé por ser policial aposentado. Na cadeia há dois meses, Chagas pensava noite e dia em métodos para dar cabo da própria vida. Já havia tentado se enforcar com a calça cáqui do uniforme prisional, mas foi socorrido a tempo por carcereiros. Em outro ensaio suicida, passou a bater insistentemente a cabeça contra a parede até cair desacordado. Era impossível Duda não assistir às cenas de horror, pois de onde estava tinha visão panorâmica da cela do colega. Essa proximidade fez os agentes pedirem um favor a Duda: vigiá-lo e avisar com gritos caso Chagas fizesse algum movimento suspeito. Para o socorro chegar mais rápido, os agentes resolveram deixar a cela de Chagas destrancada.

Nos dois primeiros dias, Chagas não tentou nada. Duda começou a interagir com o colega. O senhor contava sobre o combinado com a mulher. "É horrível a sensação de fazer um acordo com a pessoa que você ama e não poder cumprir. Eu tenho o direito de fazer o que bem entender com a minha vida", reclamava. Duda falava a Chagas sobre a possibilidade de começar a sua jornada do zero, pois era muito novo para morrer. Também tentava incutir na cabeça dele que não havia nenhuma garantia de que ele encontraria a sua esposa, pois suicidas "não entram no céu". Uma semana depois, Chagas parecia mais calmo. Sua cela voltou a ser trancada, seguindo as regras da penitenciária. No cubículo dele havia apenas colchão, sacolas plásticas de supermercado, sabonete, escova de dentes, pasta e rolo de papel higiênico. Para não fazer das roupas instrumento de morte, Chagas vestia apenas cueca e camiseta.

No momento mais tranquilo do dia, por volta das 14h, quando os presos do regime fechado fazem a digestão cochilando, Chagas começou uma tarefa artesanal, acompanhada atentamente por Duda. Lentamente, ele começou a puxar pequenos pedaços da esponja do colchão até formar um montinho meio alto no chão. Misturou creme dental e sabonete derretido com água. Acrescentou papel higiênico picado até formar uma espécie de argamassa de quase meio quilo. Antes de o composto enrijecer, ele o dividiu em três partes e passou a usar as mãos para fazer daquilo pequenas bolas, como se fossem massa de modelar. Duda não sabia como tudo ia terminar. Levantou-se para acompanhar mais de perto os desdobramentos daquela cena de suspense.

Numa fração de segundo, Chagas enfiou uma bola menor da mistura em cada narina e usou o cabo da escova feito estaca para socar o material fossa nasal adentro com uma força brutal. À medida que a massa era injetada, o rosto de Chagas ia se deformando. Ao ver aquela cena arrepiante, Duda começou a gritar de pavor. Chagas estava num princípio de asfixia quando encontrou coragem para enfiar o bolo maior da massa no fundo da garganta para obstruir definitivamente a respiração. A pele do seu rosto estava com coloração azulada e escurecia mais a cada segundo em virtude de oxigenação insuficiente do sangue. Suas pupilas dilataram rapidamente e os olhos pareciam querer saltar fora quando ele conseguiu enfiar um saco plástico na cabeça. Duda ficou mais agitado, sacudia a grade de ferro, pulava e gritava ainda mais alto por socorro. Queria poder sair correndo dali e se livrar daquela cena horripilante. Para impedir a retirada inconsciente dos obstáculos das vias respiratórias, Chagas usou a camiseta e imobilizou as suas mãos para trás. Fez da peça de roupa uma corda trançada em forma de oito e armou um nó cego apertando os pulsos de forma irreversível. Tudo aconteceu muito rápido. Em seguida, ele caiu no chão, debatendo-se e contorcendo o corpo como se levasse um choque. Pela força que fazia para tentar tirar os braços do nó, passava a impressão de ter mudado de ideia. Tarde demais. Os carcereiros chegaram para socorrê-lo três minutos depois de Chagas iniciar o processo de asfixia. No entanto, impactados, não conseguiram acertar a mira da chave no buraco da fechadura. Quando finalmente entraram na cela, a oclusão das vias respiratórias havia impedido a oxigenação do organismo por tempo suficiente para matá-lo. Ao ver o cadáver, Duda, estarrecido, desmaiou.

Mesmo depois de levarem o corpo de Chagas, Duda continuava atormentado. A cela do suicida ficou vazia por uma semana. Nela havia um par descartado de sapatos e restos do material usado para ele se matar espalhados pelo chão de cimento corrido, além da escova de dentes. Os peritos demoraram para inspecionar e fotografar o ambiente para compor o laudo pericial da morte do detento. Apesar de Chagas não estar mais no palco daquela tragédia, as cenas fortes insistiam em ficar impressas na memória de Duda. Quando fechava os olhos para dormir, ele via Chagas ainda vivo, debatendo-se com os olhos arregalados e o rosto roxo e inchado. Duda só se livrou do trauma quando saiu de lá diretamente para o galpão do semiaberto, já que a sua pena de 6 anos era considerada baixa perto da condenação da clientela de Tremembé.

No semiaberto, Duda chamou logo a atenção de Marco Terremoto. Certo dia, ele estava com outros detentos no banheiro coletivo quando o assassino de aluguel entrou. Com medo, os presos evacuaram do ambiente imediatamente, exceto Duda. Nu, Terremoto puxou conversa:

— Boa tarde, meu nome é Marco – cortejou.

É muito comum indivíduos heterossexuais se relacionarem com gays dentro dos presídios sem abrirem mão da orientação sexual. Segundo o cientista social e antropólogo canadense Erving Goffman (1922-1982), autor de um respeitado estudo sobre interação simbólica, o comportamento do ser humano é situacional, inclusive no sexo. De acordo com essa tese, o sujeito muda provisoriamente a orientação sexual em situações de confinamento por ausência de pessoas do sexo oposto nas proximidades. O fenômeno seria frequente em quartéis, navios da Marinha, concentrações esportivas, presídios, conventos e internatos. Ao deixar a reclusão, ou seja, ao mudar novamente o contexto, mudariam também as margens de agenciamento. Na prática, isso quer dizer que a pessoa volta a se relacionar com o sexo oposto. Essa tese valeria para homens e mulheres. O professor do Departamento de Psicologia Social da Universidade de Brasília (UnB), Alexander Hochdorn, ajuda a entender essa lógica. "A sexualidade é um aspecto relevante na esfera experiencial humana. A penitenciária é um contexto fortemente institucionalizado, o qual prevê a presença de um só sexo para cada condição de detenção. Se o contexto prevê a presença de um sexo só, as interações – qualquer tipo de interação – só podem ocorrer entre aqueles mesmos atores sociais."

Apesar de ser corriqueiro presos do mesmo sexo se relacionarem na cadeia, a abordagem inicial é delicada e cheia de regras. Quando o par a ser formado é composto por um gay assumido e outro autoidentificado como heterossexual, por exemplo, a iniciativa nunca deve partir do homossexual. Até porque qualquer movimento errado descamba para a violência e pode acabar em morte. No banheiro coletivo de Tremembé, foi Terremoto quem abordou Duda. Sendo assim, o sinal estava verde para o jovem:

— Boa tarde! Como vai você? – disse Duda, enquanto se ensaboava.

— Queria um favor. É algo meio esquisito, mas você vai entender. Eu sempre gostei de mulheres, mas acho que posso ter "virado gay" na cadeia. Então queria uma ajuda sua para tirar essa dúvida.

— O que posso fazer? – quis saber Duda.

— Quero que você me chupe para ver se fico excitado. Se ficar, sou gay ou bi, sei lá. Caso contrário, terei certeza de que sou hétero – argumentou Terremoto.

Com uma queda por homens mais velhos, o novato fez sexo oral no parceiro. Em alguns minutos, o matador de aluguel assumiu a condição homossexual dentro da prisão. Duda morria de medo de assassinos. Terremoto confidenciou para Cristian a experiência "deliciosa" ocorrida no banheiro e ouviu do amigo todo tipo de chacota usada para ofender quem sente atração pelo mesmo sexo. Brincalhão, Terremoto não dava a menor bola para o escárnio. No dia seguinte, Duda foi ao banheiro e Terremoto foi atrás. Lá dentro, pediu ao novato mais um sexo oral para tirar a prova dos noves:

— Cara, ainda tenho dúvida, saca? Poderia fazer mais um boquete? – pediu o assassino.

— Nem pensar! Você já sabe que é maricona. Agora assume essa condição e se joga na vida – aconselhou.

Nas primeiras semanas, Duda estreitou laços com Gil Rugai, de 30 anos, de quem ficou amigo e confidente. Estudante e ex-seminarista, Gil foi condenado a 33 anos e 9 meses de prisão por ter assassinato com nove tiros seu pai, Luiz Carlos Rugai, e sua madrasta, Alessandra de Fátima Troitino. O crime ocorreu em 28 de março de 2004, dentro da residência do casal, no bairro de Perdizes, zona oeste de São Paulo. Gil Rugai era um jovem esquisito, nerd, inteligente, articulado, de fala mansa e gestos delicados. "Antes da prisão, ele era um jovem taciturno. Vestia-se quase sempre de terno e um sobretudo preto. Nunca ia a baladas ou barzinhos, tinha pouquíssimos amigos e orgulhava-se do seu celibato voluntário", descreveu o jornalista João Batista Jr. em um perfil do assassino publicado na revista *Piauí*, em abril de 2022. Em setembro de 2008, quando Gil Rugai pisou em Tremembé pela primeira vez, era ex-seminarista. Interessou-se por aquilo que já conhecia e foi trabalhar com a Pastoral Carcerária. Suas atribuições eram rezar, administrar a palavra de Deus e dar conselhos e conforto aos colegas por meio da Bíblia. Como não havia a presença regular de um padre rezando a missa na prisão, Rugai mandou uma carta à Diocese de Taubaté, que atende a região, e se ofereceu para realizar atividades litúrgicas em Tremembé. O pedido foi acatado. Um padre passou a rezar missas semanais. Rugai tornou-se seu acólito, termo eclesiástico que designa o sacerdote que auxilia os atos litúrgicos.

Gil Rugai tinha o hábito de convidar Duda para tomar chá em xícara de acrílico na área comum da cadeia, sempre às 17h. O ex-seminarista segurava a alça da xícara com os dedos indicador e polegar, enquanto mantinha os demais dedos bem esticados, apontados para a frente. Num

Suzane: assassina e manipuladora

desses chás, a sós com Duda, Gil Rugai teria aproveitado para abrir o coração. Emocionado, jurou por Deus não ter disparado nenhum dos tiros que mataram o pai e a madrasta, apesar de ter sido condenado pelo Tribunal do Júri nove anos depois. Em tom de confissão, contou ao amigo saber a identidade do verdadeiro assassino, mas estava disposto a pagar pelo ato desse criminoso secreto por causa de um segredo de família. As investigações na época do duplo homicídio concluíram, de fato, haver outra pessoa na cena do crime. Em todas as fases da investigação e até o julgamento, Gil Rugai sempre negou a autoria do duplo homicídio, mas pesou contra um desfalque de 100 mil reais dado por ele na empresa do pai. Um vigia da rua chegou a confirmar em depoimento tê-lo visto entrando na casa no dia do crime juntamente com um rapaz, mas essa pessoa nunca foi identificada. Como não apontou quem era a sua companhia, Gil Rugai pagou pelo duplo homicídio sozinho. No chá das cinco, esse tema era recorrente:

— Gil, por que você não pede para reabrir o caso e entrega essa pessoa? – perguntou Duda.

— Jamais! Já cumpri mais da metade da minha pena. Prefiro arcar sozinho.

Poliglota, Gil Rugai falava fluentemente inglês, espanhol e italiano e dava aula para os demais presos. Ensinava também Redação e Matemática aos candidatos à prova do Enem. Cuidava da biblioteca. Mas o preso não era uma unanimidade na casa penal. Gil Rugai era considerado presunçoso e "porco" por alguns presos. Quando ele completava cinco dias sem tomar banho, Duda tentava levá-lo à força ao chuveiro. O ex-seminarista resistia, alegando ter aversão a água. Para se livrar da pressão, chegava a entrar no box, puxava a cortina plástica e ligava o chuveiro. Cinco minutos depois, saía de lá seco. Duda e Gil Rugai começavam a discutir porque ele não havia ficado sob a ducha. O "porquinho" se defendia dizendo não ter se adaptado ao banho frio de Tremembé. Depois de muita insistência dos colegas e reclamações na diretoria, Gil Rugai passou a tomar um banho a cada três dias.

Na primeira visita da mãe, Duda ganhou xícaras de porcela e palitos de chocolate. Os chás do ex-seminarista ficaram mais sofisticados e divertidos.

Eles pareciam duas comadres tricotando sobre a vida dos demais presos. Gil dizia achar Daniel Cravinhos bonito, com quem disputava partidas de xadrez desde que estiveram na mesma cela do regime fechado. Duda contou do sexo oral em Terremoto e dizia não achar atraente nenhum daqueles criminosos.

Três meses antes da Páscoa, Gil Rugai foi encarregado pela direção do presídio de escrever o roteiro e assinar a direção do espetáculo teatral *A Paixão de Cristo*, previsto para ser encenado pelos presos de Tremembé na Semana Santa. Havia uma expectativa muito grande nessa apresentação, porque Sueli Armani, a temida juíza-corregedora dos presídios, iria assistir, assim como todo o *staff* do complexo penitenciário e mais os parentes dos presos. Na primeira reunião para escalar o elenco, o médico Roger Abdelmassih ficou com o papel de José. Yuri, um estuprador de crianças, encenou Jesus, o protagonista. Coube a Alexandre Nardoni, assassino da filha Isabella Nardoni, interpretar Pôncio Pilatos. Os demais presos dividiram os apóstolos entre si. Ali, ninguém estava interessado em artes cênicas. Todos queriam mesmo era remir dias na pena. Para cada três dias de ensaio, a Justiça abatia um dia na condenação. Com isso, os presos passaram a ensaiar todos os dias, durante três meses.

* * *

Quando os irmãos Cravinhos estavam no semiaberto de Tremembé, não havia superlotação na penitenciária. Pelo contrário. No espaço onde Daniel e Cristian dormiam havia dois beliches, mas só duas camas estavam ocupadas. Duda e Gil Rugai ficavam ao lado, em outro local com dois beliches, dividindo o dormitório com Juliano Castro de Souza, de 32 anos na época. No pátio da penitenciária, Duda foi apresentado a Daniel por Gil Rugai. O novato reclamou da falta de armário e relatou a audácia de outro preso, que teve a pachorra de cobrar 80 reais para ceder o móvel no dormitório de Duda. Daniel aconselhou o amigo a não pagar propina e ainda lhe ofereceu uma porta no armário do seu alojamento.

Daniel estava trabalhando na marcenaria de Tremembé, e Cristian operava o trator na área externa quando Duda foi até o alojamento dos irmãos Cravinhos guardar os seus pertences no armário cedido pelo ex-namorado de Suzane. Ao abrir a porta do móvel, levou um susto com o tamanho da bagunça. Resolveu arrumar todo o cômodo e ainda fez uma faxina no local. Quando os irmãos Cravinhos se depararam com o alojamento totalmente limpo, convidaram Duda para se instalar em uma das camas desocupadas.

O colega agradeceu a oferta, mas recusou o convite. "Eles eram muito legais, mas como tinham matado duas pessoas enquanto elas dormiam, fiquei com medo", justificou Duda em 2018. No dia seguinte, o novato conseguiu um emprego de auxiliar em uma das salas da direção da penitenciária. No final do expediente, voltou para o alojamento e percebeu que suas coisas não estavam mais lá. Daniel e Cristian haviam levado tudo para o espaço deles.

— A partir de agora, você vai dormir aqui conosco – anunciou Daniel.

— Só se o Juliano e o Gil vierem junto! – ponderou o rapaz.

— O Juliano tudo bem. O Gil é muito estranho. Deixa esse projeto de padre pra lá – vetou Cristian.

Duda fazia questão de levar os colegas de beliche à nova moradia para se sentir seguro ao lado de dois assassinos. Mas logo passou a ter encanto pelos irmãos Cravinhos. A química entre os quatro presos aconteceu rapidamente. O primeiro a falar da vida foi Juliano. Em 2008, era estudante universitário de 24 anos e tão bonito quanto um modelo de revista. Na época, namorava a colega de classe Camilla, de 22 anos, modelo profissional desde os 17. Para capitalizar a beleza, Juliano resolveu fazer programas. Com vergonha da família, da namorada e dos amigos, manteve a atividade sob o mais absoluto sigilo. Fez um anúncio na Internet, postou fotos ocultando o rosto e choveram clientes. Na labuta clandestina, o modelo conheceu o advogado Aurélio Pinheiro Dias, de 65 anos. Segundo vizinhos, o senhor mantinha o hábito de receber rapazes em sua casa na calada da noite. No primeiro encontro, Aurélio fez sexo oral em Juliano e pagou 200 reais em dinheiro vivo. Na segunda vez, o cachê subiu para 300, mas o atendimento foi completo. Após dezenas de encontros, Aurélio se apaixonou pelo garoto de programa e passou a encontrá-lo, em média, três vezes por semana. Em um mês, Juliano conseguia arrancar do advogado 3.600 reais prestando serviços sexuais. Cego de amor, além de dinheiro, Aurélio passou a dar presentes caros ao estudante, como perfumes, relógio, roupas e aparelhos celulares. Ele chegou a ganhar o perfume de luxo Van Cleef & Arpels Pour Homme, comprado na época por 2.700 reais.

Certa vez, Juliano estava na biblioteca da faculdade estudando com dois amigos. Levantou-se para ir ao banheiro e logo em seguida Camilla se aproximou. Resolveu sentar-se à mesa para esperar pelo namorado. De repente, uma vibração no celular de Juliano anunciou a chegada de uma mensagem. Mesmo com a tela bloqueada, Camilla conseguiu ler um texto enviado por Aurélio, mas recebido no celular com o nome de Flávia: *"O meu maior dilema é te amar e não te ter todos os dias. Quando vamos nos ver novamente?"*. Juliano voltou e Camilla perguntou em tom de indignação quem era a tal Flávia, a autora daquela mensagem de amor. Ele respondeu se tratar de uma antiga namorada inconveniente por não aceitar o fim do relacionamento. Camilla acreditou, deu um beijo no bem-amado e os dois foram lanchar. Discretamente, Juliano respondeu à mensagem do advogado: *"Hoje à noite vamos matar toda essa saudade, seu velho tarado"*. O estudante levou Camilla em casa e seguiu para encontrar Aurélio. Antes de transarem, o estudante narrou ao advogado o sufoco enfrentado para esconder o caso homoafetivo da namorada. Por uma questão de cautela, ficou combinado que só marcariam programas por e-mail. Aurélio já demonstrava impaciência com a condição de "amante" à qual estava submetido. Deixou claro não aceitar mais viver uma relação comercial com Juliano. Houve uma discussão em meio a uma bebedeira:

— Então a nossa relação é de consumo? É isso? – questionou Aurélio.

— Se quiser, será assim. Se não quiser, poremos um ponto final agora!

— E o investimento financeiro feito em você?

— Considere fundo perdido!

— Sou o quê? Um caixa eletrônico? Você me conquista com a sua juventude, saca o meu dinheiro e me descarta?

Suzane: assassina e manipuladora

— Vamos terminar?! – questionou Juliano em forma de ultimato.

— Eu te amo! – revelou o advogado, aceitando as condições impostas pelo acompanhante.

Após o embate entre o gigolô e seu cliente, os dois transaram. Bêbado, Juliano dormiu ao lado de Aurélio e acordou atrasado para a aula. O advogado havia preparado um café da manhã especial para o jovem, com frutas, sucos, ovos mexidos e pão, mas não houve tempo para a refeição. Apressado, Juliano abriu a carteira de Aurélio, pegou quatro notas de 100 reais e correu para a universidade.

Sem qualquer domínio das suas emoções – e consequentemente das suas ações –, Aurélio passou o dia inteiro enviando mensagens a Juliano. Sem respostas, o velho decidiu procurar pelo jovem na faculdade. Ao vê-lo na lanchonete com Camilla, aproximou-se. O estudante entrou em pânico quando viu o idoso em seu ambiente social, mas conseguiu disfarçar. Aurélio foi discreto. Cumprimentou o casal com um singelo "oi" e pediu um misto-quente com uma Coca-Cola no balcão, deixando o local logo em seguida. Camilla ficou curiosa:

— Quem é esse senhor?

— Acho que é professor-visitante – desconversou o estudante.

Apavorado com aquela visita inesperada, Juliano resolveu tirar satisfação com Aurélio. À noite, os dois tiveram uma conversa tensa:

— Como você tem coragem de ir à universidade? Você está louco? – irritou-se Juliano.

— Eu não cheguei aos 65 anos para ser humilhado por um michê de merda. Não vou mais me submeter a esse vexame! A fonte de dinheiro fácil do vovô secou! – anunciou Aurélio.

— Dinheiro fácil? Você não imagina o sacrifício que foi transar com você todos esses meses. [...] Eu tomava estimulante sexual, fechava os olhos e fingia que sentia prazer para você acreditar que era loucamente desejado. Fiz muito sacrifício para receber essa sua mixaria!

— Saia da minha casa agora, seu lixo!

Juliano já estava passando pela porta da sala, quando Aurélio suplicou, bêbado, por uma transa de despedida ao preço de 500 reais. O estudante se negou e o advogado lançou mão de uma ameaça:

— Vou contar à sua namorada e à sua família quem realmente você é! Mostrarei ao mundo o seu anúncio na Internet, as nossas mensagens! Tudo!

— Assim você não me deixa alternativa. Mil reais de cachê pela saideira. Topa?

O advogado foi para a suíte preparar a cama. Juliano seguiu para a cozinha com a desculpa de pegar outra garrafa de vinho. Abriu a gaveta do armário e retirou uma faca asiática conhecida como *Santoku*, ideal para cortar carnes e legumes. A lâmina de aço inoxidável e a ponta afiadíssima proporcionam cortes com precisão. O cabo em fibrox com três rebites confere aderência à mão até quando está molhada.

Furtivamente, Juliano pôs a arma branca sob o travesseiro. Os dois beberam vinho e investiram bastante nas preliminares. Aurélio se despiu lentamente enquanto recebia beijos carinhosos do michê. Ambos já estavam nus na cama quando o jovem pediu para o cliente virar de costas com o propósito de beijá-las. Aurélio obedeceu. Juliano, então, sentou-se sobre a lombar do senhor, pegou a faca sorrateiramente e mirou na nuca da vítima, segurando o cabo firmemente com as duas mãos.

Primeiro triscou a ponta afiada sobre a pele enrugada de Aurélio. Antes mesmo de o advogado reclamar da espetada, Juliano empregou toda a sua força juvenil e afundou a lâmina inteiramente no pescoço de Aurélio por duas vezes. A primeira perfuração destruiu a vértebra cervical de número um, conhecida como atlas. O segundo corte atravessou o pescoço de um lado ao outro. Aurélio morreu instantaneamente.

Após o assassinato, Juliano pegou uma mala e pôs dentro dela todos os objetos de valor encontrados na residência da vítima. Foi para a casa dos pais todo sujo de sangue. A polícia desvendou o mistério rapidamente, lendo as mensagens no celular do advogado. Acuado, o estudante confessou tudo. Camilla, a família e toda a faculdade descobriram numa tacada só que Juliano era gay, garoto de programa, ladrão e assassino. Condenado, pegou 26 anos de cadeia.

Quando Juliano contou no alojamento de Tremembé essa história para Cristian, Daniel e Duda, houve comoção. O latrocida comparou o seu crime com o cometido pelos irmãos Cravinhos e defendeu uma tese tão curiosa quanto singular:

— Sabe qual foi o nosso maior erro? Não foi assassinar! Foi furtar bobagens após matar as vítimas. Com esses roubos seguidos de morte, o nosso crime deixou de ser homicídio e passou a ser visto como latrocínio. Isso fez as nossas penas triplicarem por causa de agravantes. Se nós tivéssemos só matado e saído sem nada, já estaríamos livres! – teorizou o presidiário.

Apesar de estapafúrdio, o comentário de Juliano faz sentido. Pelo Código Penal Brasileiro, o acusado de homicídio simples pode pegar entre 6 e 20 anos de reclusão, enquanto o latrocida sai do tribunal com uma pena variada entre 20 e 30 anos. Quando o homicídio vem com agravantes, a sentença varia entre 12 e 30 anos. No entanto, os autores de homicídios são submetidos ao Tribunal do Júri, enquanto os latrocidas geralmente são julgados apenas por um juiz. Essa distorção ocorre porque o Código Penal Brasileiro vê o homicídio como um crime contra a vida, enquanto o latrocínio é considerado crime contra o patrimônio.

Em Tremembé, Juliano passou por uma situação pitoresca. Para tentar aliviar a culpa de ter matado Aurélio, o jovem começou a frequentar a capela da penitenciária em busca de salvação. Orientado por Gil Rugai, ele fez uma promessa para São Dimas, o padroeiro dos presos arrependidos. Na tentativa de alcançar o perdão divino, Juliano passou a fazer trabalho voluntário dentro da cadeia. Durante três meses, prontificou-se a empurrar a cadeira de rodas do médico Roger Abdelmassih da cela para o banho de sol, do banho de sol para a cela e da cela até o parlatório, quando havia visita de advogados. Juliano não ganhava um tostão pelo sacrifício. Quando Abdelmassih começou a fingir estar doente para enganar a Justiça e ganhar o direito de cumprir a pena em casa, Juliano continuou o trabalho benevolente sem saber dos planos sórdidos do médico-monstro. Ao conduzir o doutor, o jovem ainda ouvia em público todo tipo de grosseria do estuprador, principalmente quando a cadeira descia bruscamente um degrau ou esbarrava nas portas de ferro do presídio. No entanto, o jovem relacionava as ofensas do médico a um tipo de provação, um teste para a sua fé.

Certo dia, Juliano deu um banho quente em Abdelmassih e o acomodou na cama. Mas o advogado do médico o chamou no parlatório por volta das 16h. O detento promesseiro levou o cadeirante até lá, percorrendo 300 metros de calçadas, rampas e pequenas escadas.

Na sala especial, Abdelmassih recebeu uma notícia indigesta. A Justiça havia lhe negado o privilégio da prisão domiciliar. Abdelmassih ficou tão enfurecido com o comunicado que abandonou a farsa, levantando-se da cadeira de rodas. O médico seguiu caminhando a passos largos e sadios pelos corredores da penitenciária rumo à cela, atravessando portões e esbravejando palavrões ao vento. Sem o menor pudor, ele próprio revelou a farsa de esconder há meses a capacidade de estar de pé. Juliano ficou estático, segurando a cadeira de rodas vazia, pasmo com a descoberta surpreendente. Ficou revoltado por estar sendo misericordioso à toa. Nesse dia, Juliano prometeu a São Dimas engasgar Abdelmassih na primeira oportunidade. Mas essa graça nunca foi alcançada. O médico estuprador juntou uma série de laudos falsos alegando sofrer de insuficiência cardíaca crônica e entregou à Justiça. Os laudos foram assinados pelo colega de cela Carlos Sussumo, médico preso por extorsão e associação criminosa. Sem fazer nenhuma promessa, em junho de 2017 o estuprador recebeu o privilégio de cumprir a pena no conforto do lar, graças à caneta milagrosa da juíza Sueli Zeraik de Oliveira Armani.

Em uma audiência com a magistrada, em agosto de 2019, Sussumo confessou ter assinado laudos "que não condiziam com a verdade" para ajudar Abdelmassih a forjar doenças. Sussumo atuava como médico no *Presídio dos Famosos*, o que facilitou a assinatura dos laudos falsos. A alegria de Abdelmassih durou 1.110 dias. Em 13 de agosto de 2019, a juíza Andrea Barreira Brandão cancelou o privilégio do estuprador e o mandou de volta para a cadeia.

* * *

No semiaberto de Tremembé não há grades nem celas. Os presos ficam em alojamentos distribuídos em imensos galpões. O compartimento usado pelos irmãos Cravinhos, Duda e Juliano era chamado de "beco". Nos finais de semana à noite, Marco Terremoto batia ponto por lá. Àquela altura, era pública a sua condição de "maricona", como são chamados na prisão os detentos com mulher e filhos do lado de fora, mas que acabam vivendo relacionamento gay do lado de dentro. O assassino de aluguel começou a namorar Tieta do Agreste, de 19 anos, um cabeleireiro que matou a mãe depois de ser expulso por ela a pauladas da cidade de Borá (SP), onde o crime ocorreu. A rejeição foi porque a família, evangélica, havia descoberto a orientação sexual do jovem. Tieta era um preso magro e espalhafatoso, com corpo coberto por tatuagens. No "beco", ninguém suportava a afetação do parceiro de Terremoto. Mas todos o toleravam porque ele fazia na cadeia uma maria-louca (aguardente) como ninguém.

Num fim de semana agitado, os irmãos Cravinhos fizeram uma festa no "beco". Tieta levou salgados, uma cachaça altamente forte e doces. Cristian pôs música num aparelho de som e cerca de dez presos foram convidados para a bagunça. Beberam, conversaram, contaram piadas e dançaram até altas horas. Bêbado, Tieta foi o primeiro a deixar o "beco". Por volta das duas da madrugada, só restavam na balada os irmãos Cravinhos, Duda, Juliano e Terremoto. Um carcereiro pediu que reduzissem o volume do som. Cristian então pôs uma música lenta bem baixinho. Daniel "desmaiou" na cama de baixo do beliche, protegido por uma cortina de lençol chamada pelos detentos de "cabana". Os quatro restantes, alcoolizados, resolveram dançar de rostinho colado. Cristian rodopiava com Duda e Terremoto com Juliano. Uma hora depois, alegando cansaço, Duda subiu no beliche e se acomodou na cama de cima.

— Posso me deitar aí com você? – pediu Cristian.

Os dois ficaram na mesma cama numa posição denominada pelos presos de "valete", quando um está com a cabeça virada para os pés do outro. Embriagados, Terremoto e Juliano "dormiram na praia", definição para quem se entrega ao sono no chão da cela. Cristian e Duda ficaram conversando até as luzes do pavilhão se apagarem. Cristian falava da vida, contava como se sentia solitário na cadeia, comentou sobre o relacionamento turbulento com Sherminne, chorou pela filha e divagava sobre o crime. "Olho para trás e sinto vergonha... O que eu fiz não tem justificativa nem conserto", assumiu. Para o amigo, revelou ter pesadelos todos os dias com Marísia. Duda, entediado, adormeceu com aquela conversa enfadonha. Cristian passou a falar sozinho. O preso saiu da posição de valete e deitou-se por trás do colega, mantendo uma certa distância. Pelos sussurros vindos "da praia", Cristian concluiu que Terremoto e Juliano estavam transando sutilmente no chão do alojamento. Criou coragem e fez um carinho de leve com a ponta dos dedos no rosto de Duda. O novato reagiu ao afeto virando-se de frente. Cristian então deu um beijo no colega. Os dois aproveitaram os efeitos do álcool da maria-louca e transaram. Daniel, "apagado", não percebeu que o seu "beco" havia se transformado em um ninho de amor.

Tieta acordou por volta das 5h, foi até o alojamento onde o Terremoto dormia e se deparou com a cama dele vazia e toda arrumada. Seguiu até o "beco" e flagrou o seu namorado dormindo agarrado com Juliano. Tieta soltou um grito estridente, acordando todos os presos do semiaberto. Tentou bater em Juliano, mas foi contido por um grupo de presos. Incontrolável, o cabeleireiro começou a derrubar armários no chão. Como não se conteve em seu ataque histérico, foi levado pelos agentes de segurança para um castigo no "pote", como é conhecida a cela solitária de Tremembé. Tieta saiu de cena por 15 dias. Quando ele voltou, Terremoto e Juliano estavam namorando. O casal andava de mãos dadas pelo pátio e dormia no mesmo compartimento. Três meses depois, Juliano conseguiu uma vitória e um benefício dignos de comemoração. Passou no vestibular para Administração no Instituto Taubaté de Ensino Superior. A juíza Wanda Regina Gonçalves da Cunha, da 1ª Vara de Execuções Penais de Taubaté, concedeu-lhe o direito de sair todas as noites da penitenciária para estudar no município vizinho. Juliano estava festejando na biblioteca, quando Tieta se aproximou. Estava em paz, segundo frisou:

— Parabéns, Juliano. Desejo muita sorte na sua vida de estudante...

— Olha, se você quiser falar sobre o Marco... Posso dizer como tudo aconteceu.

— Esquece isso! Terremoto é coisa do passado!

— Ótimo que você superou.

— Olha, a bem da verdade, não superei. Eu bem que tentei, mas não consegui. Mas estou tranquilo. Sabe por quê? O Terremoto vai destruir a sua vida. Essa será a minha grande vingança. Ele te levará para o inferno! É só uma questão de tempo. Quando esse dia chegar, estarei aqui, plena, assistindo à sua desgraça de camarote.

As palavras ácidas de Tieta não estragaram a alegria de Juliano, que se apaixonava cada vez mais por Terremoto. Cristian e Duda também engataram um romance. Passaram a dormir praticamente todos os dias na mesma cama. No início, o casal era discreto. Daniel foi o primeiro a perceber.

O tempo passava e o namoro de Duda e Cristian ficava cada vez mais descarado. Na penitenciária de Tremembé, todas as vezes que um preso passa de uma ala para outra, ele é obrigatoriamente revistado por um agente de segurança penitenciária. Segundo registro de uma ocorrência feita no dia 6 de julho de 2015, um carcereiro teria apalpado Duda além do necessário em uma inspeção de rotina. Nas palavras do preso, o funcionário meteu a mão dentro da sua calça para ver se ele escondia uma navalha entre as nádegas e na região entre a raiz do pênis e o ânus, conhecida como períneo masculino. Quando soube do abuso, Cristian deu um chilique na cadeia em defesa do namorado. Só parou o escândalo quando o agente Firmino o interpelou:

— Cristian, contenha-se! Você está passando recibo à toa!

Como Duda já estava pleiteando o regime aberto, onde cumpriria pena em liberdade, o casal fez um pacto de namorar por nove meses. Apaixonado, o assassino de Marísia escrevia cartas e mais cartas ao amado em folhas de papel cor-de-rosa e todas desenhadas com corações e flores. Na intimidade, Cristian chamava o companheiro de Dudinha e Lua, e dele recebia o apelido carinhoso de Pavão, em referência à sua vaidade exacerbada. Em 12 de junho de 2016, Dia dos Namorados, Cristian escreveu uma carta romântica de duas páginas para a sua Lua. Um trecho todo dedicado à gratidão dizia o seguinte:

"Dudinha, obrigado por passar meses, dias, horas, minutos e segundos ao meu lado. Estar contigo é um privilégio que Deus me proporcionou. Você

é um presente mais valioso do que todo o dinheiro do mundo. Obrigado por deixar eu sentir o teu cheiro, o teu carinho, a tua atenção e o teu amor. Obrigado por ser o meu sol nos dias frios e a minha brisa nos dias de calor. [...] Você conquistou algo em minha vida que jamais pensei ser possível conquistar. Eu sei que vou te amar por toda a minha vida! Feliz Dia dos Namorados".

Para manter o namoro intramuros na mais plena harmonia, Duda raramente comparecia ao pátio da penitenciária aos domingos, dia de visita. Sherminne não podia desconfiar do envolvimento de Cristian com um homem dentro da cadeia. Num domingo de sol, a bancária chegou a Tremembé com o tradicional "jumbo" de comidas sofisticadas para o marido. Vestida com uma minissaia, passou pela recepção. Foi atendida por Firmino. Como sabia do envolvimento do Pavão com a Lua, o carcereiro investiu pesado no jogo de sedução:

— De zero a dez, qual a chance de eu ganhar um beijo hoje?

— Zero! – respondeu Sherminne, rindo.

A mulher de Cristian saiu da recepção e caminhou para o pátio até ser alcançada por Firmino. Seco, o carcereiro lançou mão de uma revelação bombástica como última tentativa de conquistar o coração de Sherminne:

— O Cristian não te merece! Ele está namorado um detento chamado Duda aqui dentro. Eles estão apaixonados. Em lua de mel. Você é uma otária em ainda trazer comida para ele. (...) Eu sei que você não vai acreditar, mas pergunta para qualquer preso lá no pátio que todos vão confirmar. O assassino com quem você desperdiça o seu domingo é uma maricona!

Ao ouvir aquela verdade, Sherminne largou as sacolas contendo bife à parmegiana, arroz de forno e fritas no chão. Descontrolada, correu até o pátio. Quando viu Cristian de longe, gritou para que todos à sua volta a ouvissem:

— Que história é essa que você namora um tal de Duda aqui dentro? Quem é essa vagabunda?

— Se acalma, amor! Quem disse essa mentira? – quis saber Cristian.

— Não interessa quem é o mensageiro! Me aponta quem é Duda, seu veado filho da puta!

— As pessoas aqui dentro são muito maldosas! A Dudinha, ou melhor, o Duda, é só um amigo! – justificou Cristian.

O pátio estava apinhado de presos e familiares em visita. Fora de si, Sherminne saiu perguntando aos detentos e seus parentes quem era Duda. Cristian seguia atrás tentando conter a fúria da mulher. Um supervisor pôs a bancária para fora da cadeia e mandou Cristian de volta para o alojamento. Sherminne entrou no carro toda descabelada e voltou para casa. Ficou três meses sem dar as caras em Tremembé. Pelo barraco, seu namorado foi punido com um castigo de 15 dias no "pote".

Ao sair da solitária, Cristian estava carente de afeto. O distanciamento de Sherminne fez os laços entre ele e Duda se fortalecerem ainda mais. O Pavão já falava em casamento com a Lua tão logo eles saíssem da cadeia. Em uma visita de dona Ana Clara, mãe de Duda, Cristian se declarou apaixonado. No mesmo dia, perguntou à nova sogra, no meio do pátio da cadeia, se aquela relação homoafetiva era abençoada. Ana Clara não só louvou o casal, como também declarou apoio incondicional aos pombinhos. No entanto, a sós com o filho, a senhora disse uma frase marcante: "Assim como existe amor de verão, tem também amor de cadeia. Não voe muito alto, Duda, porque a ventania lá em cima é muito forte".

Por um momento, a relação de Cristian e Duda esfriou. O Pavão sentia falta de uma figura feminina. Sugeriu ao namorado que providenciasse uma calcinha para apimentar o sexo. Duda recorreu à mãe durante uma visita. No pátio, ordenou:

— Tire a sua calcinha!

— O quê?! – espantou-se Ana Clara.

— Anda, tira logo!

Mesmo sendo evangélica da Assembleia de Deus, Ana Clara obedeceu ao filho e retirou a peça íntima. Ao ver a calçola da mãe, nada sensual, ele a devolveu e pediu uma *lingerie* sexy para o próximo domingo. Quando Ana Clara declarou "apoio incondicional" ao casal, ela não estava brincando. A mãe de Duda, de 46 anos na época, passou numa loja Marisa, pagou 29 reais por uma calcinha preta cavada e com renda e vestiu a peça. No domingo de visitas, teve de passar pela revista íntima de Tremembé e todas as funcionárias encarregadas da vistoria riram. "O que uma mãe não faz por um filho...", comentaram. Seguiu ao pátio, deu um jeito de tirar a roupa íntima discretamente e repassou a Duda. À noite, Lua tomou um banho de Cleópatra, caprichou no perfume e vestiu com esmero a calcinha preta para satisfazer o namorado ávido por uma figura feminina. Quando flagrou Duda usando a peça no alojamento, Cristian tomou um susto que lhe abriu a boca:

— Quem disse que a calcinha era pra você? – Pavão questionou.

— Oi? Como assim?

— Tire! – ordenou Cristian, enfático.

Para surpresa de Dudinha, o seu Pavão vestiu a roupa íntima feminina e ficou horas desfilando no "beco". Em seguida, os dois fizeram amor em sua "cabana" até o sinal apitar pela manhã avisando a hora de acordar para o trabalho. Cristian seguiu para o trator, e Duda assumiu o seu posto de trabalho na secretaria da penitenciária. Lá, soube em primeira mão que a Justiça havia expedido o seu alvará para seguir para o regime aberto. Em vez de festejar, começou a chorar de tristeza por ter de se separar do Pavão justamente quando a relação estava sendo oxigenada com acessórios femininos.

Pelos trâmites burocráticos, Duda ainda ficaria três dias na penitenciária, mas a direção resolveu mandá-lo embora ainda naquele dia. A contragosto, foi arrumar as suas coisas. A notícia de sua soltura rapidamente se espalhou na cadeia. Quando soube da novidade, Pavão largou o trator no meio da prisão e saiu voando ao encontro da sua Dudinha. No caminho, pegou um cravo no jardim e deu ao amado como prova de amor eterno. Duda retribuiu o carinho entregando-lhe uma rosa. A despedida do casal foi marcada por muito choro. Cristian prometeu procurar pelo namorado na próxima saidinha. Duda enxugou as lágrimas e acreditou piamente na promessa.

Enquanto um casal se separava em Tremembé, outro se juntava ainda mais. Marco Terremoto e Juliano não se desgrudavam. Eles não chegavam a falar em casamento, mas planejavam montar um negócio juntos quando saíssem da cadeia. Juliano era o melhor aluno do curso de

Administração. No último ano, o estudante conseguiu entrar num projeto de ressocialização de detentos promovido pela Prefeitura de Taubaté e conquistou condução gratuita da porta da cadeia até a universidade. Também havia sido aprovado em um estágio remunerado e era apontado como um exemplo de como aproveitar o tempo ocioso na prisão para estudar e crescer na vida. Juliano conquistou respeito e confiança em Tremembé. Ao voltar da faculdade, por volta das 23h30, passava direto pela portaria com o seu material escolar sem ser submetido a nenhum tipo de revista. Só os presos especiais gozam desse privilégio. Orgulhoso, Terremoto esperava o namorado todas as noites para cobri-lo de beijos. Certo dia, o matador de aluguel fez um pedido a Juliano, marcando a vida do preso exemplar para sempre:

— Você me ama? – quis saber Terremoto.

— Claro que eu amo! Por que duvida?

— Porque você nunca me deu uma prova do seu amor.

— Então me peça uma.

— Hoje à noite, um amigo meu vai te procurar na faculdade. Ele vai te entregar um bagulho e você me traz. Essa será a maior prova de amor que você poderia me dar.

— Mas que bagulho é esse? – quis saber o estudante.

— Não me faça perguntas. O amor não permite esse tipo de questionamento. Apenas pegue a encomenda, esconda no lugar mais seguro do seu corpo e traga até mim.

Não foi fácil convencer Juliano a aceitar o sacrifício. O jovem morria de medo de ser flagrado e já estava com um pé fora da cadeia, pois dali a seis meses também passaria para o regime aberto. O embate entre o casal durou semanas e evoluiu para uma discussão séria. Terremoto então pôs o namorado contra a parede. Se o estudante não fizesse esse favor em nome do amor, não valeria a pena continuarem juntos. Juliano cedeu à pressão. Terremoto e Juliano se trancaram no banheiro coletivo de Tremembé para acertar os detalhes do tráfico. Por causa de uma coincidência daquelas que só feitiçaria explica, Tieta estava em um dos boxes e conseguiu testemunhar as instruções repassadas pelo seu ex-namorado a Juliano.

Com sede de vingança, Tieta esperou o rival sair para a faculdade e foi até a portaria fazer uma denúncia a Firmino. Ao fim da aula, conforme o combinado, o estudante foi procurado por um traficante, que lhe entregou 240 gramas de maconha prensada e um preservativo. A droga estava paga. Juliano seguiu até o banheiro da universidade, despejou a maconha numa camisinha, deu um nó na abertura e modelou a embalagem para assumir um formato cilíndrico. Em seguida, tirou a roupa e introduziu a encomenda do namorado no ânus, deixando somente o nó para o lado de fora.

A operação para esconder a droga quase fez Juliano perder a condução escolar. Se isso ocorresse, ganharia uma falta grave em seu histórico prisional. Seguiu numa Kombi velha com outros oito alunos pelos 15 quilômetros entre a faculdade e a penitenciária de Tremembé II. Foi a última viagem escolar do estudante de notas altas do último ano de Administração. Às 23h45, ele desceu da condução e bateu no portão azul da cadeia. Firmino abriu a tranca e Juliano tentou passar reto, como de costume, mas o agente o interpelou:

— Hoje você vai passar pelo aparelho de raio-X! – anunciou.

Tremendo dos pés à cabeça, Juliano deixou os livros e os cadernos sobre a mesa dos guardas. Vestido, submeteu-se à máquina que tudo vê. Na imagem refletida na tela do monitor, Firmino e outros três agentes avistaram o pacote de maconha oculto nas entranhas do estudante. Com um riso cínico, Firmino quis saber:

— Que porra é essa?

— Droga! – assumiu Juliano, já chorando.

— É para o seu namorado?

— Não! É para uso pessoal – mentiu o estudante por amor a Terremoto e com medo de morrer.

— Quero ver esse bagulho agora! – pediu um dos agentes.

Constrangido e chorando copiosamente, Juliano tirou toda a roupa. Ficou em pé, completamente nu, suando em bicas. Ele já ia se agachar quando Firmino o mandou esperar. Pelo rádio, o agente chamou dezenas de funcionários para assistir àquela cena triste. Quando a sala estava lotada, Firmino mandou Juliano se agachar. Pelo nó da camisinha, o estudante retirou lentamente a maconha do ânus e pôs sobre o chão. Todos riram, enquanto o detento chorava. Da portaria, seguiu direto para o "pote". Como punição primária, Juliano perdeu todos os benefícios, inclusive o direito de estudar e as regalias do regime semiaberto. Quando estava na solitária, Tieta deu um jeito de visitá-lo:

— Quando eu disse que o Terremoto te levaria para o buraco, você não acreditou. Agora está você aí, chafurdando na merda!... Aprenda a nunca mais dar em cima de homem casado.

A desgraça de Juliano estava só começando. O coitado foi transferido para o Cadeião de Pinheiros, na capital paulista, onde permaneceu misturado com traficantes do PCC, no regime fechado. Era estuprado diariamente por toda sorte de bandidos. O jovem ainda teve um acréscimo de seis anos na pena, fruto de uma condenação por tráfico. Em um exame de rotina feito no posto médico da nova casa penal, descobriu ser portador do vírus HIV e começou a sentir os efeitos da aids por ter tido rejeição ao tratamento com os antirretrovirais. No auge da depressão, o ex-estudante nem sequer fazia a higiene pessoal. Juliano morreu em dezembro de 2022 com doenças decorrentes da aids.

Cristian e Daniel sofreram com o desfecho reservado a Juliano. Covarde, Marco Terremoto nunca contou aos colegas a sua responsabilidade no destino do namorado que ele dizia tanto amar. Mas seu fim também foi trágico. Firmino contou a Terremoto ter sido Tieta o autor da denúncia. O carcereiro ainda complementou a história revelando que a maconha prensada seria para o matador de aluguel, segundo a acusação de Tieta. Para se vingar, Terremoto avançou com um trator pra cima do cabeleireiro na frente de várias pessoas.

Tieta percebeu a máquina se aproximando e correu pela área externa de Tremembé. Terremoto acelerou para alcançá-lo. Apavorado, o preso fofoqueiro caiu no chão e Terremoto passou por cima sem a menor pena. Uma das rodas do maquinário, a menor delas, passou por cima de Tieta, e por pouco ele escapou da morte. Teve uma perna quebrada e escoriações. Terremoto foi denunciado por tentativa de homicídio e transferido para a penitenciária de Presidente Venceslau. Em uma saidinha em 2016, foi julgado e decapitado por dívida num tribunal do crime organizado pelo PCC.

O destino de Cristian também foi insólito. Ao ganhar o tão esperado regime aberto, em agosto de 2017, resolveu viver intensamente, como se o mundo fosse acabar no dia seguinte. Pavão foi procurado tanto por Duda quanto por Sherminne, mas o criminoso dispensou ambos para começar uma vida do zero. Duda aceitou o fim do relacionamento lembrando as palavras sábias da mãe: *"Amor de cadeia não sobrevive do lado de fora"*. No regime aberto, os dois chegaram a jantar juntos em um restaurante japonês em São Paulo feito amigos. No final, beijaram-se. Mas Cristian não quis transar. Concluiu, segundo diz, que a vontade de ficar com homens limitava-se à cadeia.

Duda guarda como *souvenir* a calcinha preta usada por Cristian e todas as cartas de amor enviadas por ele. "São as minhas maiores lembranças", define. Hoje ele está casado com outro rapaz e se diz feliz.

Sherminne estava com 42 anos quando foi abandonada. Sobre Duda, faz questão de frisar: "Eu nunca vivi um triângulo amoroso. Quando o Cristian estava com ele na cadeia, nós estávamos separados. Ou seja, nunca fui chifrada". Sherminne já havia perdido as curvas de outrora e não aceitava ser escanteada depois de uma década de relacionamento. Para monitorar os passos do ex, a bancária instalou um rastreador na moto Yamaha. O equipamento mostrava no aparelho celular dela a localização do veículo de Cristian em tempo real.

Na nova fase em liberdade, Pavão fez um perfil no Facebook e outro no Tinder, uma rede social para encontros amorosos. No dia 17 de abril de 2018, uma terça-feira, oito meses depois de sua saída definitiva da cadeia, Cristian combinou de se encontrar às 22h com uma garota chamada Kelly, de 18 anos, no Red Bar, na cidade de Sorocaba, a 97 quilômetros de São Paulo. Ao ver pelo mapa do celular o ex-namorado e sua possante moto seguindo viagem pela Rodovia Castelo Branco (SP-280) a mais de 200 quilômetros por hora, Sherminne se arrumou rapidamente, pegou o carro e seguiu atrás dele. Cristian sentou-se a uma mesa na calçada com Kelly. Ela pediu uma caipirinha e ele foi de cerveja. Havia uma tábua de frios na mesa. O clima de romance corria solto entre o casal. Sherminne passou de carro na avenida e flagrou o momento exato em que Kelly espetou uma azeitona com um palito e levou até a boca de Cristian. Impetuosa, a bancária largou o carro na contramão com a porta aberta, deixando o motor ligado e atrapalhando o tráfego da Rua General Osório, e seguiu em disparada até a mesa. Aos berros, dirigiu-se à garota com a mão em riste, pronta para disparar uma bofetada:

— Tá sabendo que ele é casado, sua piranha?! – esbravejou.

— Ele me contou que está separado, mas a senhora não aceita... – retrucou Kelly, calmíssima.

Aquele "senhora" dito por uma jovem de 18 anos soou como ofensa para uma mulher quarentona maltratada pelo tempo. Sherminne avançou sobre a garota, mas Cristian a conteve antes de Kelly ser espancada. Copos, pratos, garrafas e talheres caíram no chão, assustando os frequentadores do bar. Houve um princípio de tumulto. Populares ligaram para a polícia, denunciando a hostilidade. "Não houve agressão física. Nossas discussões sempre foram intensas, com grito e muita gesticulação. Mas nunca houve socos, como dizem por aí", defendeu-se Sherminne. Quando a viatura chegou, o casal não estava mais lá. Os dois discutiam, falavam palavrões aos berros e se empurravam mutuamente em um posto de gasolina próximo. No bar, os policiais perguntaram pelo agressor e um dos clientes apontou para a moto Yamaha, estacionada bem em frente. Ao digitar a placa do veículo num tablet, os policiais leram na tela *"Proprietário: Cristian Cravinhos de Paula e Silva. Condenado a 36 anos de prisão por homicídio hediondo. Cumpre pena em regime aberto"*. Dois policiais militares – um homem e uma mulher – encontraram Cristian no posto:

— Você é o Cristian Cravinhos?

— Sim, eu mesmo! O senhor já ouviu falar de mim?

— Já! O senhor não está cumprindo pena no regime aberto?

— Sim! – disse Cristian, enquanto arrumava a roupa.

— Então o senhor está violando as regras, pois não deveria estar fora da sua cidade-domicílio. Também não poderia estar em um bar, muito menos neste horário...

— Olha, seu policial, eu tenho aqui comigo 1.000 reais!

— Ah! Você tem 1.000 reais? – ironizou o policial.

— Mas posso conseguir mais 2.000 ainda hoje com o meu irmão Daniel Cravinhos. O senhor já ouviu falar dele, né?

— Então agora o senhor tem 3.000 reais? – continuou o policial, sarcástico.

— Pelo amor de Deus, eu não posso ser preso! Tá vendo aquela moto? Ela vale 40.000 reais. Eu posso vendê-la e dividir o dinheiro com vocês...

— O senhor está preso por tentativa de suborno! – anunciou o policial, algemando Cristian pelas costas.

Em minutos, o quarteirão estava cercado por dezenas de viaturas. Por uma ironia do destino, Cristian foi preso pela segunda vez na vida graças a uma moto. Em uma revista, os policiais encontraram na jaqueta de couro do Pavão um projétil de 9 milímetros de uso restrito das Forças Armadas. Cristian jura que a bala foi "plantada" em sua roupa para incriminá-lo. No dia seguinte, seguiu de volta para o regime fechado de Tremembé. Em outubro de 2018, o aventureiro foi condenado a mais quatro anos e oito meses de cadeia por corrupção ativa, totalizando uma pena de 42 anos. Como já havia uma sentença pesada nas costas, não lhe foi dado o direito a um regime mais brando. Na nova decisão condenatória, a juíza Margarete Pellizari escreveu que Cristian "não merece e não pode retornar ao seio da sociedade".

Ao voltar para Tremembé, Cristian ficou uma semana no "pote". Sozinho, sentiu falta do irmão Daniel, com quem cumpriu pena sempre junto por quase vinte anos. Quando a noite caía, gritava nos porões da prisão: "Daniel! Daniel! Daniel! Onde está você, meu irmão?". Em 2022, Cristian migrou novamente para o regime aberto e passou a andar na sombra.

Um ano antes de ganhar a liberdade do regime aberto, Daniel passou por um perrengue em Tremembé. Segundo reportagem da revista *Veja* de setembro de 2017, o ex-namorado de Suzane foi flagrado por agentes penitenciários vendendo anabolizante a outros presos no pátio da penitenciária na manhã do dia 3 de setembro de 2017. Cada seringa, segundo o relato de detentos, era vendida a 100 reais dentro da casa penal. Desde que migrou para o semiaberto, Daniel passou a ser instrutor de musculação dentro de Tremembé e seu corpo extremamente musculoso chamava atenção. "Durante o dia, quando não está trabalhando nas oficinas da cadeia, ele está fazendo flexões ou paralelas em umas barras instaladas lá dentro", denunciou na época um detento que pediu para não ser identificado. Cabia a Daniel passar a série de treinos e acompanhar a atividade física dos seus "alunos" criminosos. Segundo essa denúncia, um preso, conhecido como Nezão, foi flagrado em Tremembé II traficando no pátio do semiaberto seringas de anabolizantes de uso restrito. Para se livrar de um castigo mais severo, ele acabou entregando o nome do funcionário da Secretaria de Administração Penitenciária (SAP) que vinha facilitando a entrada das tais seringas no presídio e revelou ainda os demais presos que compravam e vendiam essas drogas típicas de marombeiros. Após a denúncia de Nezão, o ex-namorado de Suzane foi monitorado e flagrado repassando uma seringa para outro preso. Já o funcionário foi transferido. Na época, tanto a SAP quanto Daniel negaram o comércio de anabolizantes em Tremembé. Mas o detento foi punido mesmo assim com uma infração média.

Pouco antes de deixar a cadeia, Daniel enfrentou outra denúncia. A SAP tentou – em vão – descobrir como uma moto de corrida entrou em Tremembé II para que ele fizesse a manutenção e pintura. Presos sustentam que ela pertencia ao filho de um gerente de segurança penitenciária que participava de competições. Segundo testemunhas, Daniel deixou a moto feito nova, toda customizada. "Ele é um preso muito querido. Nunca esteve em confusão", relatou um detento. Mesmo com duas denúncias nas costas, o ex-namorado de Suzane não teve problemas para ganhar a liberdade um ano após essas acusações.

Fora da cadeia, Daniel escolheu viver a liberdade no anonimato. Em dezembro de 2014, durante uma saidinha, casou-se com Alyne Bento – filha de uma carcereira – numa igreja evangélica. E ainda deu um jeito de retirar oficialmente dos documentos o Cravinhos do sobrenome, na tentativa de sepultar o passado criminoso. A esposa emprestou o sobrenome ao marido. O ex-namorado de Suzane se apresentava como Daniel Bento de Paula e Silva. O ex-Cravinhos voltou a construir aeromodelos e a pilotar aviões no céu do Parque Ibirapuera. Montou um ateliê para customizar motos e caminhões. Em 2023, o assassino terminou com a mulher para engatar romance com outra garota. Depois da separação, Alyne contou o que aconteceu:

Por que vocês terminaram?

De uns tempos pra cá a relação esfriou e ele resolveu terminar tudo. Aí ele conheceu outra pessoa.

Onde você o conheceu?

Em 2011, fui visitar um parente na penitenciária e vi o Daniel no pátio. Foi amor à primeira vista. Algo arrebatador. Nos casamos em 2014 e nos separamos nove anos depois.

A relação esfriou quando ele saiu da cadeia. Por quê?

Olha, é difícil concorrer com o mundo aqui fora. O Daniel tem fome de liberdade. Ele é muito assediado por mulheres. [...] Ele percebeu que "além de dois existem mais" [referência à música *A maçã*, de Raul Seixas].

O que leva uma mulher livre a namorar e se casar com um presidiário?

Fetiche.

Como é dormir com um assassino? Dá medo?

De jeito nenhum. O Daniel é a pessoa mais afetuosa do mundo. É um homem cheio de amor para dar. Fui muito feliz ao seu lado. Muito feliz mesmo! Às vezes, acordava no meio da noite com ele me cobrindo de beijos.

Vocês já foram hostilizados na rua?

Fui hostilizada no trabalho. Quando andávamos no shopping, as pessoas nos olhavam de forma diferente. Quando estávamos em lua de mel, fomos expulsos de um restaurante. Mas eu sabia que pagaria esse preço.

Você foi feliz ao lado dele?

Muito! Passei ao lado do Daniel os anos mais felizes da minha vida. Nunca vou amar outro homem como eu o amei. Fiz uma tatuagem com o nome dele na lombar e ele fez uma com o meu nome no lado esquerdo do peitoral.

Por que não tiveram filhos?
Não queríamos passar pelo constrangimento de ter de explicar ao nosso filho o que o pai dele fez. Sem falar no drama que seria essa criança frequentando uma escola.

O que falta resolver na separação?
Falta assinar o divórcio. Quero que ele pare de usar o meu sobrenome e também quero que ele me devolva a minha cachorrinha, uma Bull Terrier apelidada de Vaquinha.

Namoraria outro presidiário?
Jamais!

E se o Daniel pedir para voltar?
Eu volto correndo! Pois eu o amo mais do que tudo.

Fora da cadeia, Daniel Cravinhos também deu uma entrevista em 2023:

Se encontrasse a Suzane na rua, o que você diria a ela?
Acho que não tenho mais nada pra falar com ela. Minha história com a Suzane acabou no dia 31 de outubro de 2002 [data do assassinato do casal Richthofen]. Agora ela é vítima de si mesma. Antes, tinha muita mágoa, raiva e tudo mais. No entanto, percebi que minha vida não andava para a frente enquanto alimentava sentimentos negativos no coração. Sendo assim, se a encontrasse na rua, falaria "boa sorte na sua caminhada". E mudaria de calçada.

Se o tempo voltasse, o que você não faria?
Tantas coisas... Não me envolveria com a Suzane, não chamaria o meu irmão para o buraco. Não me deixaria levar pela manipulação... Mudaria todas as minhas atitudes.

De quem foi a ideia de matar os pais da Suzane? Como você divide a responsabilidade pelo crime?
A ideia foi dela, mas não me eximo da responsabilidade. Uma pena foi a gente envolver o Cristian, que tentou melar o plano várias vezes.

Já pediu perdão ao Andreas?
Sinto muita dor ao falar do Andreas. Ele é a maior vítima disso tudo. Tinha 14 anos quando me perdoou, na época do julgamento. Mas esse

perdão venceu porque ele era um garoto e hoje é adulto. Ainda não tive oportunidade de encontrá-lo depois que saí de Tremembé. O Andreas era meu irmão. Sonho com o dia em que terei um acerto de contas definitivo com ele. Ainda estou me preparando psicologicamente para procurá-lo, abraçá-lo e beijá-lo. Nem sei se tenho essa coragem. Só de pensar nele, fico desestabilizado emocionalmente.

Quando estava preso, você disse em seu teste de Rorschach que tinha pesadelos com o Manfred e a Marísia. Esses pesadelos ainda te atormentam?

Não! Hoje o casal Richthofen aparece no meu sonho sempre fazendo coisas boas para mim. Outro dia sonhei com o Manfred e a Marísia me perdoando e apoiando o meu recomeço.

Você voltou a pilotar avião de aeromodelismo no Ibirapuera. O parque despertou que tipo de sentimento?

São muitas sensações. Sem dúvida, a principal é a ausência do meu pai [Astrogildo Cravinhos, morto em 2014 aos 69 anos, vítima de câncer no pulmão]. Ele sempre ia comigo ao parque. Como eu estava em Tremembé, não pude ir ao seu enterro.

O que mais?

Acho que é meio inconsciente, mas fico tentando entender como me deixei levar por uma energia ruim na época em que frequentava um lugar tão mágico como o Ibirapuera. Parece algo idiota... Mas voltar ao parque é uma tentativa de tentar mudar o passado. O fato é que, paradoxalmente, o Ibirapuera ainda é um lugar que eu amo.

Qual é o maior desafio no seu processo de ressocialização?

Por causa do que eu fiz, meus amigos se afastaram de mim. Com o tempo, eles estão voltando. Recuperar essas amizades tem sido fundamental para o recomeço.

Fora da cadeia, a Suzane virou costureira. E você? Está trabalhando com quê?

Trabalho com motovelocidade, algo que sonho desde menino. Quando eu era criança, via corrida na televisão com meus pais e ficávamos vibrando, torcendo. Quando saí da cadeia, conheci pessoas incríveis que me ajudaram muito na minha ressocialização. Graças a essa rede de apoio, virei piloto e customizador de motos e designer. Pintamos qualquer tipo de coisa personalizada, até caminhão.

Tem saudade de Tremembé?

De modo algum. A penitenciária é o local onde fui punido pelo crime que cometi. Foi onde amadureci bastante. Foi lá que refleti sobre as minhas atitudes, onde trabalhei o meu processo de arrependimento. Tremembé é um lugar de transformação, que moldou o homem que sou hoje.

CAPÍTULO 10

O TESTE DO BORRÃO

Pessoas brindando, crianças, alegria, flores e várias máscaras

Depois de sobreviver ao inferno de três casas penais, Suzane finalmente chegou ao lugar mais perto do céu. No dia 2 de fevereiro de 2007, a condenada deu entrada na Penitenciária Feminina Santa Maria Eufrásia Pelletier de Tremembé, conhecida tecnicamente como Feminina P1. Em junho de 2024, essa cadeia tinha capacidade para 836 presas, sendo 724 no regime fechado e 112 no aberto. No total, abrigava 502 mulheres, passando bem longe do estigma da superlotação. Quando pisou no pavilhão destinado às detentas do regime fechado, Suzane já era um verdadeiro mito no sistema penal de São Paulo. Não apenas pela notoriedade do crime cometido, mas também pelo excesso de exposição na mídia e por ter sobrevivido a uma rebelião do PCC. A estratégia de seduzir o promotor Eliseu José Bernardo Gonçalves em troca da tão sonhada transferência foi considerada uma jogada apoteótica. Denunciá-lo por assédio na sequência, então, fez dela uma lenda da criminalidade pra lá de poderosa. Aos 24 anos, Suzane já estava calejada e esperta o suficiente para sobreviver num ambiente hostil como a prisão. Conhecia os truques, sabia fazer intrigas, alianças, conchavos e amizades com as pessoas certas para ter qualidade de vida e vantagens pessoais atrás das grades. Nos momentos apropriados, mostrava-se frágil, recorrendo à voz infantil, sua marca registrada. Também lançava mão do tom firme e olhares fulminantes quando surgiam demandas importantes.

Marisol já havia cantado a pedra para Suzane lá atrás, na Penitenciária Feminina da Capital: no cárcere, a inteligência é uma ferramenta poderosa. Nesse quesito, a assassina tinha talento de sobra. Em testes de avaliação cognitiva realizados dentro das casas penais, o seu quociente de inteligência (QI) alcançou 117, uma pontuação considerada elevada. O QI mede os talentos linguísticos, os pensamentos lógicos, matemáticos e analíticos do indivíduo, além de aferir a facilidade em abstrair construções teóricas e desenvolvimento escolar. Para efeito de comparação, as pessoas consideradas normais têm QI em torno de 100.

Um dos exemplos do desenvolvimento cognitivo de Suzane vem dos estudos. Em abril de 2016, a presa foi aprovada no vestibular para o curso de Administração da Universidade Anhanguera de Taubaté. No entanto, a 2ª Vara de Execuções Criminais da mesma cidade a proibiu de fazer a matrícula, alegando que ela seria hostilizada no ambiente acadêmico por alunos e professores. Suzane recorreu à segunda instância e conseguiu do desembargador Damião Cogan um mandado de segurança garantindo o direito de estudar fora de Tremembé. Na decisão, Cogan afirmou que a "repulsa" a ser sofrida pela presa no curso superior, mencionada na decisão de primeira instância, seria uma "ilação subjetiva". Para o desembargador, apenas a efetiva frequência dela às aulas poderia mostrar como seria sua integração com a classe. "É inalienável o direito do preso ao estudo. [...] Apenas 2% da população carcerária aprimora-se intelectualmente em curso superior. Tal intenção deve ser respeitada e, inclusive, servir de exemplo para os demais reeducandos, como demonstração de que a terapêutica penal abriu novos horizontes para Suzane", disse o desembargador.

Apesar da vitória nos tribunais, a assassina resolveu não se matricular na universidade em 2016, alegando justamente ter medo dos demais alunos. No ano seguinte, Suzane tentou mais uma vez fazer o curso superior. Foi pré-selecionada para obter empréstimo pelo Fundo de Financiamento Estudantil (Fies) do governo federal para cursar Administração na Faculdade Dehoniana de Taubaté, uma instituição religiosa mantida pela Congregação dos Padres do Sagrado Coração de Jesus no Brasil. A faculdade ofereceu apenas duas vagas para dezenas de concorrentes. Suzane conquistou uma delas pela seleção do Exame Nacional do Ensino Médio (Enem). Nas provas, a criminosa conquistou nota 675,08, quando a média nacional naquele ano foi de 519,03. Também alegando medo de represálias na rua e na sala de aula, Suzane preferiu mais uma vez ficar em casa, isto é, no xilindró.

Em 2021, a vida acadêmica de Suzane finalmente deslanchou. Após obter a nota necessária no Enem para ingressar no ensino superior, ela se matriculou na Faculdade Anhanguera de Taubaté. Inicialmente, foi aprovada no curso de Farmácia, mas acabou mudando para Biomedicina devido à falta de alunos suficientes para formar uma turma. Coincidentemente, Biomedicina foi o curso de graduação de Alyne Bento, ex-esposa de Daniel Cravinhos. A primeira opção de Suzane, Farmácia, foi também a escolha do irmão, Andreas, que cursou a graduação na Universidade de São Paulo (USP). Posteriormente ele estudou Bioquímica. Em 2023, Suzane solicitou transferência para a Faculdade Sudoeste Paulista (UNIFSP), em Itapetininga. No ano seguinte, ingressou no curso de Direito da Universidade São Francisco, campus de Bragança Paulista. Assim, após duas décadas, Suzane retomou o mesmo curso em andamento quando foi presa pelo assassinato dos pais, em 2002. Para ingressar novamente no curso de Direito, ela também recorreu à nota do Enem. A mensalidade do curso, em 2024, era de R$ 1.220,68.

Voltando a Tremembé, Suzane passou a usar o intelecto como estratégia de sobrevivência. Descobriu rapidamente que a maioria dos presos encontrava-se na parte mais baixa da pirâmide social. Sendo assim, seria fácil chegar ao topo e se consolidar na liderança. Suzane passou a ter postura de celebridade. Sua inspiração era Maria Bonita, a temida líder da Penitenciária de Ribeirão Preto, que andava pelos pavilhões com suas unhas vermelhas pontiagudas, ladeada por um grupo de seguidoras, arrancando respeito até das carcereiras. O fato de o Presídio dos Famosos não abrigar criminosos profissionais facilitou os seus planos. Nos primeiros banhos de sol na nova moradia, Suzane começou a recrutar aliadas. A primeira cooptada foi Luciana Olberg das Dores, uma boxeadora de 29 anos e cabelos loiros oxigenados, repicados à navalha. As duas dividiam a mesma cela e começaram a trocar confidências.

Autora de crime de grande repercussão, a parricida famosa nem perdia tempo falando do passado. Já a história da colega causou uma sensação terrível na boca do estômago de Suzane.

Luciana vivia um romance a três no município de Itapeva, a 443 quilômetros de São Paulo. Dividia a cama de casal com o marido, Joel de Almeida Campos, de 45 anos, com quem tinha um filho de 6 anos, e com um amante também boxeador, de 32 anos e 1,95 m, chamado Felipe Damasceno. O terceiro elemento da relação estava em uma relação estável com outra mulher no município de Paranapanema, a 100 quilômetros da casa de Luciana e Joel. Com o tempo, ele largou a esposa e se mudou para Itapeva para ficar mais perto dos dois amantes. O plano dos três era abrir uma academia de boxe.

Luciana tinha duas meias-irmãs gêmeas de 3 anos. As crianças eram filhas do seu pai com uma mulher chamada Marly. Volta e meia, as meninas eram levadas pela mãe à casa de Luciana para elas brincarem com o filho da boxeadora. A princípio, as gêmeas sempre estavam acompanhadas de Marly. Com o tempo, Luciana começou a pegar as meias-irmãs e levá-las sozinhas à sua casa pela manhã. Para passar confiança às meninas, a boxeadora dava-lhes doces e brinquedos. A mãe buscava as crianças no final tarde. Certo dia, uma delas pediu para não ir, pois tinha "medo" do tio Joel. Luciana tentou levá-la à força, mas a menina abriu um berreiro. Marly, então, liberou só uma das gêmeas. Passado um mês, a mãe começou a notar um comportamento estranho nas filhas. Uma delas acordou e ficou muda o dia inteiro. A outra falava sozinha pela casa de manhã. À tarde, a menina arrancou a cabeça de todas as suas bonecas. Em poucas semanas, elas estavam agressivas e reticentes.

No dia 3 de novembro de 2012, conforme descrito no inquérito policial (178/2013), Marly levou as gêmeas à casa de Luciana. O combinado era que o pai as buscasse à noite. Por volta das 17h, desabou um temporal em Itapeva. A chuva foi noite adentro, acompanhada de ventania, raios e trovoadas. O pai telefonou para Luciana dizendo que só buscaria as filhas no dia seguinte. A boxeadora chamou seu amante Felipe para dormir em casa. O trisal bebeu cerveja e tequila. No meio da madrugada, eles cometeram uma monstruosidade que nem o diabo seria capaz de perpetrar.

Joel pegou a chupeta das meninas, mergulhou num copo de tequila e deu para elas porem na boca. Ato contínuo, as gêmeas entraram em coma alcoólico. Joel as acomodou lado a lado na cama de casal e tirou só a parte de baixo da roupa das meninas. Em seguida, fez sexo oral e penetrou na vagina e no ânus das duas crianças, dilacerando-as. Luciana pegou o telefone celular do marido e filmou toda a violência sexual cometida contra as suas duas irmãzinhas.

Depois de Joel ejacular, a boxeadora pediu a Felipe que estuprasse as meninas. A princípio ele se negou, dizendo que tinha o pênis muito grande. Luciana repassou o celular com a câmera ligada para Felipe continuar a gravação. "Olha só, eu vou virar elas de ladinho. Aí você começa devagarinho. Faz como estou dizendo que você consegue", instruiu a pedófila. Felipe devolveu o celular e penetrou nas duas meninas, que ficaram desmaiadas até o dia clarear.

Luciana, Joel e Felipe frequentavam grupos de pedofilia nas redes sociais. A filmagem foi postada numa dessas comunidades. Até os pedófilos repudiaram a violência contra as gêmeas. "Vocês passaram dos limites", escreveu um deles. De lá, o vídeo foi encaminhado de forma anônima ao Conselho Tutelar de Ibiúna, que acionou a polícia. Um exame feito nas vítimas comprovou o estupro. O curioso é que as duas crianças foram devolvidas aos pais no dia seguinte e ninguém percebeu nada. Quando os investigadores bateram à porta de Marly para perguntar se aquelas meninas no vídeo eram suas filhas, dez dias depois do crime, ela respondeu positivamente. "Elas estavam reclamando de dor, coceira e ardência nas partes íntimas. Mas jamais imaginei uma coisa dessas", reagiu a mãe, aparentemente calma. Assim que a polícia saiu de sua casa, Marly ligou para Luciana tirando satisfação. A boxeadora bateu o telefone na cara da madrasta e fugiu com o marido e o amante. Os três só foram capturados um mês depois. Joel e Felipe ficaram presos à espera de julgamento na Cadeia Pública de Pilar do Sul, enquanto Luciana seguiu para a Cadeia Pública de Votorantim.

As gêmeas foram levadas para conversar com psicólogos infantis com o intuito de incriminar o trio de pedófilos. "O tio Joel beijava e passava o pinto na nossa pepeca. Ele também mijava [ejaculava] na nossa cara durante o banho. [...]. Um dia ele me jogou contra a parede e mostrou uma cinta. Fez isso para a gente não contar o nosso segredo", denunciou uma das crianças. Mas as provas mais contundentes estavam no celular de Joel, que foi apreendido após a sua prisão. Além da filmagem, havia áudios comprometedores, todos transcritos no inquérito, presidido pelo delegado Fabrício Lopes Ballarini, de Ibiúna (SP). Os áudios mais reveladores referem-se às conversas travadas entre Joel e advogados criminalistas. O primeiro deles era seu amigo. O estuprador pediu que fosse representado por ele:

"Olha, é difícil te defender, cara. No vídeo, aparece você colocando o pênis na bunda das meninas. [...] O negócio é feio, feio, feio. Horrível pra caralho! Aparece o seu rosto nas imagens. Aparece o pau enorme do seu amigo negão. [...] A menininha estava dormindo, tadinha, com uma chupeta azul. Não sei como vocês tiveram coragem... Cara, o certo era eu pedir para você morrer negando, mas não tem como! Complicado, viu? Complicadérrimo!"

"Faz alguma coisa por mim. Por favor! Me livra dessa encrenca! Se quiser, posso negar até a morte! Faço tudo o que você mandar! Estou desesperado! Pelo amor de Deus!"

"Cara, olha só. Não bota Deus nessa parada! É até ofensivo. (...) É o seguinte: eu só pego essa causa se você confessar tudo, entregar todo mundo. Não esconder nada. Cara, você é doente. Você é um monstro. Você é inominável! É isso que você tem de dizer ao juiz."

"Faço tudo o que você mandar!"

Três dias depois, o amigo advogado mandou o último áudio:

"Joel, é o seguinte. Eu não consegui mais dormir desde que vi a porra desse vídeo asqueroso. Fiquei deprimido, pensando na vulnerabilidade das minhas filhas pequenas. Minha esposa perguntou o que estava acontecendo e mostrei o vídeo. Ela jogou meu celular na parede e vomitou na casa toda. Disse que vai me largar se eu defender você no tribunal. Disse até que vai levar minhas filhas embora de casa. Eu não vou pegar a sua causa, tá? Sinto muito. Não tem como. Tenho medo de perder a minha família. Também tenho medo de perder clientes. Entrei até em crise profissional, cara. Puta que pariu! Acho que o que você fez não tem defesa. Se tivesse pena de morte no Brasil, você já era. Mas não tem, né? Você tem o direito constitucional de ser amplamente defendido. Foda, né? Mas olha: para você ter um julgamento justo, te aconselho a procurar um defensor público. Não tem como ele recusar a causa porque ele é funcionário do governo."

Não foi difícil o pedófilo estuprador encontrar outro defensor particular, que também trocava áudios:

"*Cara, é o seguinte: você está nas mãos da Luciana. Se ela abrir a boca e contar tudo, você e o amante estão ferrados. Mas aí, se ela fizer isso, você fode com ela também. Até porque as vítimas são irmãs dela. Isso pesa muito mais pro lado dela. Até porque as gêmeas estavam sob os seus cuidados*".

"*O que devo fazer? Eu nego tudo, né? A gente tinha bebido muito. Não sabíamos o que estávamos fazendo. Matamos uma garrafa inteira de tequila, acredita? Só fizemos isso porque estávamos bêbados. Você sabe, né?*"

"*Cara, as únicas vítimas aqui são as crianças. Se você colocar a culpa na bebida, o promotor vai comer o seu cu no tribunal. Acorda! Nenhum juiz vai aceitar um argumento infantil como esse. Para de falar merda, porra! Não fode! Todo mundo sabe o que vocês fizeram. Tá tudo bem esclarecido. As gêmeas contaram tudo a uma psicóloga. Tá tudo escrito aqui. Cara, o vídeo é claro porque mostra o que cada um fez. Nem tem como negar isso aí. A sua sorte é que crime de estupro não vai para o Tribunal do Júri. Se fosse, vocês seriam condenados a 500 anos de cadeia. E reza desde já para não te matarem na prisão!*"

Insatisfeito, Joel dispensou esse advogado e contratou outro. O novo defensor finalmente disse, também por áudio, o que o pedófilo queria ouvir:

"*O lance é o seguinte. Você é inocente! Nega tudo. Nega, meu irmão. Eu vi o vídeo. Nem é tão chocante assim! Não dá para cravar com toda certeza que é você na fita. Bora negar tudo, entendeu? Vamos inverter essa porra. Vou mandar a Luciana livrar a cara do amante, que fica mais fácil inocentar vocês. A cara dele não aparece mesmo. Outra coisa que ajuda: a filmagem não tem áudio. Não tem voz. A imagem não tem qualidade. Isso é maravilhoso! Ao fundo, aparece uma TV passando um desenho do Pica-Pau. Dá fim nessa TV, entendeu? Outra coisa importante: vocês têm de queimar as roupas que usam na filmagem antes de começarem a*

Suzane: assassina e manipuladora

comer as meninas. Principalmente a camisa que a Luciana está vestindo, pois tem umas letras na estampa que podem identificá-la facilmente. Vou te dizer a minha estratégia de defesa. Vou lançar muitas incertezas sobre esse vídeo. Vai ser uma chuva de dúvidas e imprecisões. Todo mundo vai ficar confuso. Aí, na sombra da dúvida, o juiz prefere inocentar, entende? Você tem a manha de chorar com facilidade? Seria legal você derramar umas lágrimas na audiência. Diz que você também tem um filho pequeno e que jamais teria coragem de fazer isso com uma criança. Cara, nós vamos brilhar na audiência, você vai ver".

Luciana e Joel brilharam mesmo foi no banco dos réus. O casal de pedófilos foi condenado pelo juiz Wendell Lopes Barbosa de Souza, mas o magistrado foi econômico na sentença: 25 anos para Joel e 29 para Luciana. E justificou: "O crime pelo qual os réus foram condenados é repugnante. [...] Em suma, os delitos abalaram toda a comunidade onde vivem as vítimas e os réus". Felipe, o amante do casal – pasme –, foi absolvido por causa da chuva de dúvidas que pairou no tribunal. Apesar de aparecer nu no vídeo feito por Luciana e ser citado nos áudios, ele foi inocentado. Felipe se beneficiou também porque a boxeadora negou que era ele na filmagem e porque seu rosto não apareceu em momento algum na gravação. Entre diversos argumentos, o juiz escreveu o seguinte para justificar a absolvição do acusado de estupro: "No vídeo aparecem dois pênis. Um de cor mais clara e outro de cor mais escura. No entanto, só dá para ver o rosto do que tem o pênis mais claro, que é o Joel". Ingênuo, o juiz também não conseguiu acreditar que Joel e Felipe pudessem estar fazendo sexo com a mesma pessoa, no mesmo ambiente, porque um era casado com Luciana, enquanto o outro era amante dela. "Concluí que eles não se dariam bem porque disputavam a mesma mulher", justificou o magistrado.

Por causa do seu crime, Luciana tinha alto índice de rejeição em Tremembé. Compadecida com a solidão da nova amiga, Suzane a recrutou como sua primeira seguidora. As duas andavam juntas de mãos dadas e riam alto pelos pavilhões do regime fechado. Certo dia, num banho de sol, Suzane foi paquerada por uma presa conhecida como Sandrão, de 25 anos na época. Lésbica, alta, robusta, agressiva e braços musculosos, a detenta usava cuecas e fazia questão de deixar o cós da peça íntima para fora, revelando marcas de grife, como Calvin Klein e Cavalera. Usava um corte de cabelo masculino curto, espetado em cima e raspado nas laterais, conhecido nos salões como *fade comb*. De longe, Sandrão encarou a jovem firmemente, disparou um olhar sedutor e complementou o aliciamento com uma ousadia: levantou a blusa, passou a ponta do dedo no mamilo direito e, rápida, levou o mesmo dedo até a língua, finalizando com uma piscadela. Suzane demonstrou nojo:

— Meu pai do céu! Quem é essa pessoa sem noção? – perguntou.

— Chama-se Sandrão! Ela é simplesmente a rainha de Tremembé! Manda e desmanda aqui dentro! – informou Luciana.

— Ah, é? Que interessante... Ela é solteira?

— Sandrão namora Elize Matsunaga, a prostituta que cortou o marido.

— Sério? Quanto mau gosto! – debochou Suzane.

Seguindo os planos de se tornar uma mulher poderosa, Suzane passou a ver Sandrão por outra perspectiva. A lésbica marrenta se aproximou e as duas iniciaram uma amizade. No início, passavam o tempo conversando amenidades e jogando xadrez no pátio da penitenciária todo final de semana. Na tentativa de seduzir a pretendente, Sandrão contava as vantagens de ser a capitã de Tremembé. As agentes de segurança penitenciária lhe davam regalias, como cigarros, faziam vista grossa para bebidas alcoólicas (maria-louca) e permitiam acesso à capela mesmo em horário proibido. A fama de violenta assustava Suzane, mas também causava deslumbramento. Para demonstrar poder, a bandida perigosa arrumava brigas com agentes de segurança. Num desses embates, Sandrão estava beijando Elize numa área em que esse tipo de afeto era proibido. A agente pediu que as duas parassem. Irritada, Sandrão esmurrou a funcionária. Acabou sendo castigada com a prisão no "pote" por 15 dias. Suzane sentiu saudade.

Depois de três anos de amizade, as duas criminosas estavam grudadinhas. Luciana, a pedófila, ficou com ciúme da amizade, mas

Suzane: assassina e manipuladora

logo superou. Suzane armou para tirar Sandrão de Elize. A estratégia era bem simples. Como a líder estava prestes a ser transferida de Tremembé para o Centro de Ressocialização Feminino de São José dos Campos, a jovem a pediria em namoro imediatamente. Quando a bandida deixasse a prisão – dali a alguns meses –, Suzane realizaria o sonho de se tornar presidente da penitenciária por suplência. Havia outra vantagem em assumir o namoro no cárcere. Um programa social desenvolvido em algumas cadeias do sistema penal de São Paulo concede aos casais gays o benefício de dormir na mesma cela. Em Tremembé, a ala especial destinada aos pares era chamada de "gaiola do amor". O compartimento era confortável e conferia privacidade às detentas. Mas só tinha direito a esse privilégio quem mantinha parceiro fixo na prisão há pelo menos seis meses.

A partida de xadrez seguinte entre Suzane e Sandrão foi o grande dia. As duas detentas surgiram luminosas no pátio da cadeia. Com a ajuda de Luciana, Suzane abandonou o loiro-champanhe do cabelo e o tingiu de marrom-escuro. Aplicou nas unhas pintadas de branco desenhos de flores coloridas. Nos lábios, passou um batom vermelho-coral. Sandrão não ficou atrás. Fixou o cabelo com gel e caprichou na colônia masculina. Cara a cara, a dupla começou o jogo de tabuleiro em silêncio. Depois de quase uma hora movimentando bispos, cavalos, torres e peões, Suzane ensaiava coragem para se declarar. Sandrão se antecipou:

— Não sei como será a sua reação ao que vou te dizer...

— Fala!

— Você já sabe, né?

— Acho que sei. Mas fala! – pediu Suzane.

— Eu estou apaixonada por você!

Com uma peça de xadrez na mão, Suzane olhou com sedução para a adversária e ficou calada. Arrumou o cabelo para trás, passou um elástico para prendê-lo e lançou mão da sua energia manipuladora:

— O que você disse? Não ouvi direito – fingiu.

Irritada, Sandrão se levantou sem a menor paciência para jogos de amor. Com receio de perder a oportunidade, Suzane pediu um momento e Sandrão sentou-se novamente à mesa:

— É loucura! Mas eu também estou apaixonada por você. Nunca senti isso antes, até porque sou heterossexual! – sustentou Suzane.

Diante da reciprocidade, Sandrão foi tomada pela emoção e chorou. A líder contou um segredo à sua pretendente. Era um rinoceronte por fora e uma chinchila por dentro. Dura e frágil. "Essa minha brutalidade é uma casca protetora. Sou romântica e delicada", descreveu-se a mandachuva de Tremembé. Como se diz no universo lésbico prisional, Suzane era simplesmente a *mina bife* (mulher gostosa) mais bonita da cadeia. Na tentativa de dar o primeiro beijo na amada, Sandrão curvou-se por cima do tabuleiro. Uma policial penal flagrou a demonstração de afeto e ensaiou repreender o casal. Sandrão recuou e fez uma cara feia para a funcionária, que engoliu a autoridade no mesmo instante. Suzane entrou em ação. Aproximou o seu rosto com feições delicadas da carranca de Sandrão e deu nela um beijo longo, suave e molhado. Na boca. Após a troca de carinho, continuaram a partida de xadrez. Disfarçadamente, Suzane limpou os lábios com a manga da sua camiseta para se livrar da saliva de Sandrão. O casal selou o namoro no mesmo dia, logo após a parricida derrubar o reinado da líder com um xeque-mate dado pela rainha.

No dia seguinte, Sandrão terminou o namoro com Elize, que teve de deixar a gaiola do amor. Seis meses depois, Sandrão e Suzane foram até a secretaria declarar o relacionamento estável e o casal ganhou uma vaga na ala dos casais. No aconchego da cama, Suzane e Sandrão faziam amor todas as noites. Às vezes, mais de uma vez ao dia. Elas faziam a famosa cabaninha com lençóis nos beliches e transavam gemendo alto na área restrita. O barulho incomodava os demais casais homoafetivos, mas, como se tratava de Sandrão, ninguém ousava reclamar.

Dentro da cadeia, Suzane falou sobre sua experiência gay com Sandrão ao psiquiatra forense Rafael Dias Lopes, da Secretaria de Administração Penitenciária (SAP). Contou ter achado estranho, no início, o envolvimento com outra mulher, já que se considerava heterossexual. Mas disse que estava carente e sentia necessidade de ter alguém ao seu lado. E Sandrão era o que tinha ali, naquele momento. Suzane se disse arrependida do romance lésbico por causa da exposição para todo o Brasil. Sobre a especulação de ter se envolvido com a líder de Tremembé por interesse, a parricida argumentou que, se quisesse proteção por meio de relacionamentos, teria investido no promotor Eliseu José Bernardo Gonçalves, que tentou forçadamente ter um envolvimento com ela. "Suzane contou que Sandra foi o seu segundo relacionamento amoroso no presídio. As duas se conheceram por volta de 2010 e ficaram como amigas por cerca de quatro anos. Por insistência de Sandra, começaram a namorar", escreveu o médico em um laudo pericial psiquiátrico assinado em 30 de novembro de 2017.

Para as amigas de Tremembé, no entanto, Suzane dizia outra coisa. Falava ter "asco" de Sandrão. Era comum ver a assassina evitando beijos da namorada, alegando ser uma mulher reservada. Quando não, a beijava rapidamente e limpava os lábios com as mãos imediatamente. Para Luciana, a parricida dizia que a maior vantagem de namorar Sandrão é que ela era facilmente manipulável. "A Sandra pensa que vamos nos casar lá fora. Muito sem noção, né? Será que ela nunca se olhou no espelho?", questionava retoricamente.

Sandra Regina Ruiz Gomes tinha 32 anos quando conheceu Suzane. Apesar de ter quase 90 quilos e aparência maltratada pelos anos de prisão, a criminosa foi uma mulher bonita. Aos 20 anos, tinha cabelos ruivos longos e rosto bem desenhado. Seu passado em nada lembra a mulher assustadora de Tremembé. A vida da bandida mudou da água para o vinagre no dia 21 de outubro de 2003. Sandra morava com os pais na periferia de Mogi das Cruzes (SP) quando resolveu sequestrar – juntamente com o namorado, Valdir Ferreira Martins – o adolescente Tallisson, de 14 anos. Com o dinheiro do resgate, pretendia conhecer a ilha de Fernando de Noronha e comprar um carro zero-quilômetro.

Tallisson era filho do vendedor Juarez Carvalho, de 41 anos, e da dona de casa Ana Clara Carvalho, de 38, ambos vizinhos e amigos de Sandra. O garoto foi escolhido porque a casa de seus pais era a mais bonita da rua, a única de dois pavimentos e toda revestida com pastilhas de vidro colorido. Apenas aquela moradia guardava dois carros na garagem. Mas nem de longe a família de Tallisson era endinheirada. Um comparsa de Sandra, conhecido como Formiga, capturou a vítima na saída da escola, por volta do meio-dia. Improvisaram o cativeiro num imóvel desocupado da família de Valdir. Para evitar contato com o resto da casa, onde circulavam os sequestradores, o garoto ficou trancado na suíte. À noite, na hora de levar comida à vítima, eles apagavam todas as luzes da casa para o menino não reconhecer os seus algozes.

A audácia dos sequestradores era digna de filme hollywoodiano. Quando Formiga ligou para a casa de Tallisson para anunciar o sequestro, foi Ana Clara, a mãe, quem atendeu. Ela ficou desesperada e desmaiou. O pai assumiu a negociação. Formiga garantiu que o adolescente estava bem e exigiu 40 mil reais de resgate. Cínica, Sandra estava na casa da vítima e testemunhou a aflição da família:

— Nós não temos todo esse dinheiro – argumentou Juarez.

— Tenta fechar por 30 mil – sugeriu Sandra, fingindo angústia.

— Não tem como! Só se eu vender a casa... – cogitou o pai.

Nos três dias de sequestro, Sandra seguia do cativeiro para a casa dos pais do adolescente e de lá para o esconderijo novamente. Nos momentos mais críticos, chegava a preparar água com açúcar para acalmar Ana Clara, que não parava de chorar. No segundo dia, Juarez foi ao banco tentar um empréstimo, e a mãe ficou em casa na companhia da falsa amiga. No meio da tarde, Formiga ligou para negociar pela segunda vez e Ana Clara atendeu. Abalada, não conseguiu dialogar. Sandra assumiu as negociações em nome da família e passou a falar com os próprios comparsas, numa encenação digna de Oscar:

— Olha aqui, seus cretinos, os pais do Tallisson estão inconsoláveis! Isso não se faz! É muito desumano! Vocês são uns monstros! [...] Esse valor está fora de cogitação! Esquece! Podemos pagar 20 mil! [silêncio] Já sei, a polícia tem de ficar fora, senão o menino morrerá... Essa parte eu entendi – repetia a amiga da onça.

Mal Sandra bateu o telefone, Juarez chegou em casa com 2 mil reais conseguidos com um agiota. Ana Clara entrou em desespero com a quantia muito abaixo do exigido pelos sequestradores. Inescrupulosa, Sandra sugeriu aos pais de Tallisson fazer uma vaquinha na vizinhança para conseguir pelo menos mais 2 mil reais, já que o casal era muito querido graças à prática de caridade em igrejas evangélicas do bairro.

Na mesma noite, Sandra, Juarez e Ana Clara saíram pela rua passando uma sacolinha de casa em casa em prol da vida de Tallisson. Depois de percorrer quase o bairro inteiro, conseguiram somar 4.500 reais. No dia seguinte, pela manhã, Formiga ligou para negociar pela terceira vez. Juarez atendeu:

— Tudo o que temos é 4.500. Em nome de Deus, liberem o meu filho por esse valor! – suplicou o pai aos prantos.

— Sério que a vida do seu filho vale só esse troco? Dez mil reais ou ele morre ainda hoje! – anunciou o sequestrador aos risos.

Sem palavras para argumentar, Juarez largou o telefone no chão. Ana Clara chorava tão alto que toda a vizinhança ouvia. Um aglomerado de populares ficou de sentinela na rua para acompanhar o desfecho do sequestro. Os crentes deram-se as mãos e fizeram uma roda de oração. Um vizinho tirou o celular do bolso e sugeriu acionar a polícia. Sandra interpelou, pediu um momento, pegou o telefone da casa e assumiu mais uma vez as negociações em outro ato cênico. Falou com os seus parceiros:

— A parada é a seguinte: você pediu para não ligarmos para a polícia. A gente atendeu a essa exigência para preservar a vida do menino. Chegou a hora de pôr um ponto final. A gente não aguenta mais. Aceite os 4.500 e solte o garoto!

— Um momento! – pediu Formiga.

Do outro lado da linha, Valdir e Formiga entenderam a mensagem: eram os 4.500 reais ou nada. Resolveram aceitar. Juarez deixou o dinheiro numa lata de lixo próxima da estação de trem Braz Cubas, nos cafundós de Mogi das Cruzes, e os bandidos o pegaram imediatamente. Sandra, Valdir e Formiga foram até o cativeiro soltar o adolescente. Ao abrir a porta, para surpresa do trio de sequestradores, o menino havia saído da suíte, mas não conseguiu escapar da casa. Ficou na sala vendo TV. Quando se deparou com Sandra e sua gangue, Tallisson levou um susto:

— Tia Sandra?! Bem que eu estava reconhecendo a sua voz...

Tallisson também identificou Valdir. O criminoso era amigo de seu pai e os dois jogavam pelada juntos aos sábados. Sem saída, Valdir imobilizou a vítima com um mata-leão. Sandra amarrou uma fronha de travesseiro na cabeça do adolescente e passou um barbante para imobilizar os braços e as pernas, jogando-o no porta-malas do carro do namorado.

Os três sequestradores seguiram para um local conhecido como Prainha, um terreno deserto e pantanoso, afastado da cidade. Tallisson ficou calado durante o trajeto de quase uma hora, fazendo os sequestradores imaginarem que ele havia morrido por sufocamento. Dentro do carro, chegaram a comemorar. Entretanto, o menino continuava vivo.

Valdir arrancou a fronha da cabeça de Tallisson. O menino gritava por socorro, mas ali, no meio do nada, ninguém ouvia os seus apelos. Por precaução, Sandra pegou um lenço de cabeça todo florido e enfiou na boca de Tallisson. Valdir sacou uma arma Rossi calibre 38 com cabo de madeira e apontou para a cabeça do adolescente. Sandra interrompeu:

— Espera! Espera! Espera! Não atira!

— Por quê? Tá louca? Ele vai contar tudo para os pais! – esbravejou Valdir.

— Quem vai matar o menino é o Formiga! Ele tem 17 anos, é menor de idade. Não pega nada pra ele! Já um de nós pegaria brincando 30 anos – previu Sandrão.

Nem precisou de muita lábia para convencer Formiga a fazer aquela barbaridade. Tallisson se ajoelhou involuntariamente, arregalou os olhos e ouviu dos sequestradores que estava morrendo porque desobedeceu à ordem de não sair da suíte.

O menino usou o olhar para implorar pela última vez, mas foi ignorado. Formiga encostou o cano da arma na testa de Tallisson e deu um único disparo. O projétil estourou o crânio. A vítima sucumbiu a tamanha violência vestindo uniforme escolar. Atrozes, os assassinos só deixaram o local depois de afundar o corpo dele na lama do pântano.

Com uma simples quebra de sigilo telefônico, a polícia chegou ao número do celular de Formiga. Pressionado, confessou tudo e entregou os comparsas. Sandra e Valdir fugiram. Como tinha 17 anos, conforme previsto, Formiga foi apreendido, recolhido ao Centro de Atendimento Socioeducativo ao Adolescente e punido apenas com medidas socioeducativas, como determinava o Estatuto da Criança e do Adolescente (ECA). O casal teve um destino bem mais amargo. Por estarem foragidos, foram julgados à revelia. Sandra foi condenada a 27 anos, enquanto Valdir pegou 30. Ambos foram capturados um ano depois da pronúncia da sentença.

Enamoradas, Suzane e Sandrão trocavam carícias e beijos no pátio da penitenciária, na capela e até na sala da direção, à qual tinham acesso a qualquer hora do dia. No início, Elize teria tentado reconquistar Sandrão. Suas amigas diziam que ela era tão bonita quanto Suzane, ou mais. Elize cumpria pena de 16 anos. Na cadeia, fazia sucesso entre as mulheres. Segundo fofocas de pavilhão, Sandrão chegou a ficar com as duas assassinas simultaneamente. No entanto, depois de ser rejeitada, Elize parou de falar tanto com Sandrão quanto com Suzane e engatou romance com uma latrocida e depois com um homem trans que tentou matar o avô com uma martelada.

Graças ao prestígio com a diretoria de Tremembé, Sandrão e Suzane conseguiram emprego na oficina de costura da penitenciária. Suzane ficou com o disputado posto de coordenadora de produção. Sua tarefa era fiscalizar se as demais detentas estavam costurando as roupas conforme o desenho dos moldes. Lá eram fabricadas as calças cáqui dos presos e os uniformes azul-marinho dos policiais penais. Sandrão fazia a manutenção do maquinário, uma tarefa braçal. Iludida, a sequestradora começou a fazer projetos para a vida pós-cárcere. Sonhava montar o próprio negócio com Suzane. Planejava algo na indústria têxtil, já que as duas estavam *experts* em corte e costura. Falsa, a parricida incentivava a namorada a fazer planos.

No primeiro ano de namoro, Suzane começou a reclamar da falta de dinheiro. Com a exclusão da herança dos pais, dizia ter mergulhado nas profundezas da miséria sem fim. Denivaldo Barni, seu advogado e tutor, havia conseguido para a assassina, junto ao Instituto Nacional de Seguro Social (INSS), uma pensão de dois salários mínimos pela morte dos pais. Segundo dados do INSS, a jovem recebeu, entre 31 de outubro de 2002 e 3 de novembro de 2004, o valor de 17.640 reais em valores da época pela morte de Marísia von Richthofen. No mesmo período, recebeu 27.334 reais pela morte de Manfred. O benefício só foi encerrado quando ela completou 21 anos, como prevê a lei. No entanto, o Ministério Público pediu à Justiça o ressarcimento do dinheiro, porque não fazia sentido a homicida ser remunerada por uma morte de sua autoria. O caso se arrastou por dez anos pelo sistema judiciário do país. Em 2013, a ministra Cármen Lúcia, do Supremo Tribunal Federal (STF), determinou que Suzane devolvesse aos cofres públicos 44.500 reais. Até aquele momento, a parricida tinha como fonte de renda seu salário na confecção de Tremembé e um único patrimônio, o apartamento em São Paulo deixado pela avó paterna, avaliado em 1 milhão de reais. Ambiciosa, Suzane achava pouco para recomeçar uma vida depois dos 30.

Numa das visitas feitas pelo advogado-pai Denivaldo Barni em Tremembé, em 2014, Suzane falou do seu namoro com Sandrão, e o defensor condenou veementemente o enlace homoafetivo e a tintura marrom no cabelo da filha-cliente. "Você é linda com os cabelos loiros", sustentou o defensor. Barni só não implicou mais com o romance porque trazia com ele uma excelente notícia. Já no mês seguinte, Suzane teria direito de pedir à Justiça progressão para o regime semiaberto. Na nova fase, a detenta faria "saidinhas" da cadeia no Natal, Ano Novo, Páscoa, Dia das Mães, Dia dos Pais e Dia das Crianças. Em cada uma dessas datas festivas, teria sete dias em liberdade. No entanto, a detenta teria de ser avaliada antes por um exame criminológico, conforme previa a lei de execuções penais (LEP).

Para alcançar o semiaberto, Suzane também teria de informar à Justiça onde iria passar os sete dias em liberdade a cada saidinha. Ficou pálida quando soube o endereço. Barni teria adaptado o quarto do filho, Barni Jr., com uma cama de casal para Suzane dormir de conchinha com ele. A assassina não gostou da proposta, mas resolveu não se manifestar naquele momento. Pediu ao advogado-pai que desse entrada ao pedido de progressão de regime. Barni saiu da cadeia comemorando. No dia seguinte, a parricida deu um bote certeiro no defensor.

Suzane foi até o gabinete da juíza-corregedora, Sueli Zeraik Oliveira Armani, e fez um pedido incomum: não queria progredir para o semiaberto. A magistrada, que executava a pena da assassina,

Suzane: assassina e manipuladora

aconselhou a detenta a falar com o seu advogado, pois ele daria entrada ao pedido nos próximos dias. Costureira em Tremembé, Suzane não dava ponto sem nó. Pediu à juíza uma folha de papel-ofício em branco e uma caneta esferográfica. Mesmo algemada, escreveu de próprio punho um documento destituindo Barni de sua defesa e anexou o documento ao seu processo de execução penal. Quando foi questionada à época por que abriu mão do regime mais brando, Suzane disse que não queria sair de Tremembé. Sem Barni, a criminosa passou a ter assistência jurídica do defensor público Saulo Dutra de Oliveira.

Uma semana depois, desavisado, Barni pediu no balcão do fórum de Taubaté o processo de execução penal de Suzane para incluir nele o pedido de progressão de regime. Um funcionário se negou a entregar os autos, justificando que ele não advogava mais para a assassina famosa. Ímpio, impaciente, irritado e iludido, Barni argumentou se tratar de um equívoco. "Escuta aqui, meu filho... Eu represento os interesses da Suzane há doze anos", esbravejou, segundo relatos de funcionários do fórum de Taubaté. Barni Jr. acompanhava o pai e pedia calma. Do seu gabinete, a juíza ouviu os gritos no balcão e mandou chamar Barni Pai. Ao advogado, a magistrada mostrou o documento feito à mão por Suzane. Ao ler aquelas linhas azuis escritas com caneta Bic, o advogado fez um escândalo. "Foi aquele sapatão dos infernos que convenceu a minha Su a escrever essa merda!", esbravejou. Barni Jr., contido, pediu ao pai que tivesse modos, pois estava no gabinete de uma juíza-corregedora. Descontrolado, o advogado saiu do fórum e correu para Tremembé. Na portaria, segundo relatos de agentes penitenciários, Barni suplicou para falar com Suzane. Ela não o atendeu. Barni Pai então fez uma última tentativa. Ainda segundo relatos de agentes, o advogado gritou do portão inúmeras vezes pela filha-cliente: "Su, meu amor!", "Su, meu amor!", "Su, meu amor!". O apelo foi ouvido, mas não teve resposta. Su descartou da vida os dois advogados de forma definitiva. Barni Pai e Barni Jr. nunca mais a viram pessoalmente. Só pela TV.

* * *

Era comum Suzane receber convites para programas de televisão. Quando vivia sob a tutela de Barni, ela recusava todos. Aconselhada por Sandrão e pela diretora da penitenciária de Tremembé, Eliana de Freitas Pereira, decidiu atender à imprensa. Queria melhorar sua imagem como presa famosa. Quem filtrava os pedidos dos jornalistas era Eliana. Certa vez, um repórter da revista *Veja* ligou para Eliana pedindo uma entrevista exclusiva com Suzane. A diretora disse "não" e completou, irônica: "Quando for um ensaio para a *Playboy*, você me liga". Na mesma semana, Suzane atendeu em grande estilo uma equipe da revista *Marie Claire*. Mas Eliana fez exigências à jornalista Maria Laura Neves: Suzane não tocaria no passado, não falaria sobre a noite do crime e muito menos sobre relacionamentos com outras presas. Na entrevista, publicada na edição de outubro de 2014 da *Marie Claire*, Suzane não mencionou Sandrão.

Na publicação, a jornalista Maria Laura Neves falou sobre as suas impressões a respeito de Suzane e de Tremembé:

"Fui recebida na sala da diretoria da penitenciária. A Suzane estava na oficina de costura e foi chamada para a entrevista. Ela entrou tímida na sala em que eu, o fotógrafo André Vieira e a doutora Eliana a aguardávamos. De uniforme azul, Crocs nos pés, unhas vermelhas e cabelos soltos, nos cumprimentou sorrindo e recusou a água e o café que lhe oferecemos. Visivelmente tensa e insegura, sentou-se à nossa frente com as mãos entre as pernas. De cara, pediu que não ligássemos o gravador. "Tive experiências ruins no passado com outras entrevistas", disse Suzane, temendo que o áudio fosse divulgado na TV. Antes de responder às perguntas, buscava a aprovação da diretora com o olhar. Negou-se a responder às mais delicadas, hesitou em tantas outras ou as comentou laconicamente. Suzane não quis falar sobre os irmãos Cravinhos. Em nenhum momento ela se emocionou, mas disse que havia chorado naquela manhã com medo de dar entrevista. Falou dos pais com carinho e, algumas vezes, como se não tivesse participado da morte deles. Contou que algumas semanas antes levou um tombo, bateu a nuca e ficou desacordada. Quando despertou, não conseguia falar nem se mexer. "Fiquei assustada", afirmou. O episódio, segundo ela, teria mudado a sua visão do mundo. "Percebi que a vida pode ir embora em um minuto", disse, como se fosse seu primeiro contato com a morte. Também se referiu ao crime como se tivesse "acontecido" e não sido praticado por ela. Com um português correto e a voz doce, explicou o motivo pelo qual decidiu falar. "Quero que as pessoas saibam que sou um ser humano comum. Cometi um erro, estou pagando por ele e quero recomeçar minha vida." Segundo as colegas de cadeia, a "nova" Suzane, mais alegre e aberta, era fruto do rompimento com o advogado Denivaldo Barni, amigo de seus pais que a acompanhou durante todos esses anos. De acordo com a criminosa, Barni exerceria uma proteção obsessiva sobre ela, a ponto de impedir amizades.

Suzane falou do seu ofício em Tremembé na entrevista à *Marie Claire*. Ela trabalhava na mesa de distribuição de tarefas da oficina de costura da Funap (Fundação Professor Dr. Manoel Pedro Pimentel), que emprega presos dentro de cadeias paulistas, coordenando as funções de outras detentas. Admitida em 2008, recebeu promoções e ocupava o cargo máximo na hierarquia, pelo qual recebia 705 reais mensais. Disse que guardava boa parte do dinheiro e gastava o restante com compras de supermercado organizadas no presídio, que incluíam produtos de higiene pessoal e alimentos, e também com consultas com um dentista particular que atendia ali dentro. "Quando cheguei a Tremembé, fiz o caminho que todo mundo faz: comecei varrendo o pátio, um trabalho que não tem salário, mas conta para remição da pena. Depois fui servir comida, com uma pequena remuneração. Na sequência, virei monitora da educação, era a assistente da professora e dei aulas de Inglês para um grupo de presas, até que entrei na oficina". Suzane contou que aprendeu a fazer trabalhos manuais – bordou toalhas de mesa, fronhas – e que lia muito. Gostava de obras de ficção, como as do americano Nicolas Sparks, e de autoajuda. Na época, disse estar lendo *Quem me roubou de mim?*, do padre Fábio de Melo.

Suzane não consumia livros por acaso enquanto estava presa em Tremembé. Em 2012, a Secretaria de Administração Penitenciária (SAP) de São Paulo introduziu o projeto "Lendo a Liberdade", no qual os presos inscritos escolhiam um livro na biblioteca, liam-no durante um mês e escreviam uma redação com suas impressões sobre a obra. Cada livro lido e resenhado proporcionava a remição de quatro dias de pena. De acordo com a calculadora prisional, Suzane só estaria totalmente quite com a Justiça em 2042. No entanto, a assassina conseguiu abreviar a liberdade plena para 2038, graças ao trabalho dentro da penitenciária e à leitura de livros. No último ano em que esteve presa, Suzane leu quatro títulos, mas essa atividade não teria sido computada para reduzir um pouco mais sua sentença devido a um erro. Entre os livros lidos e não considerados estavam *Lua de Mel em Kobone*, de Patrícia Campos Mello, e os clássicos *A Hora da Estrela*, de Clarice Lispector, *Dom Casmurro*, de Machado de Assis, e *O Diário de Anne Frank*.

Nascida e criada em uma família de classe média alta, Suzane falou à revista *Marie Claire* sobre o choque social que sentiu ao adentrar numa cadeia pela primeira vez. Principalmente depois de observar os hábitos e as histórias de vida das colegas. "Outro dia uma presa colocou a escova de dentes no chão. Ela não sabia que não podia fazer aquilo por causa da sujeira. Isso me fez ver que as pessoas não sabem regras básicas de higiene e valorizei ainda mais a educação que tive", disse à revista. A diferença social em Tremembé, segundo Suzane, não era um problema. "Depois que me conhecem, as presas veem que não sou fresca e se surpreendem quando sento no chão para comer com elas", disse. Ela falou da sua rotina na cadeia. Começava a trabalhar às 7h30, almoçava na cela das 11h30 às 13h e encerrava o expediente às 17h. Nos dois turnos, havia uma pausa de 15 minutos para o café, momentos em que fazia caminhadas para manter a forma. "Até na penitenciária dá para ter alguma vaidade", frisou. Entre os rituais de beleza, Suzane passava hidratante no corpo, pintava as unhas, cortava e hidratava os cabelos. Segundo ela disse na entrevista, todos os seus pertences da vida ficam em uma prateleira perto de sua cama. "São algumas cartas e uniformes. Se tenho algo fora da cadeia, não sei", reforçou.

Na época da entrevista à *Marie Claire*, Suzane não recebia visitas. Contou que deixara de falar com o irmão Andreas havia 11 anos, quando ele ia vê-la aos domingos na Penitenciária Feminina da Capital, o primeiro presídio em que morou. "Ele era um menino e nos despedimos como se ele fosse voltar na semana seguinte. Nunca voltou." O motivo da desavença seria a disputa pela herança. Ela disse que Andreas se tornou professor universitário e morava com a avó materna e o tio, os únicos parentes dos Richthofen. "Meu grande sonho é me reconciliar com meu irmão", pontuou. "Sei que não tenho direito ao que era dos meus pais, nada daquilo me pertence. Dele [Andreas], quero apenas o amor e o perdão", reforçou a parricida. Sobre a privação da liberdade, sentia falta da noite ao ar livre – as presas voltavam para a cela antes do fim do dia. "Fico paralisada quando vejo o céu e as estrelas. A noite tem um cheiro característico que a gente não percebe normalmente", filosofou a assassina. Suzane também contou que não usava roupas comuns havia anos. "Não sei mais o que é colocar uma calça jeans ou vestir preto", reclamou. Disse que tomava Fluoxetina, antidepressivo prescrito pela psiquiatra do presídio. "Quando cheguei aqui, só chorava, mas nunca tive dificuldade para dormir." Suzane confessou que não conseguia se perdoar, que seria muito difícil ser completamente feliz, mas que tentava encontrar a felicidade na medida do possível. "Não tem como olhar no espelho e não lembrar [do crime]. Cometi um erro, vou lembrar dele para sempre. Todos os dias penso que queria acordar e ver que tudo foi um pesadelo." Contou que há pouco tempo esteve presa em Tremembé a mãe de um amigo de infância, que lhe revelou os rumos de sua turma de escola. "Um foi morar em Dubai, o outro, na Alemanha. Acho que [se não tivesse cometido o crime] estaria morando fora, talvez tivesse filhos", imaginou a criminosa. Na época, seus planos eram mudar-se para o novo pavilhão de Tremembé e continuar trabalhando na Funap, onde "fazia o que gostava". Sonhava com a maternidade e construir uma família. "Estou pagando pelo meu erro e quero a chance de recomeçar", repetia, com uma candura que não combinava com o crime estarrecedor planejado por ela.

Após a repercussão da entrevista de Suzane à *Marie Claire*, outros veículos de comunicação a procuraram. A produção do *Fantástico*, da TV Globo, e do *Domingo Espetacular*, da TV Record, tentaram agendar uma entrevista com a estrela do crime, mas ela teve a audácia de cobrar cachê. Por motivos óbvios, as entrevistas foram descartadas pelos dois programas.

Na mesma época, a produtora GGP Produções, de propriedade do apresentador Gugu Liberato, investiu na assassina famosa e arrematou dela a sua primeira entrevista para a televisão desde a condenação, ocorrida dez anos antes. Sandrão tinha um irmão que trabalhava na produção da TV Record e ele fez os primeiros contatos. O rapaz foi visitar a sequestradora. No pátio de Tremembé, eles falaram de negócios:

— Gugu quer entrevistar Suzane!

— Ela cobra cachê! – advertiu Sandrão.

— Quanto?

— Cento e vinte mil reais! – propôs a sequestradora.

O rapaz levou a proposta ao seu chefe na TV Record, que repassou o orçamento à produtora de Gugu. Depois de prospectar anunciantes, o apresentador aprovou o negócio. Sandrão apresentou a ideia à namorada:

— A miséria acabou! – iniciou a conversa.

— Que miséria, sua louca?

— Você não estava reclamando que está sem dinheiro? Arrumei um lance para você!

— O que é?

— Gugu Liberato quer te entrevistar.

— Rola cachê?

— Sim!

— Quanto? – perguntou Suzane.

— Cem mil reais! – mentiu Sandrão.

Desonesta, a sequestradora planejou passar a perna na namorada e embolsar 20 mil reais a título de comissão. "Afinal, fui eu quem conseguiu a entrevista", justificou Sandrão. O contrato, no entanto, era "de boca", pois não havia assinatura em lugar algum.

O icônico encontro de Gugu com Suzane ocorreu dentro da penitenciária de Tremembé, e a conversa foi exibida em duas partes, no horário nobre da TV Record, dentro de um espaço comprado pela produtora GGP Produções. No primeiro bloco do programa, a detenta caprichou no melodrama. Olhando para a câmera, pediu perdão ao irmão. Disse sentir "muita, muita, muita" saudade dos pais, principalmente aos domingos, quando as suas colegas de cadeia tinham visitas de familiares e ela, coitada, não recebia ninguém. Jurou "por Deus" estar arrependida do "erro do passado". Contou sonhar muito com a mãe caminhando ora num campo florido, ora no meio do mato. "Sinto que ela me protege aqui dentro da cadeia", frisou.

É raro Suzane trazer verdades. Para Gugu, ela resolveu abrir o coração. Pela primeira vez, por exemplo, a assassina deixou de lado a cantilena de ter sido manipulada por Daniel no passado. Assumiu que a ideia de matar Manfred e Marísia foi tanto dela quanto do ex-namorado. "Quando um não quer, dois não fazem", justificou. No Tribunal do Júri, orientada por advogados, ela tinha dito ter partido exclusivamente de Daniel a iniciativa de exterminar o casal Richthofen. Desde o crime, Suzane sempre sustentou ter matado para se livrar de uma vida opressora e sufocante. "Fiz para ter liberdade", contou diante do júri. Na entrevista, porém, essa tese foi desconstruída pela criminosa. No meio da conversa, Gugu faz uma afirmação seguida de uma pergunta: "Você e o Daniel sonhavam em ter liberdade. E vocês foram buscar essa liberdade. Eliminando os dois, vocês teriam a casa, o carro e teriam dinheiro para seguir em frente. A verdade é essa?". Suzane ficou calada por alguns segundos e olhou para o chão. Moveu a cabeça para cima e para baixo em sinal positivo, encarou o apresentador e verbalizou, segura de si: "SIM!".

Na sequência, fez um comentário espontâneo ao contabilizar o crime como um prejuízo pessoal: "Depois [de mandar matar os meus pais], o que eu descobri? Que perdi tudo!". E concluiu com uma frase doce na boca dos presidiários: "Eu errei e estou pagando", repetindo o que havia dito na entrevista à *Marie Claire*. Mesmo reabrindo feridas profundas e importantes do passado, Suzane não verteu sequer uma lágrima. Pelo contrário, sorriu 21 vezes durante o encontro com Gugu.

Na segunda parte da entrevista, Sandrão entrou em cena e deu um depoimento. Disse ter se interessado por Suzane à primeira vista e bem antes de o namoro começar. Mas ela acreditava que jamais teria algo com a assassina pelo fato de, até então, a jovem ter demonstrado ser heterossexual. As duas fizeram planos de, em liberdade, montar juntas uma confecção para fabricar calças jeans em escala industrial. Suzane tinha 31 anos quando conversou com Gugu. Veja algumas perguntas feitas a ela pelo apresentador:

Quais os piores momentos que você passou na vida desde 2002?

Nossa, não dá para escolher só um pior momento. Foram tantos... Enfrentei uma rebelião. Não foi fácil. Fui ameaçada de morte. Foi horrível, horrível, horrível. O momento do júri foi bem difícil. A saudade e a tristeza que sinto aqui dentro também são momentos ruins.

Você é uma mulher vaidosa?

A vaidade faz parte de mim. Mulher tem de se cuidar em qualquer lugar. Mas aqui na cadeia não dá para fazer muita coisa. Dá para pintar as unhas, passar uma maquiagem. Aqui, o uniforme é uma calça de elástico. Olha, Gugu, faz tanto tempo que não uso uma calça jeans que nem sei o número que visto.

O que você vai fazer quando sair da prisão?

A Justiça me deu uma sentença e estou cumprindo direitinho. Mas, quando eu sair daqui, quero uma chance de poder estudar e trabalhar.

Você abriu mão da herança?

Abri mão de tudo, tudo, tudo. A Justiça já até homologou a minha desistência. Não tem mais nenhuma briga pelos bens que eram dos meus pais. Ficou tudo com o meu irmão. Eu não falo mais com ele. Infelizmente eu não consegui nenhum tipo de contato com ele.

Quanto em dinheiro o Andreas herdou?

Não sei. Esse dinheiro nunca foi meu. Nunca tive direito a nenhum centavo desse dinheiro. Era dos meus pais e agora é do meu irmão. Não quero nem saber desse dinheiro.

Tem falado com o seu irmão?

Não. Ele nunca quis me visitar. Mas Deus sabe do meu coração. Deus sabe do quanto eu o amo, do bem que eu desejo a ele. [...] Quando tudo aconteceu, o Andreas era adolescente. Eu não sei o que aconteceu com ele depois de tudo isso. Na época, ele tinha dito que não queria ficar longe de mim. Durante muito tempo ele ia me visitar. Mas depois ele sumiu. Eu o entendo. É constrangedor visitar alguém na cadeia. Tem o procedimento de revista. É um lugar triste, pesado. Eu nunca quis isso para ele. Mas ele fez isso por mim, pois foi me visitar na Penitenciária Feminina da Capital por vários domingos. Só sei que ele deve ter sofrido pra caramba, porque eu sofri também. Ele deve ter sido apontado na rua por causa do sobrenome. Devem ter perguntado a ele assim "ei, você é o irmão da Suzane?". Eu sei que causei muito mal a ele. Mas queria que ele conseguisse me perdoar. Queria que ele pudesse estar presente na minha vida.

Lembra da conversa que teve com o seu irmão logo após o crime?

Lembro. Eu cheguei pra ele e contei tudo, tudo, tudo o que tinha acontecido. Ele chegou pra mim e disse: "Su, eu perdi o meu pai. Perdi a minha mãe. Perdi o meu melhor amigo [Daniel]. Eu não quero perder a minha irmã. Eu te perdoo. Eu vou ficar com você".

Você acha que ele te ama?

Não sei. Eu desejo que sim porque eu o amo. Mas, ainda que ele não me ame, vou continuar a amá-lo. Gugu, nem sei como o meu irmão está hoje fisicamente.

Se o Andreas estiver nos assistindo, o que você diria a ele?

Eu te amo. Só Deus sabe o quanto eu te amo!

Como era a sua mãe?

Minha mãe era muito carinhosa. Muito presente. Ela conversava. Era uma pessoa maravilhosa. Não tenho nada, nada, nada para falar dela. Só coisas boas. Tanto que só tenho lembranças doces.

Do que você tem saudades?

Tenho saudades da minha família, do meu irmão. Tenho saudades da vida que eu levava, pois agora levo uma vida bem diferente.

Você carrega algum tipo de culpa?

Tenho as minhas culpas, sim. Estou pagando por elas. E não estou falando só de cadeia. Putz, eu não tenho mais a minha família. Eu não tenho mais a minha mãe. Se eu tivesse mãe, tenho certeza de que ela viria me visitar aqui na cadeia todos os domingos, como eu vejo as mães visitando as minhas amigas aqui dentro. Eu não tenho mais os meus pais, o meu irmão, minha vida, nada daquilo. Quando você está preso e recebe visitas, isso dá um certo sentido, um conforto, uma ajuda. Quando você não tem quem te visite, a vida é mais difícil. Eu estou sofrendo.

Você sonha com seus pais?

Sonho mais com a minha mãe. Outro dia sonhei que ela estava num campo cheio de flores. Era um lugar lindo. Sinto que ela me protege aqui dentro.

Sua mãe fala alguma coisa para você nesses sonhos?

Não.

Sobre o crime que você planejou, não passou pela sua cabeça que iriam descobrir?

Não conseguia pensar em nada. Não conseguia pensar no depois. Fui inconsequente, talvez. Pode ser que a culpa tenha sido das drogas, porque as drogas tiram a gente do nosso equilíbrio, do eixo.

Como nasceu a ideia de matar os seus pais?

Gugu, eu e eles [irmãos Cravinhos] não fomos uma combinação legal. Não foi bom. Não resolvemos tudo na véspera, sabe? Todos dizem que eu fui a mentora intelectual, a mandante, o cabeça... Isso não é verdade. Gugu, uma cabeça só não pensa em tudo. Foi uma junção de coisas, uma concorrência de ideias. Tanto eu quanto o Daniel temos culpa. Mas diria que o Cristian era o que menos sabia dos planos. Não tem mais como esquecer tudo o que aconteceu. Isso faz parte da minha vida. Faz parte da minha história. Como eu queria que as coisas tivessem sido diferentes.

Como estava a sua cabeça na hora do enterro dos seus pais?

Sabe quando você não acredita no que está acontecendo? Eu via aquilo e parecia que não era comigo. Parecia que não era a minha vida. Parecia que era um filme. Eu estava vivendo aquilo, mas parecia que não era de verdade. Não sei te explicar. Acho que era um estado de choque. Eu me perguntava: ei, sou eu que estou aqui? Esse é meu pai? Essa é a minha mãe? Era um turbilhão dentro de mim.

Como você gostaria que a sociedade visse você quando sair da prisão?

Às vezes, nem eu acredito que estou presa há tanto tempo. Nem acredito que tenho 31 anos, pois fui presa logo depois de completar 19.

Eu envelheci e amadureci muito nesses anos. Não é fácil estar presa. Ainda mais se você estiver sozinha.

Se seus pais aparecessem aqui agora, o que você diria a eles?

Perdão, perdão, perdão. Vocês sempre tiveram razão. A minha mãe falava que o Daniel ia me levar para o buraco e eu não acreditava. Queria poder dizer que ela tinha razão. Gugu, é muito difícil viver a vida sem uma parte, sendo que essa parte eu perdi por minha culpa.

Pelos dados consolidados do Ibope, o programa do Gugu na TV Record alcançou 17 pontos (cada ponto equivalia a 67 mil domicílios na Grande São Paulo). Ao apresentar a primeira entrevista com Suzane, Gugu ficou quase duas horas na liderança entre as TVs abertas do país. Como agradecimento, o apresentador comprou três máquinas de costura industrial da marca Sansei, uma das melhores do mercado, e mandou uma carreta entregá-las em Tremembé. O presente era para o casal recomeçar a vida após sair da cadeia.

Logo depois da entrevista, a relação de Suzane e Sandrão começou a azedar. As duas passaram a discutir por bobagens. No dia 11 de maio de 2016, foi oficializada a transferência da sequestradora para a penitenciária de São José dos Campos. Na véspera, as duas combinaram de manter o namoro. "A partir de agora, seremos dois corações vivendo em mundos separados", escreveu Sandrão para Suzane na despedida. Três meses depois de chegar à nova moradia, a bandida foi beneficiada pelo regime semiaberto e rapidamente migrou para o regime aberto. Em 1º de agosto de 2016, Sandrão já estava em liberdade. Ela foi morar com um irmão em Mogi das Cruzes, no mesmo bairro onde viviam os pais de Tallisson. A sequestradora conseguiu emprego de garçonete e fazia extras vendendo cerveja no Sambódromo do Anhembi, em São Paulo. Ana Clara, mãe do garoto assassinado por Sandra, entrou para a Assembleia de Deus na tentativa de entender a morte violenta do filho e aplacar a falta que ele fazia em casa. Certo dia, Ana Clara procurou Sandrão para lhe fazer um pedido. Queria que a assassina subisse ao púlpito para testemunhar sobre crime, castigo e perdão. A sequestradora disse que toparia, desde que recebesse cachê.

Econômica no pranto, Suzane não chorou pelo fim do namoro com Sandrão. Sem namorada, saiu da gaiola das casadas e voltou para o pavilhão das solteiras. Nesse retorno, fez um teste para saber se o poderio da sequestradora havia sido transferido para a sua conta. Pediu à direção da cadeia para retornar à mesma cela de antes, onde estava a sua seguidora número um, Luciana Olberg, a pedófila. A exigência da assassina, incomum em presídios, foi atendida imediatamente.

Satisfeita, Suzane caminhou sorridente pelos corredores de Tremembé com o nariz em pé, como fazia a ex-namorada. Para marcar a liderança, voltou a ser loira e andava com os cabelos sedosos balançando ao vento. Para realçar o ar de superioridade, não olhou para a cara de nenhuma presa enquanto borboleteava pelo pavilhão, exatamente como fazia Maria Bonita. Já as demais presidiárias a olhavam admiradas de cima para baixo. Ao pôr os pés de volta na cela, Suzane pediu – pediu não, ordenou – que as colegas de cárcere fizessem uma faxina geral e arrumassem o ambiente. Em seguida, passou outra demanda às subordinadas: uma massagem caprichada no corpo todo. Na mesma tarde, mandou as "assessoras" pintarem as unhas dela – dos pés e das mãos – de vermelho-sangue. Linda e empoderada, Suzane realizou o seu maior sonho da vida de prisioneira: tornou-se a criminosa mais influente de Tremembé. Passou a andar com o molho de chaves na cintura, o maior símbolo de prestígio na penitenciária. Ela entrava e saía da secretaria da penitenciária na hora que bem entendesse.

O poder de Suzane só fazia crescer. Eliana, a diretora de Tremembé, por exemplo, chamava a parricida de "filha". E a criminosa devolvia o carinho chamando-a de "mãe". A relação entre as duas causava ciumeira nas detentas e estranhamento entre as funcionárias. Certa manhã, a assassina estava trabalhando na oficina de costura, quando foi chamada pela "mãe". Uma carreta estava do lado de fora tentando entrar na cadeia com as três máquinas de costura enormes enviadas por Gugu Liberato. Suzane abriu um sorriso de orelha a orelha, mas Eliana cortou a alegria da moça:

— Su, minha filha, se essas máquinas entrarem na penitenciária,

Suzane: assassina e manipuladora

elas serão tombadas e passarão a ser patrimônio do governo – advertiu a diretora.

— Mãe, eu não tenho para onde mandá-las! – lamentou Suzane.

— Mande entregar na casa da Sandra – sugeriu Eliana.

A carreta deu meia-volta e seguiu para Mogi das Cruzes. Sandrão recebeu as máquinas e viu nelas uma evidência de vida a dois quando Suzane saísse da cadeia. Alegando estar em um relacionamento sério, a sequestradora conseguiu uma permissão para visitar a namorada em Tremembé. Caprichou no figurino. Pôs camisa social e calça justa, uma gravata, e não se esqueceu da cueca, o seu maior orgulho. No esperado encontro, Sandrão se armou para dar um beijo de novela das nove na amada, mas Suzane retribuiu com uma bitoca de novela infantil. Para relembrar os velhos tempos, decidiram jogar uma partida de xadrez. Sandrão queria conversar, e Suzane ficou o tempo todo com a cara amarrada, concentrada no movimento das peças do tabuleiro:

— Tá tudo bem com você, meu amor? – quis saber a sequestradora.

— Sim! – respondeu a jovem, monossilábica.

Sandrão estava apaixonada, mas não era do seu perfil mendigar afeto. Enquanto o jogo avançava no tabuleiro, a lésbica parruda tentou pela segunda vez engatar uma conversa:

— Com qual peça do xadrez você se identifica? — perguntou Sandrão.

— Com a rainha. Ela é a representação feminina no jogo. Assume uma posição inferior à do rei, mas quando se movimenta vai bem mais longe — filosofou.

— Você quis dizer dama, né? — corrigiu Sandrão.

— Dama e rainha são a mesma coisa! — rebateu.

— Na verdade, no xadrez chamamos essa peça de dama para diferenciá-la do rei. Assim, evitamos confusões com as iniciais, já que "R" é para o rei. Chame a peça de dama, que é o correto! — ensinou a sequestradora.

O clima esquentou no tabuleiro e as seguidoras de Suzane se aproximaram. Por uma questão de segurança, a partida foi suspensa. O exército da parricida já era formado por Luciana e mais duas bandidas.

Sandrão entendeu que em Tremembé a sua agora ex-namorada era a rainha e não uma dama. A sequestradora pediu privacidade para falar de negócios e a gangue recuou.

— Já depositaram o dinheiro da entrevista com o Gugu na sua conta? – perguntou Sandrão.

— Sim.

— Qual o valor?

— Cento e vinte mil reais. Por quê? – questionou Suzane.

— Então... Você sabe que 100 mil são seus e 20 mil são meus, né? Foi um acerto que fiz...

— Um acerto? Sério? Com quem?

— Com a produtora do Gugu – disse Sandrão.

— E onde estão esses 20 mil que você reivindica?

— Na sua conta!

— Pois se estão na minha conta, são meus! – finalizou Suzane, virando as costas e saindo.

Incrédula, Sandrão ficou estática ao ver a rainha loiríssima e seus peões batendo em retirada diante dos seus olhos. Mas deu tempo de a sequestradora subir na torre e partir para os movimentos finais no tabuleiro:

— Suzane, espera!

A assassina parou e virou-se, mas não se aproximou. As duas eram observadas de longe pelo bando de Suzane. Sandrão deu o xeque-mate:

— As três máquinas de costura que o Gugu me deu estão lá em casa! Valem 36 mil reais!

— Elas não são suas! Você sabe disso! – rebateu Suzane.

— As máquinas estão na sua casa? Não, né? Até porque você não tem casa. No seu prontuário de assassina está escrito "detenta sem referência familiar". Sem pai, nem mãe porque você os matou. Vou repetir para você não esquecer: as máquinas estão na minha casa! Ou seja, são minhas!

Dito isso, Sandrão saiu da vida de Suzane para sempre.

* * *

Solteira e sem máquinas de costura, Suzane empenhou-se em aumentar seu exército de seguidoras para ter mais poder em Tremembé. Depois de Luciana, arregimentou Anna Carolina Jatobá, de 34 anos na época, condenada a 26 anos por matar a pequena Isabela Nardoni, crime ocorrido em 2008. Por ter matado uma criança, Jatobá morria de medo de ser assassinada na penitenciária. Chegava a passar noites sem pregar os olhos. Seu medo não era à toa. Na comunidade carcerária, quem mata ou estupra crianças é frequentemente chamado de "facinhas". O termo é uma abreviação de "facilmente reconhecíveis" e carrega uma conotação extremamente negativa e de desprezo entre os demais presos, que geralmente os tratam com hostilidade e violência por não aceitarem esse tipo de crime. Suzane confortava Jatobá, mostrando que Tremembé estava povoada de pedófilas e homicidas infantis. "Relaxa, você é só mais uma aqui dentro", ponderava a nova líder. Para se precaver, Jatobá contratou Regina Aparecida da Costa, de 34, outra integrante do bando de Suzane. Tão robusta quanto Sandrão, Regina cumpria pena por estupro de criança e passou a fazer segurança particular para Jatobá. O serviço era pago pela família do marido de Jatobá, Alexandre Nardoni, que estava na penitenciária ao lado, condenado a 31 anos pelo mesmo crime. Em uma saidinha, Regina chegou a cobrir o rosto de Jatobá com uma sacola de supermercado para protegê-la da imprensa.

Nenhuma integrante do bando de Suzane era tão violenta quanto Amanda Marques Trindade, uma ex-garota de programa de 24 anos. No grupo liderado pela jovem assassina, sua função era garantir a segurança da líder. E ai de quem se aproximasse de Suzane no pátio de Tremembé. No passado, Amanda batia ponto num prostíbulo de luxo em São Paulo e recebeu da cafetina do local 1.300 reais para matar uma travesti. Motivo: a vítima havia pedido demissão para atuar em outra casa de prostituição. A ex-funcionária trabalhava na contabilidade e a cafetina suspeitava que ela havia levado consigo os segredos do seu negócio para a concorrência. Amanda foi ao supermercado Extra, comprou a maior faca de cozinha disponível na prateleira e saiu atrás da sua vítima. Amanda encontrou a travesti num beco escuro às 4h da madrugada, na cidade de Ferraz de Vasconcelos (SP). Com uma rasteira, ela a derrubou no chão e aplicou-lhe 72 facadas. O exagero na quantidade de golpes fez a lâmina da faca se desprender do cabo. Depois de matá-la, a prostituta se deu ao trabalho de arrancar a língua da vítima usando a faca. No Tribunal do Júri, foi questionado o motivo dessa crueldade extra. Amanda respondeu: "Essa travesti falava pelos cotovelos no trabalho, na mesa do bar e até na hora de morrer. Por isso arranquei a língua fora". A assassina foi condenada a 24 anos.

Depois de se tornar a rainha de Tremembé, Suzane passou a sentir carência afetiva. A solidão implacável ficou mais evidente depois de Sandrão e Barni, tanto o pai quanto o filho, saírem de sua vida. Aos domingos, não recebia mais visitas. Num fim de semana qualquer, Luciana foi ao pátio encontrar com o seu irmão, Rogério Olberg, um marceneiro de 36 anos na época. Através de uma vidraça, ele viu Suzane de longe. Encantado com a beleza da jovem, o rapaz tirou uma foto sua da carteira e mandou Luciana entregar à rainha da cadeia. "Diga que ela é a mulher mais bonita de Tremembé", pediu o irmão. A jovem pegou a foto, ouviu a mensagem e deu de ombros. "O seu irmão é muito feio para mim", descartou. Nessa época, Suzane recebia mensalmente centenas de cartas de pessoas apaixonadas vindas de todo os cantos do país. As correspondências traziam declarações e poemas escritos por homens e mulheres muito mais bonitos. Uma dessas cartas foi escrita e enviada pelo subtenente do Exército Cristiano Lima da Silva, de 25 anos na época, morador de Rondonópolis (MT). Na epígrafe, ele pedia a Suzane que parasse de fumar e avisava que esperava ansiosamente pelo dia que ela saísse da penitenciária:

Querida Su

Não te conheço, mas te amo desde que você apareceu na televisão. Não me importa o que você fez. Estou contando os dias para o momento em que você finalmente vai ter uma saidinha. Não sei se você fez bem em dispensar o advogado Denilvaldo Barni. Ele estava providenciando a papelada para você progredir ao regime semiaberto, onde eu finalmente teria a chance de te ver. O que ele fez? Por que vocês brigaram?

Meu sonho é poder te visitar na cadeia. Mas liguei aí em Tremembé e disseram que só parentes de primeiro grau podem entrar no seu rol de visitantes. Isso não é justo, pois você não tem parente nenhum, né? Seu irmão lhe virou as costas. Eu bem que poderia te visitar.

Ontem sonhei com você a noite inteira. A gente ia ao cinema, depois saía para tomar sorvete e se beijava. Seus lábios eram macios como um pêssego. Depois a gente ia para casa e se amava até o dia seguinte. Essa parte não vou contar porque as mulheres das cartas censuram, né? Você já me explicou.

Queria te pedir um favor, minha amada. Cuide da sua saúde. Soube que alguém bateu em você aí na cadeia. Isso é verdade? Sobre os problemas de colesterol alto e tireoide que você relatou na outra carta, posso dizer que fiquei muito preocupado. Acho que isso tem a ver com o excesso de cigarros que você fuma aí dentro. Tenta diminuir, meu amor. Cigarro não faz bem. Eu também não gosto de mulher que fuma porque o beijo fica com gosto ruim. Mas nem é por isso que você tem de parar de fumar. É pela sua saúde mesmo. Eu sei que você fuma para aplacar a solidão e a vida triste que você deve ter aí na penitenciária. Faça amizades que ajuda. Mas escolhe bem com quem você anda aí na cadeia. Não faça amizade com qualquer uma, viu?

Estou torcendo pela sua progressão de pena. Quero você logo no regime semiaberto para eu poder te ver, te abraçar. Assim que você sair, vou pedir folga no quartel. Vou entrar num ônibus e sigo para Tremembé. Só de pensar, fiquei nervoso. Tive palpitações. Será que não seria mais fácil você pedir transferência para um centro de ressocialização? Tem muita gente lá. Acho que a Justiça e a mídia perseguem você, pois o que você fez nem é tão grave assim.

Su, vou te dizer uma coisa do fundo do meu coração: pelas suas qualidades e pelo meu jeito de ser, tenho certeza que a gente vai se encaixar perfeitamente. É por causa dessa certeza que eu insisto em te escrever toda semana. Eu gosto muito de você! Um super beijo, meu amor!

Cristiano, seu amor

Pragmática, Suzane deixou o amor de lado e investiu energia na sua progressão para o semiaberto, conforme aconselhou o militar do Exército. Em um encontro com o defensor público Saulo Dutra de Oliveira, a parricida agendou encontros com os psicólogos e assistentes sociais de Tremembé para iniciar o exame criminológico. Suzane só migraria para o semiaberto se tivesse um endereço fixo para passar os dias fora da prisão durante as saidinhas. Sem nenhuma referência familiar do lado de fora, a assassina não tinha para onde ir. Saulo aconselhou a detenta a se reaproximar dos parentes. Isso estava fora de cogitação. Da família havia restado apenas Andreas e o tio Miguel, mas ambos não queriam ver Suzane nem pintada de ouro. A jovem pediu ao advogado que desse procedimento à papelada pleiteando o novo regime e prometeu encontrar uma solução rápida para a questão do endereço. De volta à cela, Suzane foi ardilosa. Pegou a foto de Rogério e olhou fixamente para o rapaz que havia achado feio. Na imagem, ele estava com o dorso nu, vestindo apenas calção e chuteiras de futebol. A assassina comentou com Luciana, a pedófila:

— Olhando bem, o seu irmão é até bonitinho, sabia?

— Eu te disse... Ele está solteiro e só fala de você – empolgou-se Luciana.

Suzane pegou uma caneta e escreveu no verso da foto de Rogério um trecho da música "Velha infância", dos Tribalistas: *Eu penso em você desde o amanhecer até quando eu me deito*" e mandou a imagem de volta ao marceneiro por intermédio de Luciana. Uma semana depois, eles se encontraram no pátio de Tremembé e começaram a namorar. Duas semanas depois, Suzane passou o endereço de Rogério à Justiça, indicando o lugar onde passaria os sete dias da sua primeira saidinha. Em seguida, a assassina foi submetida ao exame criminológico, a primeira etapa para alcançar a porta da rua.

A Justiça considera essa prova fundamental para verificar se a detenta está apta a voltar a viver em sociedade, se está arrependida de ter matado os pais e, principalmente, se vai voltar a cometer crimes lá fora. Suzane foi aprovada com louvor. Todos os profissionais que examinaram a assassina a conheciam e conviviam com ela dentro da

Suzane: assassina e manipuladora 295

cadeia. Com essa prerrogativa, era esperado um parecer favorável. Os laudos assinados pelas servidoras de Tremembé elogiavam Suzane e conferiam aptidão à jovem para deixar a cadeia em saídas temporárias. Os mais exaltados descreveram a rainha de Tremembé como comportada, empática, educada, higiênica, estudiosa, aplicada, honesta, trabalhadeira, prestativa e solícita. Num parecer técnico anexado a esse exame criminológico, assinado por uma comissão de seis funcionários da penitenciária, incluindo a diretora-mãe, Eliana, e duas psicólogas (Naja Santa Cruz Oliveira e Sueli Aparecida Gonçalves de Souza), consta que Suzane "está arrependida" de ter cometido duplo assassinato. Esse parecer foi anexado ao processo de execução penal de Suzane em 5 de setembro de 2013.

A resenha favorável não convenceu o promotor Luiz Marcelo Negrini Mattos, do Ministério Público, em Taubaté. Por causa da gravidade do crime cometido por Suzane e alegando parcialidade no exame, Mattos pediu à Justiça que a detenta passasse pelo temido teste de Rorschach, também conhecido como "teste do borrão". Essa avaliação, desenvolvida pelo psiquiatra suíço Hermann Rorschach no começo do século passado, é composta por dez pranchas com imagens abstratas de diversos formatos. Cabe ao paciente examiná-las uma a uma e dizer o que enxerga nelas. Essas imagens encontram-se na abertura dos capítulos deste livro. Embaixo delas estão descritos alguns elementos que Suzane viu nas gravuras ao longo dos quatro testes aplicados num período de oito anos.

Em tese, as respostas dadas pelo paciente durante o teste projetam aspectos da personalidade, incluindo as características e sentimentos que eventualmente ele não quer trazer à luz. Exemplos: agressividade camuflada, ansiedade debilitante, ânsia de vingança, comportamento compulsivo, culpa por traumas passados, desejo assassino, desespero extremo, desprezo por si mesmo, depressão severa, falsidade, falta de remorso, fantasias sexuais, fetiches, frustração, ideação homicida, imaturidade afetiva, impulsividade, impulsos sexuais, insensibilidade, inveja, isolamento extremo, medo patológico, ódio, pensamentos suicidas, sensação de inutilidade, traumas, vergonha profunda, violência oculta, vontade de autodestruição, entre outros.

O teste de Rorschach não é uma unanimidade, algo raro de ocorrer num campo complexo como a psicologia, mas é amplamente adotado no mundo todo. No Brasil, o exame é validado pelo Conselho Federal de Psicologia e já foi obrigatório na admissão de delegados no quadro da Polícia Federal. Grandes empresas privadas e multinacionais também aplicam o teste em funcionários do alto escalão e em líderes com muitos subordinados sob seus mandos e desmandos.

Segundo a teoria de Rorschach, o teste evidencia melhor a relação dos diferentes componentes da inteligência do indivíduo, a forma como o paciente se expressa usando os seus recursos do intelecto e também aqueles de que dispõe, mas não usa por causa de bloqueios originados de problemas emocionais.

Em uma das avaliações, Suzane pegou a prancha de número 4 e disse ter visto nela uma bruxa, um morcego, uma âncora, entre outros elementos. Essa prancha simboliza a figura do pai e, por extensão, a dos homens em geral. Por ela ter imaginado a âncora, Suzane via na figura masculina firmeza, estabilidade e segurança. Porém, por ter imaginado um morcego e uma bruxa, a paciente enxergava no pai uma fonte de autoridade ameaçadora e intimidadora. Ou seja, ela não conseguia conviver com a opressão paterna e necessitava romper a situação. O rompimento, no caso de Suzane e seu pai, segundo psicólogos, ocorreu de modo radical e irreversível.

Para tentar êxito no teste de Rorschach, Suzane recorreu a uma fraude. Conseguiu com um advogado uma réplica das dez pranchas e um livro sobre a teoria do teste. Determinada, passou a estudar na cadeia para dar respostas positivas na avaliação. A "cola", entretanto, nunca dá certo. Ao dizer ao aplicador ter visto tal figura em determinada prancha, o paciente é obrigado a localizar o ponto exato onde foi encontrado o objeto imaginado. Os psicólogos especializados em testes projetivos também percebem a tentativa de drible porque o paciente que usa de má-fé geralmente dá respostas rápidas. Essa desonestidade do paciente acaba constando no seu perfil psicológico. No prontuário de Suzane, por exemplo, a especialista escreveu que a criminosa cometia fraudes.

Nem precisava do teste para evidenciar esse traço da personalidade da assassina, visto que ela recebeu indevidamente do INSS pensão pela morte dos pais e persuadiu Andreas a assinar uma carta ditada por ela ainda na Penitenciária Feminina da Capital, com o intuito de ficar com a herança da família.

Mesmo depois de Suzane ser reprovada duas vezes no Rorschach (ou seja, os laudos feitos pelos psicólogos que aplicaram o teste descreveram um perfil negativo dela), a juíza Sueli Zeraik Oliveira Armani concedeu à jovem assassina o semiaberto em 28 de outubro de 2015. A magistrada justificou a sua decisão: "Se a Justiça mantivesse no regime fechado todos os presos com problemas psicológicos, não haveria prisão suficiente na face da Terra". Para efeito de comparação, Daniel e Cristian Cravinhos, e até Sandrão, também foram submetidos ao Rorschach e conquistaram a liberdade após obterem resultados positivos no teste.

Nunca se sabe quando Suzane está falando a verdade, nem quando está mentindo. Na entrevista concedida a Gugu Liberato, por exemplo, a assassina negou ter perdido o regime semiaberto, a princípio, por não ter endereço fixo para fornecer à Justiça. Alegou ter abdicado do benefício e suas cobiçadas saidinhas porque, caso aceitasse, na época, teria de ser transferida de cadeia, já que a penitenciária feminina de Tremembé ainda não mantinha ala para esse tipo de progressão. Essa transferência resultaria na perda de prestígio da criminosa junto à comunidade carcerária. Segundo a Secretaria de Administração Penitenciária, o semiaberto na prisão em que Suzane cumpria pena foi inaugurado em abril de 2015. Pelos autos do seu processo de execução penal, o primeiro pedido de progressão feito por ela ocorreu em março de 2013. Isso quer dizer que, dois anos antes de ser inaugurada a ala do semiaberto em Tremembé, a criminosa já desejava ganhar o olho da rua.

Em 2017, Suzane pediu pela primeira vez a progressão para o regime aberto. Nele, o preso cumpre o restante da pena em liberdade. Antes de tomar uma decisão, a juíza Wania Regina Gonçalves da Cunha mandou fazer pela terceira vez o teste de Rorschach. Mas ela se negou.

Para escapar das temidas pranchas, a parricida recorreu à segunda instância da Justiça de São Paulo. Suzane também reclamou na Justiça o fato de o teste de Rorschach não ser aplicado em todos os presos de Tremembé. "Por que só em mim?", questionou. A 5ª Câmara do Direito Criminal manteve a avaliação psicológica, comum em autores de assassinatos cruéis. Alexandre Nardoni, por exemplo, teve as saidinhas do semiaberto suspensas em agosto de 2019 porque não havia passado pelo teste. Nardoni jogou a filha Isabela pela janela do sexto andar em 2008. Suzane refez o teste mais uma vez e foi novamente reprovada. No dia 17 de fevereiro de 2018, o *Fantástico*, da TV Globo, apresentou ampla reportagem com o resultado desse terceiro exame, destacando que Suzane era descrita no laudo como "vazia" e "egocêntrica".

Suzane teve motivos de sobra para temer o teste de Rorschach. As centenas de páginas contendo o resultado dos seus exames não lhe são favoráveis. Segundo relatos de quem viu esses laudos, a criminosa não carrega culpa pela morte de Manfred e Marísia. Quando alguém lhe pergunta: Você está arrependida? Suzane responde: *"Sim, estou! Muito! Muito! Muito!"*. Questionada em seguida por que está arrependida, a assassina emenda: *"Porque perdi a melhor fase da minha vida na cadeia. Eu podia ter estudado, ter uma profissão, construído uma vida... O que eu fiz acabou comigo e com o meu irmão, que eu amo tanto"*. Ou seja, Suzane computa o crime como um prejuízo pessoal, sem lamentar, por exemplo, o fato de os pais terem a trajetória interrompida por ela na melhor fase profissional. Por causa desse tipo de resposta, Suzane é definida por profissionais como "insensível". Segundo especialistas, a criminosa mantinha "laços familiares frouxos, precários e carentes de envolvimentos emocionais". Dentro da cadeia, Suzane confidenciou ter mandado matar os pais "por motivos financeiros", conforme reiterou na entrevista concedida à TV Record.

O processo de execução penal de Suzane ficou aberto para consulta pública até maio de 2016. A partir dessa data, passou a correr sob sigilo a pedido de seu advogado. No entanto, quando a detenta famosa entra com agravos de instrumentos na segunda instância, as peças geralmente seguem do Fórum de Taubaté para o Tribunal de Justiça de São Paulo sem segredo, a exemplo do recurso de número 9000455-81.2017.8.26.0625, uma peça robusta que foi parar no gabinete do desembargador Damião Cogan em 24 de janeiro de 2018.

A revista *Veja* publicou ampla reportagem em abril de 2018 sobre esse agravo, na qual constam em detalhes os argumentos do Ministério Público para a Justiça não conceder liberdade à Suzane. Nesses processos, os especialistas descrevem a assassina com adjetivos típicos de vilã de novela: manipuladora, dissimulada, egocêntrica, infantilizada, simplista, insidiosa, além de ter agressividade camuflada. Ainda segundo esses pareceres, a criminosa utiliza procedimentos primitivos e pouco elaborados na vida, tem fantasia de onipotência e é desvalorizadora do ser humano. "Esses sentimentos criam na paciente uma dificuldade relevante para estabelecer relações interpessoais significativas", diagnosticaram os psicólogos Thiago Luís da Silva e Ana Cristina Tomaz da Silva, em 2013. "A sentenciada expressa um mecanismo de contato interpessoal voltado a mobilizar o mundo externo por meio de uma conduta pueril", completaram.

A dois especialistas, a Justiça fez a seguinte pergunta: "Suzane apresenta valores éticos?". Eles responderam: "Trata-se de sujeito com traços marcadamente narcisistas, ou seja, ela enxerga o mundo a partir de si mesma. Nesse sentido, seus valores éticos se mostram demasiadamente prejudicados".

Todos os 34 laudos – inclusive os de Rorschach – assinados por psiquiatras e psicólogos durante as duas décadas em que Suzane esteve presa atestaram categoricamente que ela é narcisista. Esse traço acentuado da sua personalidade, combinado com a perversão, foi essencial para Suzane tomar a decisão de mandar matar os pais; e nunca, de fato, ter se arrependido do que fez. O transtorno de personalidade narcisista é uma condição psiquiátrica complexa, que provoca no indivíduo um padrão generalizado de grandiosidade (sentem-se superiores aos outros), necessidade de atenção constante e adulação, além de falta de empatia. Esses comportamentos costumam causar relacionamentos conturbados. "Não se sabe o que causa o transtorno de personalidade narcisista. Ele é resultado de um conjunto de fatores genéticos e ambientais que moldam as características do indivíduo até a idade adulta", explicou Antônio Geraldo da Silva, psiquiatra e presidente da Associação Brasileira de Psiquiatria (ABP). Sabe-se que esse transtorno é mais frequente em homens e também em pessoas que sofreram abusos na infância ou tiveram relacionamentos problemáticos com pais e familiares.

Segundo o Manual Diagnóstico e Estatístico dos Transtornos Mentais (DSM-5) da Associação Americana de Psiquiatria, os narcisistas são extremamente vaidosos e pretensiosos. Outras características: falta de empatia (não conseguem ou não tentam reconhecer as necessidades e sentimentos alheios); mania de grandeza (exageram nos relatos de conquistas, buscam reconhecimentos mesmo sem merecer e diminuem o outro constantemente); ego inflado (acreditam que são superiores e só podem se relacionar com pessoas igualmente "especiais"); exigem privilégios (querem tratamento VIP em todos os lugares que frequentam); são invejosos e acreditam que todos sentem inveja deles; não têm limites (sonham com possibilidades ilimitadas de poder, sucesso e conquistas); querem aplausos (buscam admiração constante e excessiva, querem sempre elogios e reconhecimento); exploram os outros (querem dedicação sem reciprocidade e mantêm relacionamentos que aumentam a sua autoestima); e são arrogantes (monopolizam as conversas e ignoram quem consideram "inferiores").

Em um laudo de Rorschach anexado ao processo de execução de Suzane em 2018, a psicóloga Maria Cecília de Vilhena Moraes reiterou o narcisismo da assassina e sua conduta infantilizada, além dos traços de personalidade negativos já citados por outros profissionais. "Suzane entende que as suas necessidades sejam centrais e se preocupa basicamente com elas." Em outro trecho, a especialista completou o perfil da criminosa reforçando a sua característica fronteiriça, ou seja, ela viveria no limbo existente entre a loucura e a sanidade. "Vazia e impessoal, Suzane depende fundamentalmente do ambiente externo para se orientar na vida. Como é comum nas pessoas de estruturação de personalidade fronteiriça, ela se mantém bastante atenta às pistas que o ambiente fornece e procura se comportar de acordo com o que capta nesse sentido."

Sobre a possibilidade de Suzane voltar a cometer crime, os psicólogos não dizem "sim" nem "não". Recorrem ao "talvez". "Isso depende unicamente das influências do meio social e das necessidades pessoais da sentenciada." Ao ler os relatórios dos profissionais, o promotor Paulo José de Paula pediu à Justiça para a assassina não ter acesso à liberdade do regime aberto enquanto não passar novamente por mais um teste de Rorschach. "Com alto nível de egocentrismo, Suzane possui a tendência a superestimar o seu valor pessoal e a desprezar as necessidades alheias. Esse aspecto aponta para a presença de condutas de potencial risco para a sociedade em geral e para aqueles com quem convive", descreveu o promotor.

Suzane rebateu os diagnósticos negativos dos psicólogos forenses. Disse que, em liberdade, não vai sair matando as pessoas por aí, mesmo tendo matado os pais. "Eu mudei. Hoje tenho outra visão da vida. Estou aceitando mais as coisas. Me sinto mais madura. Sou uma pessoa contida e não agressiva. Não tem a menor chance de eu cometer um crime novamente. [...] Não me considero uma psicopata", disse a criminosa ao assistente social Maurício Fernandes de Faria. É bom frisar: nas mais de 2 mil páginas dos laudos criminológicos de Suzane, incluindo os resultados do teste de Rorschach, não há indicação – em tempo algum – de comportamento ou mesmo traços de psicopatia. No entanto, o psiquiatra forense Guido Palomba elaborou um parecer sobre Suzane em 2014 no qual diz que parricida tem grau elevadíssimo de narcisismo, egocentrismo e autocontrole das emoções. "Alguns psicopatas têm grau tão elevado de sedução que conseguem manipular até os psicólogos que aplicam testes projetivos. Suzane se enquadraria nesse quesito", pontuou o médico. Foi lançando mão dessa estratégia de sedução que Suzane elogiou o psicólogo Thiago Luís da Silva pela sua juventude, pouco antes de ele aplicar o teste de Rorschach. Da Silva lembrou que, na segunda aplicação do exame, em Tremembé, Suzane o recebeu batucando na mesa e cantarolando enquanto perguntava pelo resultado do teste anterior:

— E aí, doutor? Sou ou não psicopata?

— Não sei! Me responda você! – devolveu o psicólogo.

— Eu acho que não – disse Suzane, rindo.

O doutor em Psicologia Clínica da Universidade de São Paulo Alvino Augusto de Sá foi uma das maiores autoridades em mentes criminosas do país. O especialista coordenou uma banca de peritos em criminologia, que estudou a mente de Suzane a pedido da Justiça de São Paulo, em 2013. Para explicar o fio condutor da tragédia protagonizada por ela e Daniel Cravinhos, o psicólogo usou uma metáfora: "A Suzane era um pássaro enjaulado. O Daniel era um pássaro livre. Quando dois pássaros se encontram e vivem uma história de amor em liberdade, a ave enjaulada jamais vai querer voltar à vida de antes. Cegos, eles farão de tudo para eliminar os obstáculos postos entre eles". Alvino de Sá levantou ainda uma tese polêmica ao se referir ao caso Richthofen: "Pais amorosos jamais morrem assassinados friamente pelos filhos".

* * *

Uma década depois de receber a sentença de 39 anos de prisão e de passar 14 anos encarcerada, Suzane deixou Tremembé em dezembro de 2015 para passar o Natal e o Ano Novo com Rogério Olberg, no município de Angatuba, a 370 quilômetros de São Paulo. A festa para comemorar a liberdade começou ainda no pavilhão bem cedinho. As presidiárias com direito à saidinha acordaram antes das galinhas e montaram um salão de beleza no xilindró. Elas ligaram um microsystem com o som nas alturas. Alisaram o cabelo com chapinha, fizeram escova usando secador, pintaram as unhas e se maquiaram fazendo a maior algazarra. Nessas horas, uma ajudava a outra para o processo de embelezamento ser rápido. Suzane foi "montada" pelas suas assessoras. O auge dessa produção ocorria quando elas finalmente trocavam o uniforme de presidiária pelo traje à paisana. O capricho também ocorria porque sempre havia dezenas de fotógrafos e cinegrafistas da imprensa registrando a saída das presas famosas no portão da penitenciária. Suzane pôs os pés na rua vestindo pela primeira vez calça jeans *skinny* azul-escuro colada ao corpo, ressaltando as suas curvas; uma blusinha azul-marinho e um casaco preto. Os cabelos estavam loiros e mesclados com tons marrons.

Fora da cadeia, a vida foi tumultuada. Para escapar da perseguição de jornalistas, Suzane resolveu não dar à Justiça o endereço do namorado. Forneceu uma localização falsa. A Polícia Militar, porém, foi lá conferir e descobriu a mentira. A jovem foi algemada no meio da saidinha e levada de volta para Tremembé. Segundo relatos da detenta, os policiais a conduziram na viatura pelos 347 quilômetros entre Angatuba e Tremembé de forma violenta. Os militares mandaram a criminosa se acomodar no meio do banco de trás para não escapar da vigilância pelo retrovisor. De acordo com Suzane, os PMs dirigiam em alta velocidade e faziam curvas fechadas para forçá-la a bater a cabeça na lateral do veículo. Por causa da infração, a parricida ficou sem pôr a cara na rua por oito meses.

Nas saidinhas, Suzane sempre se hospedava na casa de Rogério. O casal foi ao cartório declarar união estável em 2017. Os pombinhos passeavam por Angatuba de moto, tomavam sorvete na praça central, faziam compras e frequentavam salões de beleza. No início, com medo de ser linchada pela população, Suzane usava óculos escuros grandes e uma peruca preta estilo Chanel. O acessório foi de uma tia de Rogério, que morreu de câncer. A jovem abandonou o disfarce depois de adaptada à vida em liberdade. Para escapar do estigma de ter mandado matar os pais, a assassina passou a se apresentar para os vizinhos de Angatuba com o seu segundo nome, Louise. Na saidinha de maio de 2017, Louise recebeu em seu celular uma mensagem misteriosa:

— Oi! Tudo bem?

— Tudo e você? – respondeu ela.

— Tudo ótimo! Me fala uma coisa: você é quem eu estou pensando?

— Depende! Quem você pensa que eu sou?

— Huuuum. Não vou falar nomes – escreveu o interlocutor, enigmático.

— Se você tem o número do meu celular, deve saber quem sou eu! – ponderou Suzane.

— Tenho dúvidas. Vou fazer uma pergunta. Se acertar a resposta, você é quem eu estou pensando.

— Então faça!

— Qual o nome do cachorrinho que nós tivemos quando éramos crianças?

Suzane caminhava pelas ruas de Angatuba e levou um choque quando descobriu que do outro lado do celular estava Andreas, o seu irmão. A tentativa de reaproximação entre os dois foi revelada pela primeira vez pela revista *Época*, em outubro de 2019. Suzane e Andreas marcaram um encontro 15 anos após terem se encontrado pela última vez, no pátio da Penitenciária Feminina da Capital, quando ela o manipulou para escrever uma carta e assim conquistar metade da herança dos pais. "A última vez que vi meu irmão, ele era um garoto", disse Suzane na entrevista com Gugu Liberato.

Pelas regras do regime semiaberto, a jovem não podia deixar Angatuba durante as saidinhas. Com essa restrição, ela combinou com o irmão de ele seguir de São Paulo até o município de 20 mil habitantes. O jovem, com 29 anos na época, aceitou. Estudioso, ele já possuía graduação em Farmácia e Bioquímica pela Universidade de São Paulo e doutorado em Química Orgânica pelo Instituto de Química da USP. Ansiosa, Suzane arrumou a casa e mandou preparar um almoço especial, mas Andreas não apareceu. O jovem chegou a pegar a Rodovia Raposo Tavares rumo a Angatuba para encontrar a irmã. No entanto, extremamente emocionado, sem coragem e abalado psicologicamente ao remoer o passado trágico da família, Andreas voltou no meio do caminho sem dar explicação para a irmã assassina. Transtornado, o jovem bebeu, usou drogas até perder os sentidos e foi parar completamente surtado no bairro Chácara Monte Alegre, na zona sul de São Paulo. Ao tentar pular o muro de uma casa, Andreas foi contido pela Polícia Militar e levado à delegacia. De lá, seguiu para um hospital psiquiátrico com a roupa toda rasgada e ferimentos pelo corpo. Na época, foi noticiado que Andreas havia sido resgatado da Cracolândia, a famosa zona de comércio livre de drogas do Centro de São Paulo. O jovem, porém, nunca esteve lá.

Aconselhada por advogados, Suzane resolveu não procurar mais por Andreas. No passado, o jovem já havia registrado queixa contra a irmã por perseguição. Como a assassina matou os pais para ficar com a herança e o irmão acabou herdando tudo, uma tentativa de reaproximação poderia caracterizar ameaça, já que Suzane é hoje a única herdeira do irmão. Até junho de 2024, os dois não tinham se falado.

Após a morte dos pais, a vida de Andreas foi marcada pelo desalinho. Ele herdou sozinho uma fortuna de aproximadamente R$ 10 milhões, incluindo a mansão em que Manfred e Marísia foram assassinado, além de outros imóveis. No entanto, o jovem não deu importância para o patrimônio da família. Atrasou impostos e taxas de condomínio, acumulando uma dívida de pelo menos R$ 500 mil. Durante seus estudos na USP, Andreas morava numa casa na Rua República do Iraque, no Brooklin Paulista, onde funcionava o consultório médico da mãe. Lá ele costumava reunir amigos e fazer festas com o som alto até a madrugada. Durante a pandemia, isolou-se em um sítio em São Roque, no interior de São Paulo, também herdado dos pais. Ele também comprou outro sítio no mesmo município, em um local ainda mais isolado e de difícil acesso, onde vivia sem celular ou internet. No dia 16 de abril de 2024, Andreas foi surpreendido com uma carta aberta escrita por Daniel Cravinhos e publicada no site do jornal *O Globo*, na qual o assassino pedia perdão e uma reaproximação:

Querido Andreas,

Após sete anos de reflexão, finalmente encontro coragem para escrever a você. Sinto-me apreensivo com a sua possível reação ao ler esta carta. Recentemente, tomei conhecimento de notícias suas por meio de amigos em comum e pela imprensa, o que me levou a tomar a decisão de expor o que estou sentindo.

Minha mente está em turbilhão, pois meu desejo mais profundo é obter o seu perdão. As palavras mal conseguem expressar a intensidade de minha angústia e remorso. Minhas mãos tremem enquanto escrevo, e cada linha é uma batalha contra os fantasmas do passado.

Há duas décadas, desde aquele fatídico dia, carrego o peso do arrependimento e da culpa, ciente de que minhas ações trouxeram tamanha tragédia para nossas vidas. Desde sempre, penso em você, a maior vítima de tudo o que aconteceu. Hoje, ao praticar motovelocidade, a imagem do seu rosto vem à minha mente. Como seria bom ter você ao meu lado, correndo em uma moto. Lembra da mobilete que construímos juntos?

Somos vizinhos em São Roque. Meu sítio fica a três quilômetros do seu. Sinto vontade de tocar a sua campainha, mas temo sua reação. Morro de medo que você se sinta ameaçado com a minha presença. Além disso, sei que a sociedade me vê unicamente como o assassino de seu pai. E você? Como me enxerga além disso?

Saí da prisão em 2017 após perder 17 anos de minha liberdade. Mas você perdeu muito mais do que eu. Desejo compreender seu luto e fazer parte dele. Lembro do dia da reprodução simulada feita na sua casa duas semanas após o crime, quando você abraçou o Cristian e me olhou emocionado. Quando íamos nos abraçar, os policiais não deixaram. Entendi o seu gesto de carinho como um perdão. Contudo, você era apenas um adolescente. Hoje você é um homem adulto. Gostaria de conversar contigo e expressar meus sentimentos.

Desde que saí da prisão, reconstruí minha vida, assim como Suzane, sua irmã. Aos trancos e barrancos, o Cristian também está tentando recomeçar. No entanto, a culpa continua a me perturbar. Parte de minha família me rejeita, e sinto que um dedo acusador aponta para mim constantemente, me lembrando do que fiz. Essa culpa não desaparecerá com a sentença que me condenou a 39 anos. Seguirá comigo até o fim dos meus dias.

Espero, do fundo de minha alma, que você encontre no coração a compaixão para me perdoar. Sei que minhas palavras podem parecer insuficientes diante da magnitude do que aconteceu, mas é com toda a sinceridade e humildade que peço por tua misericórdia. Estou disposto a enfrentar as consequências de meus atos e a fazer tudo o que estiver ao meu alcance para tentar reparar o enorme dano que lhe causei. Se você permitir, gostaria de ter a oportunidade de falar pessoalmente, olhos nos olhos, e abrir meu coração.

Mas, se você preferir manter distância, respeitarei. Apenas desejo saber o tamanho do abismo emocional que nos separa para saber se é possível atravessá-lo. Hoje, serias capaz de me dar o abraço que não aconteceu 22 anos atrás?

Daniel Cravinhos

Andreas fez pouco caso das palavras de Daniel Cravinhos. Disse que é impossível perdoar os assassinos dos seus pais.

* * *

A alma de Suzane von Richthofen nunca encontrou sossego quando o assunto era religião. Ela era luterana quando ordenou o assassinato dos pais e converteu-se ao catolicismo logo após ser presa. Quando era atormentada pela diabólica Maria Bonita, flertou com o espiritismo e começou a acreditar em reencarnação e vidas passadas. Em Tremembé, rendeu-se aos cultos evangélicos e passou a andar com uma Bíblia na mão.

A maioria dos detentos, autores de crimes contra a vida, adere à religião evangélica assim que ingressa no sistema carcerário. Todos basicamente alegam que cometeram os crimes guiados por Satanás. O pastor Fábio Correa de Lima, da Comunidade Moriá, mantinha em seu rebanho 150 presidiárias de Tremembé em busca de salvação. O sacerdote reforçou essa ideia: "Na teoria, quando a pessoa peca, ela favorece o diabo e se afasta de Nosso Senhor".

Em 2016, aos 33 anos, Suzane passou a frequentar os cultos do pastor Fábio. Com sua fé, a parricida cogitou seguir a carreira de líder religiosa, planejando começar como missionária e, eventualmente, tornar-se pastora. Segundo Fábio, seu orientador espiritual, Suzane não estava arrependida de ter matado os pais ao entrar em sua igreja. "Foi na minha comunidade que ela, de fato, se redimiu do passado e conseguiu o perdão divino. Suzane aceitou ser transformada por Deus em sua totalidade – corpo, alma e espírito. Para isso, teve que reconhecer os seus erros. Hoje, posso assegurar que ela é uma mulher totalmente arrependida", garantiu o religioso.

Suzane também frequentou a Igreja do Evangelho Quadrangular, onde deu um testemunho sobre arrependimento e perdão, em Itapetininga e Angatuba. Na pregação, subiu ao púlpito e falou ao microfone sobre redenção, com uma Bíblia na mão, para cerca de 300 pessoas: "Confessei-te o meu pecado, reconhecendo minha iniquidade e não encobri as minhas culpas. Então declarei: confessei minhas transgressões para o Senhor, e tu perdoaste a culpa dos meus pecados", proclamou. A igreja, cheia de fiéis, foi à loucura, com aplausos e gritos de "aleluia!".

No plano terreno, mesmo espiritualizada, Suzane continuou enfrentando dificuldades com a Justiça por violar as regras do regime semiaberto. No Natal de 2018, aos 35 anos, foi convidada para ser madrinha de casamento de sua melhor amiga de cadeia, Vanessa dos Santos Martins, de 37 anos. A cerimônia ocorreu em Taubaté, no dia 22 de dezembro de 2018. A noiva estava vestida de vermelho, e o noivo, de preto. O bolo de três andares tinha cobertura vermelha e branca para combinar com o vestido da noiva. Pelas regras das saídas temporárias, Suzane deveria seguir diretamente para seu domicílio, em Angatuba. No dia do casamento, porém, ela decidiu vestir-se de gala e ir à festa da amiga. Vanessa trocou alianças com um pastor evangélico, com quem já havia sido casada dez anos antes sob o teto de uma igreja católica, mas se separou após um evento marcante em sua vida.

A história de Vanessa parece uma novela mexicana, como definiu o pastor Fábio, que conduziu a cerimônia de casamento da detenta. Ela era casada com Vanderlei Garcia Alves, pai de Allan, de 4 anos, filho de sua ex-mulher, que Vanessa acolheu como se fosse seu. A detenta também tinha um menino chamado Sandrinho, de outro casamento. As duas crianças conviviam como irmãos. Com o tempo, Vanessa teve outro bebê e desenvolveu um ciúme doentio do marido, canalizando esse sentimento para o enteado.

Na fria manhã de 1º de junho de 2007, em São Paulo, quando Vanderlei saiu para trabalhar às 6 horas, Vanessa acordou logo em seguida, tirou Allan à força da cama e o deixou completamente nu. Apesar da baixa temperatura, a madrasta colocou a criança debaixo de uma ducha fria e fechou a porta do box. Allan, trêmulo, deitou-se no chão sob o jato de água gelada.

A crueldade da madrasta foi além. Vanessa levantou a criança e começou a desferir uma série de socos em sua barriga. Lá pelo décimo golpe, o menino caiu desacordado no piso frio do box. Desumana, a madrasta ainda o levantou novamente e bateu fortemente a cabeça do garoto contra a parede. Da porta do banheiro, Sandrinho, filho de Vanessa, testemunhou o crime e ficou em estado de choque.

No laudo do Instituto Médico Legal (IML), o legista João Carlos D'Élia escreveu: "A criança apresentava traumas e escoriações na face, pescoço e couro cabeludo. As lesões provocaram a ruptura do baço em .dois tempos, causada por pancadas na região toracoabdominal esquerda. Óbito por anemia aguda". Vanessa negou o homicídio, alegando que a morte de Allan foi um acidente doméstico, mas não convenceu o Tribunal do Júri e foi condenada a 22 anos de prisão. Hoje, evangélica, a assassina atribui a culpa ao diabo: "Eu estava possuída pelo Satanás", justificou.

Dez anos depois de cometer o crime hediondo, Vanessa se casou pela segunda vez com Vanderlei, pai do menino que ela assassinou. O pastor Fábio ajudou a detenta a se arrepender do assassinato e obter o perdão do ex-marido. No entanto, nem mesmo o líder religioso conseguiu explicar um perdão dessa magnitude. "Explicação racional é difícil. Esse perdão acontece no campo espiritual", justificou o pastor. Fábio recorre à Bíblia para acreditar que tanto Vanessa quanto Suzane estão transformadas em almas bondosas, mesmo após terem cometido crimes tão cruéis.

Uma detenta, convidada do casamento de Vanessa, denunciou à Polícia Militar a violação da saída temporária de Suzane. Em questão de minutos, o primeiro-tenente Fabiano Aparecido de França chegou ao casamento e algemou Suzane, levando-a de volta à penitenciária de Tremembé. Em sua defesa, Suzane jurou que ficou na festa além do permitido porque o pneu do carro de Rogério estourou, dificultando encontrar uma roda de reposição adequada nas borracharias do interior, pois se tratava de um veículo rebaixado. A justificativa foi aceita, e a jovem foi liberada para novas saídas temporárias graças à benevolência da juíza Sueli Zeraik Armani, que também beneficiou o médico Roger Abdelmassih, permitindo que ele cumprisse temporariamente sua pena de 181 anos em casa. Na decisão, a juíza escreveu que a detenção de Suzane "configurava possível constrangimento ilegal", o que abriu brechas para a presidiária pedir indenização por danos morais contra o Estado, como já havia feito anteriormente. A caneta da magistrada perdoou com facilidade. Sobre Suzane, Sueli escreveu: "Determino a imediata liberação da sentenciada, observando que ela tem sido vítima constante de uma saga de vingança de parte significativa da sociedade civil organizada, cruel e hipócrita, que projeta nela seus recalques e outras mazelas". Em seguida, a jovem voltou à rua.

No final da década de 2010, a única referência familiar de Suzane fora da cadeia era a família Olberg. Em entrevista para um exame criminológico, Suzane foi questionada sobre para onde iria caso o noivado com Rogério fosse desfeito. "Buscarei apoio com minha rede de amigas de Tremembé", respondeu. Na rede de amigas de Suzane há assassinas, infanticidas, latrocidas, estupradoras, pedófilas e toda sorte de criminosas conhecidas pela crueldade de seus crimes.

Assistir ao casamento de Vanessa com Vanderlei encheu Suzane de esperança para um recomeço. Na época, a assassina pensava em se casar com Rogério Olberg tão logo fosse promovida ao regime aberto. Metade da família do noivo apoiava a união com a menina que mandou matar os pais. A outra metade era contra, acreditando que ela, ardilosa, abandonaria Rogério assim que conquistasse a liberdade definitiva.

Rogério se dizia apaixonado por Suzane. Em entrevista à TV Record, em maio de 2016, relatou ter trocado muitas cartas com Suzane antes de decidir namorá-la. "Percebi que as ideias que ela tinha sobre relacionamento eram as mesmas que eu tinha. Houve uma química. Bateu. Eu consegui enxergar na Suzane a pessoa que eu quero para sempre. [...] Eu me vejo casado com ela. [...] Tenho certeza de que ela me ama. [...] Temos muitas afinidades."

Para ser aceita pela família de Rogério, em Angatuba, Suzane teve que passar por uma sabatina. Cerca de vinte parentes dele se reuniram na sala e colocaram a assassina no meio da roda. No momento mais tenso do debate, uma tia de Rogério fez uma pergunta espinhosa: "Afinal, por que você matou os próprios pais?" Suzane respirou fundo e invocou a narrativa antiga de que vivia oprimida por Manfred e Marísia. Fez uma pausa dramática e se esforçou para chorar, mas não conseguiu. Ainda assim, enxugou lágrimas invisíveis e, com feições tristes, relatou ter assassinado os pais para ganhar liberdade, alegando que, emocionalmente fraca, sucumbiu à manipulação de Daniel Cravinhos, o ex-namorado. Depois de repetir esse discurso batido, Suzane convenceu toda a família Olberg e foi, definitivamente, bem--vinda ao seio da família do namorado. Curiosamente, a resistência dos Olberg em aceitar Suzane era intrigante, já que Luciana, a pedófila, também passava suas saídas temporárias na mesma casa. E a família ainda tinha uma tia indiciada pela polícia por falsificação de remédios.

Vale lembrar que, em laudos criminológicos e em entrevista ao apresentador Gugu Liberato, Suzane admitiu ter matado por dinheiro. Rogério preferia não acreditar na sinceridade dessa Suzane. "Em uma conversa séria entre nós, ficou bastante claro que não pode haver nenhuma mentira, por menor que seja, no nosso relacionamento. Estou depositando muita confiança nela. Se eu descobrir que a Suzane mentiu, haveria um grande estrago. Não sei dizer nem o que eu faria", previu Rogério ao jornalista Geraldo Luís, da TV Record, em 2016. "Nós vamos nos casar e constituir uma família", anunciou o noivo. Na mesma conversa, disse que existia uma Suzane que só ele conhecia e a mídia não conseguia enxergar. Essa outra mulher, segundo ele, era muito educada, delicada, sensível e romântica. Detalhe: essas são as mesmas características atribuídas à assassina por amigos da faculdade e professores na época do crime.

Suzane estava conectada a Rogério e totalmente em sintonia quando se falava em planos a dois. Ao se casar, a criminosa planejava mudar o nome: queria excluir o "von Richthofen" da carteira de identidade. A ideia era tentar dissociar sua atual imagem cristã do crime cometido em 2002, que chocou o país. Se tudo desse certo, planejava na época, seu novo nome seria Suzane Louise Olberg das Dores.

No dia 11 de janeiro de 2023, a parricida finalmente conseguiu migrar para o regime aberto, onde cumpre até hoje o restante da pena em liberdade. Como era de se esperar, ela pôs fim ao relacionamento com Rogério. "Na verdade, eu terminei quando ainda estava no semiaberto. Minha liberdade foi sendo postergada e o relacionamento esfriou por causa do distanciamento. O importante é que a família dele continuou me acolhendo", explicou Suzane ao psiquiatra Leandro Gavinier.

Em 19 de outubro de 2022, o médico assinou, em Tremembé, o último laudo sobre ela – peça importante para credenciar a assassina a ganhar a tão sonhada liberdade. Ao profissional, ela teve que relembrar, pela enésima vez, a morte dos pais. Já com 38 anos, Suzane ainda culpava indiretamente Manfred e Marísia pelo duplo homicídio, exatamente como sustentava antes do julgamento, alegando que o crime não ocorreu por motivo torpe.

"Tudo começou quando completei 15 anos. Eu conheci o Daniel e um mundo novo se abriu na minha vida. Era um mundo de liberdade, namoro íntimo e uso de maconha. No início, o relacionamento transcorria normalmente. Em determinado momento, minha família passou a rejeitar o nosso namoro, achando que ele não era a pessoa certa para mim. Isso gerou um distanciamento entre mim e meus pais. Minha mãe não percebeu que eu estava ficando emocionalmente distante dela. O planejamento inicial do duplo assassinato estava envolto na ideia de viver uma paixão em paz com Daniel. O foco não era a morte, e sim viver feliz uma paixão. Mas essa era uma ideia completamente inconsequente, utópica, infantil e absurda", desabafou a parricida em seu último exame criminológico.

Antes de ganhar a liberdade, Suzane teve 20 saídas temporárias. Desde 2021, ela deixava a prisão todos os dias às 17 horas usando uma tornozeleira eletrônica para estudar, voltando às 23h. Usava transporte público. Nessa época, fazia uso contínuo de dois medicamentos: Fluoxetina 20 mg (antidepressivo) e Clonazepam 2 mg (ansiolítico). A combinação dessas drogas geralmente é indicada para pacientes com depressão e síndrome do pânico. Sobre seus planos fora de Tremembé, Suzane disse que pretendia montar um ateliê de costura, já que trabalhava na penitenciária havia 15 anos, na Funap, confeccionando roupas.

Ainda em seu último laudo psiquiátrico, que serviu de base para Suzane deixar a penitenciária definitivamente, está escrito que durante o exame a assassina "estava vigilante (atenta), com postura franca, orientada globalmente, pensamento organizado, impulsividade latente sob adequado controle, tendência à busca ativa de estímulos, afeto ressoante e ansiosa com boa empatia, porém às vezes superficial. Inteligência acima da média, sem evidência de delírios ou alucinações. Traços de infantilidade mitigados pelo amadurecimento natural".

Conclusão do médico: "Suzane apresenta traços de transtorno de personalidade como charme superficial e necessidade de estímulo (tendência ao tédio) que estão mitigados pelo amadurecimento pessoal. Não há elementos suficientes para caracterização de transtorno de personalidade antissocial. Presença de transtorno ansioso não especificado em remissão de sintomas mediante uso de medicação. Não há contraindicação psiquiátrica neste momento para progressão de regime penal", escreveu o psiquiatra Leandro Gavinier em 19 de outubro de 2022.

Como esperado, o Ministério Público deu parecer desfavorável à parricida e pediu que a Justiça só concedesse a liberdade se ela realizasse mais um teste de Rorschach. A juíza Wania Regina da Cunha, da 2ª Vara de Execuções Criminais de Taubaté, descartou essa possibilidade. "A sentenciada foi submetida ao teste diversas vezes. Esse exame avalia aspectos da sua personalidade. Portanto, provavelmente não haveria alterações significativas no resultado do laudo. Até porque a personalidade do indivíduo não muda de um ano para o outro", escreveu a magistrada. E justificou: "Na época do cometimento dos crimes, a previsão de cumprimento máximo da pena era de 30 anos. Até o presente momento, ela cumpriu 20 anos da sentença. Logo, não seria justo e razoável que a apenada fosse mantida em cárcere por mais tempo".

Suzane está em liberdade, mas ainda longe de pagar o que deve à Justiça pelo assassinato dos pais. Sua sentença de 39 anos só termina em 2038. Para cumprir o restante da pena em liberdade, ela tem regras a seguir: manter-se em ocupação lícita, comparecer a cada três meses à Vara de Execução Criminal para informar suas atividades, não mudar de cidade sem autorização da Justiça, e permanecer em casa das 20h às 6h. Não pode frequentar bares, boates, casas de jogos ou locais incompatíveis com o benefício.

Em agosto de 2023, Suzane, com 39 anos, ainda morava em Angatuba, na casa da família de seu ex-namorado, Rogério Olberg. Foi acolhida por Josiely e Luciana Olberg, a pedófila. "Eles são a minha família", disse a assassina antes de deixar definitivamente a cadeia. Na nova fase da vida, a criminosa montou seu tão sonhado ateliê e passou a customizar sandálias Havaianas, vendendo um par por até 185 reais. Para facilitar o comércio, abriu uma conta no Instagram e tinha 60 mil seguidores em junho de 2024.

Em seu ateliê, Suzane recebia encomendas de todo o país. Costurava capas para laptops, bolsas, pantufas e mochilas. Quase todas as bugigangas tinham motivos românticos ou infantis. A homicida já postou imagens em suas redes sociais enviando sua "arte" até para o Japão. Muitos de seus clientes se identificavam como fãs e admiradores, apoiando a ressocialização da criminosa. Alguns desses simpatizantes pediam que os artigos fossem autografados pela parricida. Desconfiados, alguns consumidores só faziam o Pix se a costureira-homicida enviasse um vídeo provando que era ela mesma quem confeccionava os produtos. Para não perder a venda, Suzane ligava o celular e fazia a transmissão ao vivo, mas só com os clientes mais chegados. A assassina também mantinha um site para vender suas quinquilharias. Na *home*, teve a ousadia de postar uma foto das suas mãos sardentas com as unhas pintadas de vermelho-sangue. São as mesmas mãos usadas em 2002 para tapar os ouvidos e não escutar a sinfonia macabra produzida pelas porretadas que mataram seus pais.

Aos 39 anos, Suzane engravidou do médico Felipe Zecchini Muniz, de 41, em meados de abril de 2023. O casal havia se conhecido três meses antes pelas redes sociais e mantinha encontros esporádicos. Dizendo-se apaixonada, ela foi morar com o companheiro em Bragança Paulista, a 100 quilômetros de São Paulo. No dia 13 de dezembro de 2023, o casal foi a um cartório de Angatuba e registrou a união estável sob o regime de separação total de bens.

Suzane aproveitou a oportunidade do casamento para finalmente realizar o sonho de mudar completamente o sobrenome, passando a se chamar Suzane Louise Magnani Muniz. Para se livrar do "von Richthofen" sem cortar totalmente os vínculos familiares, Suzane adotou o sobrenome italiano da avó materna, Lourdes Magnani Silva Abdalla, falecida em 2012 aos 92 anos. A mãe de Suzane, Marísia, não carregava o "Magnani" no sobrenome. Já o "Muniz" foi emprestado do companheiro, que por sua vez herdou do pai, o médico José Alonso Muniz, falecido em 2022. A mudança no sobrenome de Suzane foi uma estratégia para não batizar o filho com o emblemático "von Richthofen", diretamente relacionado ao assassinato arquitetado por ela.

O filho de Suzane e Felipe nasceu na maternidade do Hospital Albert Sabin, em Atibaia, na noite de 26 de janeiro de 2024, no mesmo dia do aniversário de 43 anos de Daniel Cravinhos. No entanto, o registro ocorreu somente no dia seguinte. Por coincidência, Andressa Rodrigues, esposa de Daniel, engravidou no início de 2024 e seu bebê estava previsto para nascer no início de novembro, perto do aniversário de Suzane (ela nasceu em 3/11/1983).

Desde os primeiros contatos com psicólogos e assistentes sociais em Tremembé, em meados da década de 2010, Suzane falava sobre o desejo de ser mãe. Essa vontade potencializou quando ela se tornou madrinha da filha mais nova de Josiely, sua ex-cunhada. Suzane dizia às amigas que tinha pressa para engravidar por causa da idade avançada para a maternidade. Naquela época, ela já falava em possíveis nomes para o seu primeiro filho: "Se for menino, se chamará Benjamin. Se for menina, Isabela", contou ao assistente social Maurício Fernandes de Faria, conforme consta no parecer técnico assinado por ele em 20 de outubro de 2017. No entanto, o seu primeiro filho foi batizado com o mesmo nome do pai.

Ao entrar na maternidade para dar à luz por meio de uma cesariana, Suzane foi tratada como celebridade. Para não ser vista nem fotografada, a assassina-mãe, já com 40 anos, deu entrada na maternidade de madrugada, pela porta dos fundos, usando casaco e capuz para esconder o rosto do público. Ela chegou aos corredores pelo ambulatório e foi diretamente para a enfermaria, sendo levada em seguida à sala de parto. Nenhum funcionário da maternidade podia falar com ela, a não ser o estritamente necessário para o procedimento cirúrgico. Depois de parir, ela foi acomodada em um quarto no primeiro andar. A obstetra Taís Albrecht de Freitas, que também acompanhou o pré-natal da paciente, realizou o parto.

Certa vez, quando comentava no pátio da penitenciária o desejo de ser mãe, Suzane foi confrontada por uma colega de cela com uma pergunta indigesta que a assombrará num futuro próximo:

— Me conta uma coisa, Suzane: quando seu filho lhe perguntar "Mamãe, onde estão os meus avós?", o que você vai responder?

Sem saber o que dizer, a assassina fechou-se em silêncio.

A RESSONÂNCIA DA TRAGÉDIA

IMAGENS DOS PERSONAGENS
DO CRIME QUE ABALOU O PAÍS,
O PASSO A PASSO DA
RECONSTITUIÇÃO DO DUPLO
HOMICÍDIO E A VIDA
FORA DA CADEIA

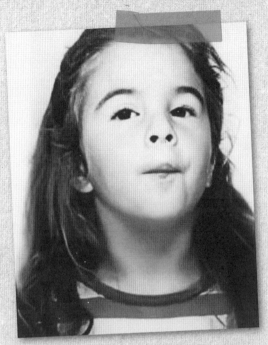

Suzane foi alfabetizada em duas línguas: português e inglês.

Na adolescência, aprendeu a falar alemão.

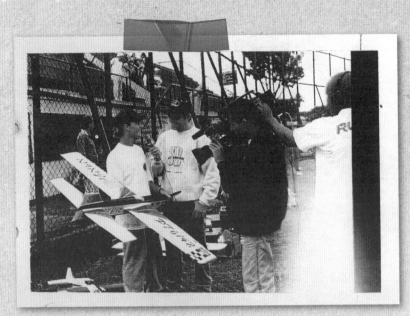

Aos 16 anos, Daniel Cravinhos era o melhor instrutor de aeromodelismo do Parque Ibirapuera.

Suzane e o namorado costumavam viajar escondidos dos pais. Na foto ao lado, um passeio de buggy nas dunas de Natal.

No auge da loucura, o casal passou a ter uma só alma.

Uma das entradas da mansão dos Richthofen.

Andreas, Marísia e Manfred em foto de álbum de família.

Na reconstituição do crime, Suzane aciona o interruptor de luz para dar sinal verde para os irmãos Cravinhos assassinarem os pais.

Daniel é o primeiro a entrar em ação: desferiu mais de uma dezena de pauladas na cabeça de Manfred, como mostrou na encenação.

Enquanto os pais eram assassinados, Suzane desceu para a sala e esperou sentada no sofá. Para se livrar do som macabro das pauladas e dos gritos agonizantes das vítimas, ela resolveu tapar os ouvidos.

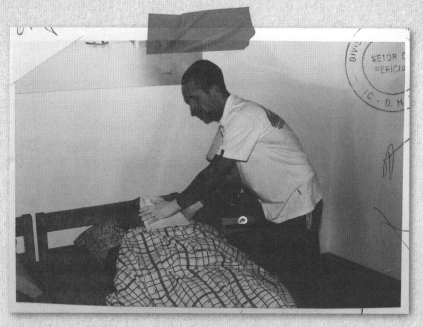

Mesmo depois de morta, Marísia emitiu sons pela boca.
Cristian então resolveu abafar a sinfonia com uma toalha.

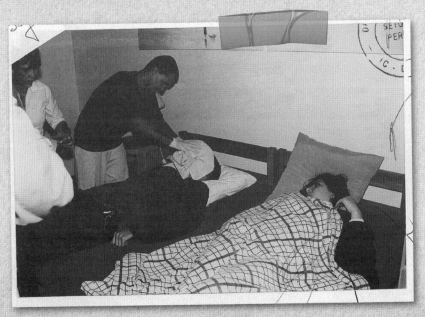

Daniel também tentou conter o ronco de Manfred.

No enterro dos pais, Suzane chorou copiosamente.
No entanto, do cemitério, foi para casa fazer uma festa.

Três semanas após assassinarem o casal Richthofen, Suzane e os irmãos Cravinhos confessaram o crime e foram presos. "Sou uma pessoa horrorosa! Eu matei os meus pais!", revelou Suzane.

Conduzida pela polícia, Suzane tentava esconder o rosto.

A parricida foi levada primeiro para a Penitenciária Feminina da Capital, onde enfrentou uma rebelião.

Foi transferida para o Centro de Ressocialização Feminino de Rio Claro, onde aguardou julgamento. Lá, Suzane disse ter sido forçada pela diretora Irani Torres a conceder uma entrevista coletiva.

Suzane foi transferida para a cadeia de Ribeirão Preto, onde flertou com o promotor Eliseu Gonçalves para conseguir transferência para Tremembé.

Em Tremembé, Suzane conquistou a confiança da diretora, a quem chamava de "mãe". A partir de outubro de 2015, ganhou uma saidinha no Dia das Mães, apesar de ter matado a sua genitora em 2002.

Suzane posou para uma sessão de fotos dentro da Penitenciária de Tremembé, em 2014. "Sinto que a minha mãe me protege aqui dentro."

Com a saída de Sandrão, Suzane assumiu a liderança de Tremembé. Suas fiéis escudeiras eram três bandidas autoras de crimes hediondos. Pedófila, Luciana chamou o amante para estuprar junto com o marido suas duas irmãs gêmeas de 3 anos. Vanessa matou o enteado de 4 anos com socos. Amanda assassinou uma travesti com 72 facadas.

Em 2015, a primeira entrevista para uma rede de TV após a prisão. Ao apresentador Gugu Liberato, Suzane admitiu que matou os pais por motivos financeiros. "Perdi tudo", contabilizou.

A assassina ganhou cachê de 120 mil reais para falar a Gugu do crime, do dia a dia na cadeia e do seu namoro com Sandrão. Em quase duas horas de conversa, Suzane não derramou uma lágrima sequer. Pelo contrário, sorriu 21 vezes.

Assediada, Suzane é celebridade do mundo do crime.

Para ganhar proteção e tornar-se líder de Tremembé, Suzane namorou a sequestradora Sandra Ruiz, vulgo Sandrão.

Depois ela descartou Sandrão e começou a namorar Rogério Olberg, com o único interesse em ter um endereço para ficar quando começasse a sair da cadeia. Rogério era irmão de uma presa pedófila, amiga de Suzane.

Rogério e Sandrão tinham traços semelhantes.

À frente, Anna Carolina Jatobá, amiga de Suzane, sai da cadeia com o rosto coberto. À direita, Suzane caminha tranquilamente.

Daniel se casou com a biomédica Alyne Bento durante uma saidinha. Em 2023, o casal se separou. "Ele tem sede de liberdade", justificou ela. Alyne luta pela guarda de uma cadela Bull Terrier apelidada de Vaquinha.

Em liberdade, Daniel Cravinhos montou um ateliê para customizar motos, caminhões e aviões de aeromodelismo.
O assassino deu uma entrevista em 2023, na qual falou de Suzane: "Se encontrasse ela na rua, desejaria boa sorte na sua caminhada e mudaria de calçada".

Cristian está no semiaberto e fica com a filha quando tem saidinhas. Na cadeia, o homicida se dedica à musculação.

Pastor Fábio Correa de Lima é orientador espiritual de Suzane: "Ela é outra pessoa. Aceitou ser transformada por Deus num todo: corpo, alma e espírito".

O poder do perdão: Vanessa matou o filho de Vanderlei. Mesmo assim ele a pediu em casamento após o crime. Suzane foi a madrinha.

Na época da pandemia, Suzane não abria mão da máscara de proteção.

Fora da cadeia, tomava banho de cachoeira.

Seu novo endereço é a casa da amiga de cadeia Luciana Olberg, a pedófila. Elas moram num rancho em Angatuba (SP).

Em Angatuba, Suzane se apresentava com o seu segundo nome, Louise. Com o codinome, ela vai ao mercado, ao salão de beleza e aos cultos.

Cristian e Daniel permaneceram unidos dentro da cadeia e fora dela. Na imagem ao lado, os dois passeiam em São Paulo.

Todas as vezes que Suzane publica uma foto nova nas redes sociais, seus fãs perguntam o que ela passa no rosto para ficar com a pele tão sedosa. Eis o segredo: a assassina aplica máscara negra com base de carvão ativado, argila e colágeno. O produto remove as células mortas, limpa e hidrata a pele. Reduz a oleosidade, remove os cravos e combate as espinhas.

Solta, Suzane se matriculou no curso de Farmácia e depois mudou para Biomedicina.

No regime semiaberto, ela saía todos os dias de Tremembé para estudar.

Fazia grupos de estudos com os colegas de classe.

Defendia trabalhos em público sem o menor constrangimento.

No final, a assassina pegava transporte público sem receio de ser hostilizada.

Em liberdade, Suzane passou a costurar para fora. Montou uma página no Instagram para facilitar o comércio das suas bugigangas. Vende sandálias Havaianas customizadas, pantufas, carteiras, capas para computadores e pufes. As quinquilharias levam a sua assinatura. Os fãs da assassina pedem que os artigos sejam autografados por ela.

Os exames criminológicos de Suzane a descrevem como uma mulher manipuladora, dissimulada, egocêntrica, infantilizada, simplista, insidiosa, narcisista, além de ter agressividade camuflada. A assassina utiliza procedimentos primitivos e pouco elaborados na vida, tem fantasia de onipotência e é desvalorizadora do ser humano.

Suzane, grávida de nove meses, vai às compras. Ao lado, seu marido e pai do seu filho, o médico Felipe Zecchini Muniz.

Em junho de 2024, Suzane e Felipe vestiram camisa xadrez e levaram o filho a uma festa junina.

Dois meses após dar à luz, ela já estava cursando Direito em uma faculdade particular de Bragança Paulista, onde reside.

O túmulo onde o casal Richthofen foi sepultado quase foi leiloado pela Prefeitura de São Paulo por dívidas com taxas e impostos. Em liberdade desde janeiro de 2023, Suzane não foi ao cemitério fazer uma visita simbólica aos pais. Pelo menos até o mês de agosto.